LE FRONTIERE DEL DIRITTO
Collana diretta da Giorgio Lombardi

Quaderno n. 4

Mauro Volpi

# Libertà e autorità

## La classificazione delle forme di Stato e delle forme di governo

*Settima edizione*

G. Giappichelli Editore – Torino

VIA PO 21 - TEL. 011-81.53.111 - FAX 011-81.25.100

http://www.giappichelli.com

ISBN/EAN 978-88-921-1720-4

*Composizione:* Carla Degiacomi - Torino

*Stampa:* Stampatre s.r.l. - Torino

# INDICE

CAPITOLO II

LA CLASSIFICAZIONE DELLE FORME DI GOVERNO

# PREMESSA ALLA SETTIMA EDIZIONE

*L'analisi delle forme di Stato in questa nuova edizione dà un risalto ancora maggiore alla questione della crisi dello Stato democratico. Questa riguarda innanzitutto le nuove democrazie che si sono affacciate sulla scena a partire dagli anni '90 del secolo scorso. Il fenomeno delle "democrazie di facciata" è evidente negli Stati ex socialisti dell'Europa centro orientale, in alcuni dei quali (come Ungheria e Polonia) sono al potere forze ultranazionaliste e illiberali che hanno adottato leggi limitatrici della libertà di dissenso e della indipendenza della magistratura e della Corte costituzionale. Un'analoga qualificazione può essere utilizzata per la Russia per la forte concentrazione di poteri nelle mani del Presidente, accentuata dal ruolo dominante giocato da Putin, il quale grazie ad una revisione costituzionale del 2008 che ha abolito il limite del doppio mandato presidenziale e prolungato da quattro a sei anni la sua durata, è stato Presidente dal 2000 al 2008, per "accontentarsi" fino al 2012 della carica di Primo ministro, ed essere poi di nuovo eletto Capo dello Stato nel 2012 e resterà tale fino al 2024 (grazie alla sua rielezione nel 2018).*

*Ma seri problemi affliggono anche le democrazie tradizionali definite in passato come "consolidate", nelle quali si può constatare una crisi della rappresentanza e della politica e quindi della partecipazione popolare che determina un forte distacco tra i cittadini e le istituzioni. Questa, insieme agli effetti determinati dal ridimensionamento dello Stato sociale (crescente diseguaglianza, impoverimento, aumento della disoccupazione, insicurezza) ha dato vita a due movimenti opposti ma che si alimentano a vicenda: da un lato le tendenze elitarie e tecnocratiche, favorite dalla politica liberista e di austerità prevalente nell'Unione Europea, dall'altro lo sviluppo di movimenti populisti, che immaginano il popolo come soggetto unitario e negano il ruolo della intermediazione politica e istituzionale. Si tratta di forze che anche quando non accedono direttamente al potere sono in grado di condizionare il funzionamento della democrazia.*

*Anche fra gli Stati in via di sviluppo si verificano situazioni di involuzione. In questo quadro viene dato rilievo all'esperienza della Turchia, paese caratterizzato dall'alternarsi a partire dalla fondazione della Repubblica nel 1924 di fasi democratiche e fasi autoritarie. In particolare dopo il fallito colpo di stato del luglio 2016 il Presidente Erdogan ha imposto lo stato di emergenza che si è concretizzato in misure fortemente repressive, in arresti e accuse arbitrarie, nello smantellamento della indipendenza della magistratura e infine ha deciso il cambiamento della forma di governo, avallato con un esiguo margine di voti favorevoli da un referendum svoltosi in condizioni di semilegalità, che ha attribuito al Presidente eletto dal popolo non solo il potere esecutivo, ma forti poteri legislativi e di intromissione nella funzione giurisdizionale e di legittimità costituzionale.*

*Anche le forme di governo risentono del verificarsi di due tendenze che ne rendono problematico il funzionamento. La prima consiste nella crisi del bipolarismo, che in alcuni paesi aveva portato a un quasi bipartitismo (Germania, Francia, Spagna) derivante dall'emergere di terze forze radicali o "né di destra né di sinistra". La seconda tendenza riguarda l'emergere o l'approfondirsi di fratture economiche, sociali, territoriali che hanno invertito il processo di omogeneizzazione che si era verificato in passato. Le due tendenze segnalate hanno messo in crisi il funzionamento delle forme di governo parlamentari, anche di quelle classificate nel sottotipo "maggioritario", determinando una maggiore difficoltà (e tempi lunghi) nella formazione dei governi, il ricorso a esecutivi di minoranza, la formazione di maggioranze eterogenee. Anche nel Regno Unito, dove le elezioni del 2017 hanno rafforzato il bipartitismo, si sono verificati problemi: l'assenza, per la seconda volta nelle ultime tre legislature, di una maggioranza monopartitica nella Camera dei Comuni e la formazione di un governo di minoranza, presieduto dalla leader conservatrice May, sostenuto dall'esterno dagli unionisti nordirlandesi ed esposto alle divisioni interne al partito di maggioranza relativa, anche in conseguenza del terremoto provocato dal referendum sulla Brexit e delle difficoltà determinate dai negoziati con l'Unione Europea.*

*In Italia le elezioni del 2018, dopo quelle del 2013, hanno ribadito la fine del bipolarismo, ridimensionato fortemente i due partiti sui quali questo si era imperniato e portato alla ribalta due forze politiche che hanno costituito dopo tre mesi un governo di coalizione fondato su un contratto "privato" sottoscritto dai rispettivi leader che contiene un programma non privo di contraddizioni e incertezze.*

*In Germania le elezioni del 2017 hanno indebolito le due maggiori forze politiche e hanno decretato l'ingresso nel* Bundestag *di un partito di estrema destra ultranazionalista e fascisteggiante. Così in un ordinamento che era stato caratterizzato da una forte stabilità si è avuta una difficoltà nella formazione del Governo che a quasi sei mesi di distanza dalle elezioni ha portato al terzo esecutivo di larga coalizione nelle ultime quattro legislature il quale ha una maggioranza risicata e presenta alcune contraddizioni interne (in particolare sulla questione della immigrazione).*

*Ma il mutamento del quadro politico e sociale si è fatto sentire anche nelle forme di governo fondate sulla elezione popolare del Presidente e che quindi non hanno problemi di formazione dell'esecutivo. Negli Stati Uniti l'elezione a Presidente di Donald Trump nel 2016 ha già prodotto alcuni effetti sul funzionamento della forma di governo presidenziale a causa delle politiche nazionaliste, protezioniste, di riduzione della tassazione a favore dei ricchi e antimmigrazione, ma comunque si può rilevare che in quell'ordinamento continuano ad operare seri contrappesi al potere presidenziale. In Francia le elezioni del 2017 hanno portato al potere Macron e il suo partito "né di destra né di sinistra" fondato alla vigilia del voto e hanno distrutto il bipolarismo sul quale si reggeva il funzionamento della Quinta Repubblica (determinando la riduzione ai minimi termini del partito socialista e un forte ridimensionamento di quello gollista). Ciò suscita qualche interrogativo sul funzionamento futuro della forma di governo e su chi svolgerà il ruolo della opposizione che si manifesta soprattutto a livello extraparlamentare.*

*Come si vede, il quadro complessivo non è affatto roseo. E tuttavia si potrebbe invertire se venissero praticate politiche e riforme capaci di rivitalizzare la rappresentanza e la partecipazione popolare e di garantire il ruolo degli anticorpi democratici e nel contempo si operasse per una rifondazione della politica basata su partiti dotati di valori di riferimento e di radicamento sociale e di una adeguata capacità programmatica e di selezione del personale politico. Una cosa è certa: nel contesto dato le scorciatoie semplificatrici che immaginano come risolutiva l'elezione popolare del capo dell'esecutivo non solo non risolvono i problemi, ma possono provocare un ulteriore impoverimento nel funzionamento delle istituzioni democratiche e accentuare il distacco di un numero crescente di cittadini.*

Luglio 2018 M.V.

# INTRODUZIONE

SOMMARIO: 1. Definizioni. – 2. Forme di Stato e formazioni economico-sociali. – 3. Forme di governo, sistemi politici e sistemi elettorali. – 4. Le correlazioni tra forma di Stato e forma di governo. – 5. Metodologia.

## 1. *Definizioni*

Questo volume si propone di esaminare, in forma necessariamente sintetica, il tema complesso della classificazione delle forme di Stato e delle forme di governo [1], dando per conosciuti i concetti di base del diritto pubblico. Occorre, quindi, prima di tutto precisare il significato dei due termini.

La *forma di Stato* è l'insieme dei principi e delle regole fondamentali che caratterizzano un ordinamento statale e, quindi, che

[1] Trattazioni più o meno ampie relative alle forme di Stato e alle forme di governo sono contenute in tutti i manuali, italiani e stranieri, di diritto costituzionale, istituzioni di diritto pubblico e diritto costituzionale comparato. Tra questi ultimi v. in particolare in lingua italiana P. BISCARETTI DI RUFFIA, *Introduzione al diritto costituzionale comparato*, 6ª ed., Milano, 1988; S. ORTINO, *Diritto costituzionale comparato*, Bologna, 1994; F. LANCHESTER, *Gli strumenti della democrazia. Lezioni di Diritto costituzionale comparato*, Milano, 2004; G. DE VERGOTTINI, *Diritto costituzionale comparato*, 9ª ed., I, Padova, 2013; M. VOLPI, *Le forme di Stato. Le forme di governo*, in G. MORBIDELLI, L. PEGORARO, A. RINELLA, M. VOLPI, *Diritto pubblico comparato*, 5ª ed., Torino, 2016, pp. 255 ss. e 405 ss.; P. CARROZZA, A. DI GIOVINE, G.F. FERRARI (a cura di), *Diritto costituzionale comparato*, 3ª ed., Roma-Bari, 2017. Sul tema specifico v. C. MORTATI, *Le forme di governo, Lezioni*, Padova, 1973; G.U. RESCIGNO, *Forme di Stato e forme di governo*, in *Enc. giur. Treccani*, XIV, Roma, 1989; F. CUOCOLO, *Forme di Stato e di governo*, in *Dig. pubbl.*, 4ª ed., VI, Torino, 1991, p. 492 ss.; C. PINELLI, *Forme di Stato e forme di governo*, 2ª ed., Napoli, 2009; G. AMATO, F. CLEMENTI, *Forme di Stato e forme di governo*, 2ª ed., Bologna, 2012.

disciplinano i rapporti tra lo Stato, inteso non come ordinamento ma come apparato titolare del potere di usare legittimamente la coercizione, da un lato e la comunità dei cittadini, singoli o associati, dall'altro. Non sarà presa in esame in questo volume un'altra accezione del termine "forma di Stato", più frequentemente sostituito dall'espressione "tipo di Stato", che fa riferimento alle regole che disciplinano i rapporti tra lo Stato centrale e gli enti autonomi territoriali [2]. L'analisi di questo secondo significato, oltre a richiedere ampi sviluppi, deve essere condotta in modo parzialmente autonomo, poiché si tratta di una nozione trasversale rispetto alla prima, come dimostra il fatto che il decentramento territoriale è previsto in ordinamenti democratici, socialisti o in via di sviluppo, anche se esso può ritenersi effettivo e garantito solo in quelli democratici.

La *forma di governo* è il complesso delle regole giuridiche, scritte e consuetudinarie, che caratterizzano la distribuzione del potere politico tra gli organi costituzionali, che sono posti al vertice dell'apparato statale in condizione di pari sovranità e di reciproca indipendenza. Tra questi rientrano indiscutibilmente il Parlamento e il Governo, ma anche il Capo dello Stato quando eserciti poteri che abbiano comunque un'incidenza di natura politica. Non vi rientrano invece la magistratura e le Corti Costituzionali, che compiono atti di natura non politica, ma giurisdizionale. Di forma di governo si parla anche per qualificare l'organizzazione interna che caratterizza ordinamenti infrastatali, come quelli degli enti territoriali autonomi, o sovrastatali, come quello dell'Unione Europea [3]. Occorre tuttavia avere grande cautela nell'applicare ad ordinamenti non statali categorie di forme di governo elaborate nell'ambito degli ordinamenti statali.

---

[2] V. in questa collana il testo di A. REPOSO, *Profili dello Stato autonomico. Federalismo e regionalismo*, 2ª ed., Torino, 2005.

[3] Nella Costituzione italiana il termine "forma di governo" è stato introdotto nell'art. 123 dalla legge costituzionale n. 1 del 1999 proprio con riferimento all'organizzazione di vertice delle Regioni; v. M. OLIVETTI, *Nuovi Statuti e forma di governo delle Regioni*, Bologna, 2002, p. 194 ss. Sull'Unione Europea v. S. ILLARI, *Sulla nozione di forma di governo e l'ordinamento dell'Unione Europea*, in *Nomos. Le attualità del diritto*, 2008, n. 3, p. 243 ss. Ritiene che anche il concetto di forma di Stato, in senso non strutturale ma funzionale, possa essere applicato all'Unione Europea F. PALERMO, *La forma di Stato dell'Unione Europea*, Padova, 2005.

In definitiva, per usare un'espressione di Mortati, la forma di Stato caratterizza «il rapporto fra chi detiene il potere e coloro che ne rimangono assoggettati, e quindi il vario modo di realizzarsi della correlazione fra autorità e libertà» [4]. La forma di governo riguarda, invece, solo il primo dei due aspetti: quello dell'organizzazione e dell'esercizio della suprema autorità dello Stato. In sintesi i due termini sono le due facce di uno stesso problema, che si pone all'interno di ogni ordinamento statale: quello del rapporto dialettico tra l'autorità dello Stato-apparato e la libertà dei cittadini [5].

## 2. *Forme di Stato e formazioni economico-sociali*

Il concetto di forma di Stato è strettamente correlato da un lato a quello di "regime politico", caratterizzato dall'individuazione delle finalità di carattere generale che ciascuno Stato intende perseguire, dall'altro a quello di "Costituzione materiale", inteso come l'insieme dei principi e dei valori dominanti che contrassegnano un ordinamento costituzionale [6].

Il termine "forma di Stato" è stato anche sottoposto a critica e si è proposto di sostituirlo con quello di "formazione economico-sociale". Tale critica si basa su tre ragioni di fondo: la natura prevalentemente extragiuridica del concetto in questione; l'ambiguità del termine "Stato", usato indifferentemente per indicare lo Stato-apparato e lo Stato-ordinamento, comprensivo della comunità dei cittadini; l'assolutizzazione astorica dello Stato come «modo di essere necessario e indefettibile di ogni società organizzata politicamente» [7].

Occorre, quindi, spiegare perché qui si preferisce continuare ad

---

[4] Cfr. C. MORTATI, *Istituzioni di diritto pubblico*, 9ª ed., I, Padova, 1975, p. 135.

[5] Occorre precisare che la terminologia impiegata nel testo è propria della dottrina costituzionalistica italiana e che in altri ordinamenti si fa ricorso ad una terminologia diversa o non è utilizzato un termine specifico per indicare la forma di Stato. V. sul punto G.U. RESCIGNO, *Forme di Stato*, cit., pp. 6-7 e F. PALERMO, *La forma di Stato*, cit., p. 41 ss.

[6] Si fa qui riferimento alla nota elaborazione teorica di C. MORTATI, *La Costituzione in senso materiale*, Milano, 1940.

[7] Cfr. G.U. RESCIGNO, *Forme di Stato*, cit., p. 10 ss.

utilizzare il termine "forma di Stato". Innanzitutto è vero che tale concetto fa riferimento anche ad elementi sociali, economici, politici e quindi extragiuridici, ma il *proprium* del termine usato dai giuristi sta nella ricerca dei principi supremi, normativizzati nella Costituzione o ricavabili da questa per via interpretativa, che caratterizzano un certo ordinamento statale e che consentono di distinguerere i vari ordinamenti collocandoli all'interno di diverse categorie [8].

In secondo luogo la critica condivisibile del concetto di Stato-comunità, in quanto termine che occulta il ruolo determinante dello Stato-apparato, non impedisce che il termine "Stato" possa essere espressamente utilizzato nella sua accezione più ampia di "ordinamento statale", che non si limita a disciplinare l'organizzazione dello Stato-apparato, ma regola anche i rapporti tra questo e le autonomie sociali ed individuali.

Infine lo Stato, almeno nel senso moderno del termine è certo un prodotto della storia e quindi un concetto relativo, ma è pure vero che esso caratterizza una lunga fase storica. Quindi può essere utilmente impiegato, al fine di sottolineare l'importanza (e la relativa autonomia) dell'assetto giuridico-istituzionale rispetto a quello economico-sociale, anche se quest'ultimo va necessariamente preso in considerazione al fine di evitare un approccio al tema meramente giuridico-formale e lontano dalla realtà.

## 3. *Forme di governo, sistemi politici e sistemi elettorali*

Anche le forme di governo sono profondamente influenzate nel loro funzionamento da fattori extragiuridici, in quanto gran parte dell'attività degli organi costituzionali si svolge sulla base di regole non scritte, di tipo normativo (consuetudini) o politico (convenzioni), che vengono osservate dai loro titolari o dai soggetti politici. Assume, pertanto, un rilievo di primo piano il *sistema politico*, costituito dall'insieme dei soggetti che rappresentano interessi sociali e si propongono di conquistare o di influenzare il potere politico. In particolare negli Stati democratici i soggetti politici più impor-

---

[8] V. in senso analogo S. BARTOLE, *Stato (forme di)*, in *Enc. dir.*, Annali II, Milano, 2008, p. 1121.

tanti sono i *partiti*, i quali, avendo come fine la conquista e la direzione del Governo, devono proporsi di mediare tra la rappresentanza degli interessi di parte e la salvaguardia dell'unità nazionale[9].

Di fronte all'importanza che l'influenza del sistema politico assume si possono seguire due diverse vie nella classificazione delle forme di governo. La prima consiste nel tentativo di integrare tale fattore sociologico nella stessa configurazione delle forme di governo, riformulando la tipologia tradizionale. A questa impostazione aderiscono vari autori[10], i quali ritengono insufficiente e troppo rigida una classificazione basata esclusivamente su criteri giuridici. Si tratta di un intento utile al fine di superare un approccio giuridico-formale di tipo statico e di cogliere l'aspetto dinamico delle forme di governo, che dà vita a diversi esiti a seconda del contesto storico, culturale e politico (basti pensare al diverso funzionamento della forma di governo parlamentare nel Regno Unito e in Italia e di quella semipresidenziale in Francia e in Austria).

D'altra parte, però, non bisogna cadere nel rischio di smarrire la natura eminentemente giuridica del concetto di "forma di governo", che è stato elaborato anche al fine di operare fondate previsioni sul funzionamento delle singole esperienze, una volta individuati i rispettivi caratteri di fondo. Questo valore "prescrittivo" può ridursi considerevolmente in quanto una classificazione basata su fattori sia giuridici che extragiuridici viene necessariamente ad assumere un carattere prevalentemente descrittivo[11], il che la rende meno utile e significativa. Per questo motivo la via seguita

---

[9] Sulla struttura dei partiti, sui sistemi di partito e sulla incidenza dei partiti sulle forme di governo restano fondamentali M. DUVERGER, *Les partis politiques*, Paris, 1951 e G. SARTORI, *Parties and Party Systems, A Framework for Analysis*, New York, 1976.

[10] V. con specifico riferimento alla forma di governo parlamentare L. ELIA, *Governo (forme di)*, in *Enc. dir.*, XIX, Milano, 1970, p. 645 ss. e P. LALUMIÈRE, A. DEMICHEL, *Les régimes parlementaires européens*, 2ª ed., Paris, 1978, p. 44 ss., i quali definiscono il "regime parlamentare" come una combinazione tra elementi giuridici ed elementi sociologici. Aderiscono esplicitamente a tale impostazione S. MANGIAMELI, *La forma di governo parlamentare. L'evoluzione nelle esperienze di Regno Unito, Germania ed Italia*, Torino, 1998, p. 17 ss. e C. CHIMENTI, *Noi e gli altri. Compendio di diritto Costituzionale italiano e di elementi comparativi*, I, Torino, 2000, p. 29 ss.

[11] V. sul punto M. DOGLIANI, *Spunti metodologici per un'indagine sulle forme di governo*, in *Giur. cost.*, 1973, p. 214 ss.

da altri autori è quella di mantenere la definizione giuridico-formale delle forme di governo e di considerare nel contempo l'influenza che sul loro funzionamento giocano fattori extragiuridici, ma senza confondere categorie e concetti che appartengono a diverse scienze, quali il diritto e la sociologia politica [12].

Tale approccio sottolinea l'autonomia ma anche l'interazione tra i due concetti. Da un lato il sistema politico influenza la forma di governo: ad esempio la sua natura bipolare o multipolare produce effetti molto diversi sul raccordo Governo-Parlamento e sul ruolo del vertice del potere esecutivo. D'altro lato la normativa che disciplina i rapporti tra gli organi influenza il sistema politico: così l'elezione parlamentare o popolare del Capo dello Stato e la natura dei poteri a questo attribuiti e la maggiore o minore razionalizzazione dei rapporti tra organo legislativo ed organo esecutivo possono condizionare il comportamento degli attori politici e contribuire a determinare la configurazione del sistema dei partiti.

Occorre, poi, considerare un altro fattore, avente natura giuridica, che costituisce una sorta di *trait d'union* tra forma di governo e sistema politico, influenzando sia l'una sia l'altro e venendone a sua volta condizionato nel suo rendimento pratico. Si tratta del *sistema elettorale*, inteso soprattutto nel suo significato ristretto di *formula* elettorale, vale a dire di meccanismo di trasformazione dei voti in seggi parlamentari [13]. Anche questo è un elemento che non incide sulla classificazione delle forme di governo [14], ma va

---

[12] V. in tal senso M. VOLPI, *Le forme di governo contemporanee tra modelli teorici ed esperienze reali*, in S. GAMBINO (a cura di), *Democrazia e forme di governo. Modelli stranieri e riforma costituzionale*, Rimini, 1997, pp. 40-41; M. LUCIANI, *Governo (forme di)*, in *Enc. dir.*, Annali, III, Milano, 2009, pp. 551-558; G. AMATO, F. CLEMENTI, *Forme di Stato*, cit., pp. 19-21. In senso analogo v. O. DUHAMEL, *Le pouvoir politique en France*, Paris, 1993, il quale distingue tra "regime costituzionale" e "sistema politico" (p. 72).

[13] V. in generale la pregevole sintesi di J.M. COTTERET, C. EMERI, *Les systèmes électoraux*, 7ª ed., Paris, 1999.

[14] Ritiene invece che il sistema elettorale costituisca "un elemento della forma di governo" M. LUCIANI, *Governo (forme di)*, cit., pp. 571-574. Ciò deriva dalla configurazione del corpo elettorale come "potere" costituzionale, per cui tutte le manifestazioni della sua volontà (mediante le elezioni, l'iniziativa popolare e il referendum) sarebbero elementi integranti della forma di governo. A mio avviso il corpo elettorale in un sistema democratico va piuttosto considerato come un organo del popolo, il quale non è un potere, ma il fondamento di ogni potere, anche

ben tenuto presente al fine di comprendere la dinamica del loro funzionamento. Infatti l'adozione di una formula maggioritaria o proporzionale, ma soprattutto il suo carattere più o meno selettivo, anche quando è di tipo proporzionale, come avviene nella maggioranza dei paesi democratici, incide sia sulla funzionalità del Parlamento sia sulla struttura del Governo e sui loro rapporti[15]. D'altra parte va rilevato che un sistema elettorale eccessivamente distorsivo, come quello adottato in Italia con la legge Acerbo n. 2444 del 1923, che attribuiva i due terzi dei seggi al primo partito che avesse superato il 25% dei voti, può determinare il cambiamento della forma di governo e incidere sull'equilibrio tra i poteri e quindi sulla stessa forma di Stato.

La classificazione delle forme di governo adottata in questo volume intende basarsi sulle *regole*, scritte e consuetudinarie, che disciplinano i rapporti tra gli organi costituzionali, proponendosi come passaggio ulteriore di prendere in considerazione anche l'influenza del sistema politico e di quello elettorale, e quindi delle *regolarità* che questi producono, al fine di individuare, per ciascuna forma di governo alla quale fanno capo una pluralità di esperienze, vari *sottotipi*, corrispondenti alle diverse modalità del suo funzionamento.

## 4. *Le correlazioni tra forma di Stato e forma di governo*

Dalla loro stessa definizione emerge che i concetti di forma di Stato e di forma di governo, anche se teoricamente distinti, sono fortemente correlati. Innanzitutto la nozione di forma di governo è *più limitata* di quella di forma di Stato, nel senso che ha ad oggetto una parte di un tutto e quindi si inserisce nell'ambito della nozione più ampia. In secondo luogo essa è *strumentale* rispetto alla seconda, in quanto lo Stato-apparato costituisce il mezzo rispetto al per-

---

se esercita la sovranità «nelle forme e nei limiti della Costituzione» (art. 1, c. 2, Cost. italiana).

[15] V. F. LANCHESTER, *Sistemi elettorali e forme di governo*, Bologna, 1981; M. LUCIANI, M. VOLPI (a cura di), *Riforme elettorali*, Bari, 1995; M. OLIVIERO, M. VOLPI (a cura di), *Sistemi elettorali e democrazie*, Torino, 2007; L TRUCCO, *Democrazie elettorali e Stato costituzionale*, Torino, 2011.

seguimento dei fini generali e dei valori che caratterizzano l'ordinamento statale [16].

In terzo luogo la distinzione tra forma di Stato e forma di governo è *storicamente recente*, in quanto presuppone una separazione tra Stato e società, che si è realizzata solo con il passaggio dall'ordinamento feudale allo Stato assoluto (e quindi con la nascita dello Stato nel senso moderno del termine), ed una distribuzione del potere politico tra diversi organi, che si è verificata solo con l'affermarsi dello Stato liberale e del principio della separazione dei poteri. Ne consegue che la stessa possibilità di distinguere diverse forme di governo sussiste soprattutto, se non esclusivamente, per lo Stato liberale e per quello democratico-pluralistico, mentre è assai problematica nelle forme di Stato di tipo autocratico, caratterizzate da una forte concentrazione del potere, nelle quali si può affermare che «la forma di Stato "assorbe" largamente quella di governo, riducendola ad un insieme di modalità organizzative piuttosto marginali» [17]. Occorre, inoltre, prendere atto che nel mondo contemporaneo, nonostante i processi di democratizzazione che dagli anni '90 dello scorso secolo si sono sviluppati nella maggioranza dei paesi ex socialisti e in molti paesi in via di sviluppo, la distinzione tra forma di Stato e forma di governo è ancora *geograficamente limitata*, in quanto molti Stati si ispirano ad un modello, o hanno un funzionamento effettivo, di tipo autocratico.

In quarto luogo nello Stato democratico-pluralistico esiste un *legame molto stretto* tra forma di Stato e forma di governo. Si può dire che vi è una «relativa indifferenza» della prima rispetto alla seconda [18], nel senso che lo Stato democratico può convivere con diverse forme di governo e diverse soluzioni organizzative (Capo dello Stato monarchico o repubblicano e, nella seconda ipotesi, eletto da un organo parlamentare o dal popolo, Parlamento monocamerale o bicamerale, derivazione o meno del Governo dal Parlamento ecc.). Ma vi è un punto limite oltre il quale le scelte sulla forma di governo intaccano la natura democratica dello Stato, che è rappresentato dall'esigenza del rispetto dei principi costitutivi di quella forma di Stato. Così, per fare un esempio tratto dalla storia

---

[16] V. per questi aspetti C. MORTATI, *Le forme di governo*, cit., pp. 3-4.

[17] Cfr. L. ELIA, *Governo*, cit., p. 635.

[18] *Ibidem*, p. 636.

italiana, durante il regime fascista, che mantenne in vigore formalmente lo Statuto albertino, vennero adottate varie riforme dell'organizzazione costituzionale (come l'istituzione nel 1925 del nuovo organo "Capo del Governo" e nel 1939 della Camera dei fasci e delle corporazioni in sostituzione della Camera dei deputati), che erano in irrimediabile contrasto con i principi della separazione dei poteri e della elettività dell'organo parlamentare.

Vi è di più: anche quando formalmente rispetta i principi fondamentali di uno Stato democratico, la scelta della forma di governo può incidere sul modello di democrazia concretamente operante. Se favorisce il cattivo funzionamento e la deresponsabilizzazione degli organi costituzionali, reca sicuramente danno non solo alle finanze dello Stato, ma anche all'effettività dei diritti dei cittadini. Se garantisce stabilità ed efficienza dell'azione di governo, ma a patto della personalizzazione-concentrazione del potere e del ridimensionamento del ruolo della rappresentanza politica e della opposizione, lede il principio pluralistico ed introduce un fattore plebiscitario, pregiudicando la qualità del sistema democratico. Insomma le soluzioni attinenti alla forma di governo non sono mai questioni di mera "ingegneria costituzionale", ma coinvolgono scelte di valore e di modello che vanno tenute sempre presenti.

## 5. *Metodologia*

La classificazione delle forme di Stato e delle forme di governo costituisce uno dei temi classici del diritto costituzionale comparato. Essa consiste nella enucleazione di caratteristiche generali comuni ad una serie di esperienze concrete e storicamente determinate precedentemente prese in esame, al fine di costruire delle categorie teoriche distinte, alla luce delle quali vengono poi valutate e conseguentemente collocate le singole realtà [19].

Si tratta, pertanto, di un processo di astrazione teorica che rende impossibile la perfetta corrispondenza tra categoria ideale e

[19] V. A. PIZZORUSSO, *Sistemi giuridici comparati*, 2ª ed., Milano, 1998, p. 182. In riferimento alle forme di governo v. M. VOLPI, *Il metodo nello studio e nella classificazione delle forme di governo*, in *Dir. pubbl. comp. eur.*, 2015, p. 131 ss.

singole esperienze storiche che ad essa sono ascritte[20]. La corrispondenza potrà essere più forte quando una certa categoria è stata costruita prendendo a modello un'esperienza unica o dominante, come si verifica per la forma di governo direttoriale e per quella presidenziale con riferimento rispettivamente all'ordinamento della Confederazione svizzera e a quello degli Stati Uniti. Tuttavia anche in questi casi occorre tener presente che l'assetto istituzionale di un paese cambia nel tempo e il modello ideale viene sempre costruito con riferimento ad una certa fase storica della sua evoluzione.

Quando, poi, una categoria comprende una pluralità di esperienze, occorre saper distinguere gli elementi essenziali che la caratterizzano da quelli accidentali, senza pretendere che tutti i dati derivanti dall'osservazione empirica di un determinato ordinamento trovino perfetta corrispondenza nella categoria generale. Se si commette questo errore, si arriva o a negare l'utilità di qualsiasi classificazione oppure a semplificare la singola categoria schiacciandola su un'unica realtà (come, ad esempio, avviene per quanti identificano forma di governo semipresidenziale e Quinta Repubblica francese).

Infine occorre sapere che è estremamente difficile incasellare tutte le esperienze concrete in un preciso modello, soprattutto in una fase di transizione come quella attuale caratterizzata da un processo di democratizzazione complesso e contraddittorio, che consiglia grande cautela nel qualificare la forma di Stato e la forma di governo di vari paesi usciti soprattutto dagli anni '90 del secolo scorso da esperienze di tipo autocratico.

---

[20] Come sottolinea G. BOGNETTI, *Introduzione al diritto costituzionale comparato*, Torino, 1994, p. 171.

## CAPITOLO I

# LA CLASSIFICAZIONE DELLE FORME DI STATO



## 1. *I criteri antichi di classificazione*

Fin dall'antichità il pensiero filosofico e politico si è proposto di classificare le forme di dominio politico, senza distinguere tra forme di Stato e forme di governo[1]. La classificazione più nota, che ha dominato il pensiero politico per quasi duemila anni, è quella di Aristotele (IV sec. a.C.), il quale, sulla scorta di quanto già affermato da Platone, distingue nel III e nel IV libro della *Politica* le forme di governo a seconda del *numero dei soggetti* titolari della sovranità, proponendo la nota tripartizione tra monarchia, aristocrazia, *politèia* (rispettivamente governo di uno, di pochi, di molti). A queste forme "buone" di governo corrispondono quelle "degenerate": tirannia, oligarchia, democrazia.

Storicamente più recenti ed innovative, rispetto a quella aristo-

---

[1] V. il testo classico di N. BOBBIO, *La teoria delle forme di governo nella storia del pensiero politico*, Torino, 1976.

telica, sono la classificazione operata da Machiavelli, soprattutto ne *Il Principe* (1513), tra Principati e Repubbliche e quella di Montesquieu ne *L'esprit des lois* (1748) tra governi monarchici, dispotici e repubblicani (aristocratici o democratici).

In effetti la distinzione tra *monarchia* e *repubblica* è stata a lungo proposta come criterio fondamentale di classificazione delle forme di Stato o delle forme di governo, in quanto poggiava su due contrapposti principi: quello monarchico, che faceva del Re l'organo che impersonava lo Stato ed aveva una legittimazione di tipo trascendente e non rappresentativo, e quello repubblicano, che concepiva il Capo dello Stato come uno degli organi dello Stato, legittimato dalla volontà popolare e quindi rappresentativo[2]. Per una certa fase storica l'esistenza di un Capo dello Stato monarchico ha contrassegnato la natura della forma di Stato (monarchia assoluta) o della forma di governo (monarchia costituzionale). Ma con l'affermarsi nello scorso secolo del principio repubblicano e con la trasformazione delle monarchie europee in monarchie parlamentari, la distinzione suddetta non appare più decisiva, in quanto non è in grado di fungere da discrimine tra quelle democratiche contemporanee, nelle quali l'esistenza di un Capo dello Stato monarchico o repubblicano non modifica la sostanza né della forma di Stato né della forma di governo parlamentare[3]. Diversa è la situazione dei paesi nei quali la monarchia continua a conservare i caratteri della assolutezza e che ai configurano come Stati autocratici[4].

---

[2] Cfr. A. Baldassarre, *Il Capo dello Stato*, in A. Barbera, G. Amato (a cura di), *Manuale di diritto pubblico*, II, *L'organizzazione costituzionale*, 5ª ed., Bologna, 1997, p. 224 ss.

[3] Sul ruolo svolto dalle monarchie nelle forme di Stato del passato v. S. Ortino, *Diritto costituzionale comparato*, cit., p. 21 ss. Sull'evoluzione storica delle monarchie v. K. Loewenstein, *La Monarchia nell'epoca moderna*, (1952), trad. it., Roma, 1969.

[4] Fra gli Stati contemporanei le monarchie sono attualmente una trentina (escludendo i paesi che fanno parte del *Commonwealt of Nations* e riconoscono formalmente come proprio Capo dello Stato la Regina del Regno Unito). Di queste sono qualificabili come assolute quelle di Arabia Saudita, Brunei, Emirati Arabi, Kuwait, Nepal, Oman, Swaziland.

## 2. *Il criterio della derivazione del potere: Stato democratico e Stato autocratico*

Passando ai criteri di classificazione più recenti, quello più comunemente adottato si rifà alle modalità di derivazione e di gestione del potere politico e porta ad una bipartizione delle forme di Stato in due grandi categorie: lo Stato *democratico* e lo Stato *autocratico*.

Per alcuni il primo è caratterizzato da una struttura pluralistica, pluripartitica e a potere ripartito, mentre il secondo è monolitico, monopartitico e a potere concentrato [5]. Altri individuano tre criteri di classificazione relativi alla titolarità e all'esercizio del potere, alle modalità di uso di questo, alla finalizzazione di tale uso [6]. Sulla base di tali criteri lo Stato democratico risulta fondato sulla titolarità collettiva e su un esercizio ripartito del potere, su una modalità di formazione delle decisioni basata sul consenso popolare e sulle finalità proprie dell'ideologia liberal-democratica. All'opposto lo Stato autocratico è caratterizzato dalla titolarità ristretta e dall'esercizio accentrato del potere, da una modalità di assunzione e di attuazione delle decisioni basata sull'imposizione e da finalità ispirate ad ideologie antitetiche a quella liberal-democratica.

La riduzione delle forme di Stato a due grandi categorie si presta ad alcuni rilievi critici e richiede qualche precisazione. In primo luogo tale classificazione assume certamente valore con riferimento agli Stati contemporanei, ma non comprende alcune *esperienze del passato*, come lo Stato liberale classico, che non può essere assimilato pienamente allo Stato democratico, e lo Stato assoluto, che a sua volta non è paragonabile allo Stato autocratico.

In secondo luogo anche chi assume come punto di partenza la bipartizione citata distingue poi gli *Stati contemporanei*, a seconda dei diversi sistemi economico-sociali sottostanti e delle differenti ideologie di riferimento, in Stato di derivazione liberale, Stato socialista, Stato autoritario e Stato modernizzatore [7]. Infine, occorre precisare che "democrazia" e "autocrazia" sono termini complessi che storicamente e teoricamente possono assumere diversi significati.

---

[5] Cfr. F. LANCHESTER, *Stato (forme di)*, in *Enc. dir.*, XLIII, Milano, 1990, p. 814.

[6] Cfr. G. DE VERGOTTINI, *Diritto costituzionale comparato*, cit., p. 185 ss.

[7] *Ibidem*, p. 189.

## 3. *I significati del termine "democrazia"*

Al di là del significato etimologico della *democrazia* come "governo del popolo", nella concreta vicenda storica emergono due modelli molto differenti: la democrazia "degli antichi" e quella "dei moderni" [8].

Il primo modello ha caratterizzato le città-Stato della Grecia classica, ed in particolare l'esperienza di Atene nel V-IV secolo a.C., laddove le decisioni fondamentali venivano prese dai cittadini riuniti in assemblea (*Acclèsia*) ed erano rese esecutive dalla *Boulè*, o Consiglio dei cinquecento, i cui membri erano eletti o sorteggiati a rotazione tra tutti i cittadini. Si trattava, quindi, di una democrazia *diretta* basata sulla partecipazione immediata dei cittadini al processo decisionale senza alcun intermediario, politico o burocratico. Era anche una democrazia *monistica*, nella quale il bene comune era il frutto dell'armonia, che non ammetteva la contrapposizione degli interessi e la divisione in partiti e richiedeva la dedizione completa alla cosa pubblica di ogni cittadino, la cui sfera privata non era, pertanto, distinta da quella pubblica. Questo tipo di democrazia era realizzabile solo *entro territori di ridotte dimensioni*, come conferma il fatto che le uniche vestigia della democrazia assembleare si rinvengano in alcuni piccoli Cantoni della Svizzera ed in qualche piccola città o Contea di alcuni Stati membri nordamericani. Infine la democrazia degli antichi si fondava su una *nozione ristretta di cittadinanza*, che escludeva ampie categorie di soggetti incaricati di sostituire i cittadini nell'espletamento delle attività materiali quotidiane, come ad Atene si verificava per le donne, gli schiavi e i meteci, cioè gli stranieri da tempo residenti.

Nell'epoca moderna e contemporanea non è mancata la teorizzazione della democrazia diretta come unica o prevalente forma di inveramento del concetto di democrazia. In particolare Rousseau nel *Contratto sociale* (1762) ha affermato l'impossibilità di rappresentare la "volontà generale" del popolo, che dovrebbe esprimersi

---

[8] La distinzione, proposta da vari studiosi, si rifà a B. CONSTANT, *Discorso sulla libertà degli antichi paragonata a quella dei moderni*, (1819), trad. it., in *Antologia degli scritti politici*, Bologna, 1962, p. 36 ss. Per una ricostruzione delle principali concezioni della democrazia dall'antichità ad oggi v. E. GREBLO, *Democrazia*, Bologna, 2000; L. CANFORA, *La democrazia. Storia di un'ideologia*, Roma-Bari, 2006; M.L. SALVADORI, *Democrazia. Storia di un'idea tra mito e realtà*, Roma, 2015.

direttamente su tutte le leggi. Tuttavia lo stesso Rousseau ha sottolineato come l'autogoverno del popolo sia impossibile per l'esercizio della funzione esecutiva e sia concretamente realizzabile per quella legislativa solo in uno Stato di ridotte dimensioni in cui gli uomini siano effettivamente uguali e non vi siano grandi ricchezze [9].

Nel secolo scorso Schmitt ha distinto due modelli di democrazia, basati rispettivamente sul "principio di rappresentanza", fondato sulla legalità, che si esprime attraverso le decisioni della maggioranza parlamentare, e sul "principio di identità" tra governanti e governati, fondato sulla legittimazione proveniente direttamente dalla manifestazione del consenso del popolo [10]. Anche se tale autore ha teorizzato la combinazione tra i due modelli, pare innegabile che nella sua impostazione il secondo possieda un plusvalore democratico che lo rende preferibile. Non a caso egli ha prefigurato una democrazia *di tipo plebiscitario*, nella quale il popolo viene considerato come un'entità unitaria la cui volontà empirica coincide con l'interesse generale e, quindi, le manifestazioni della sovranità popolare costituiscono espressione di un potere costituente posto al di sopra della Costituzione [11]. Si tratta di una visione semplificata e dogmatica della democrazia, che può anche portare ad una deriva verso concezioni riduttive del pluralismo o di tipo totalitario.

La *democrazia dei moderni* presenta caratteristiche per certi versi contrapposte a quella degli antichi, essendo una democrazia rappresentativa, pluralistica e fondata sulla massima estensione possibile del concetto di cittadinanza. Le decisioni politiche sono di regola adottate da *organi rappresentativi* e solo in casi circoscritti sono prese direttamente dal corpo elettorale. Le ragioni della natura rappresentativa della moderna democrazia sono di diverso tipo: storiche, dato il ruolo fondamentale svolto dalla rappresentanza parlamentare nel garantire il superamento dello Stato assoluto e l'affermazione dei principi liberal-democratici; pratiche, dovute

---

[9] Cfr. J.J. ROUSSEAU, *Il contratto sociale*, (1762), trad. it., Milano, 1993, pp. 118-119.

[10] Cfr. C. SCHMITT, *Dottrina della Costituzione*, (1928), trad. it., Milano, 1984, p. 270 ss. Per una approfondita analisi critica v. G. AZZARITI, *Critica della democrazia identitaria*, Roma-Bari, 2005.

[11] Sulle tendenze plebiscitarie nelle democrazie contemporanee v. D. LOSURDO, *Democrazia o bonapartismo. Trionfo e decadenza del suffragio universale*, Torino, 1993.

alla grande estensione territoriale e demografica degli Stati-nazione e al carattere sempre più complesso del processo decisionale; teoriche, derivanti dalla natura pluralistica ed eterogenea delle democrazie, dall'ampio riconoscimento al massimo numero di persone dei diritti politici, dall'affermarsi del ruolo dei partiti e degli organismi intermedi, dalla struttura articolata e poliarchica del sistema di governo. Il riconoscimento del *pluralismo* implica che i cittadini siano normalmente portatori di interessi conflittuali e si organizzino per farli valere e che, nel fare ciò, distinguano la loro sfera privata da quella pubblica e in particolare da quella politica. Infine la restrizione dell'intervento popolare nel processo decisionale è compensata dall'*estensione del diritto di voto* e dei diritti di partecipazione politica.

Per la maggioranza degli studiosi la democrazia rappresentativa dei moderni presenta diversi vantaggi: rende possibile "l'applicazione concreta della logica dell'uguaglianza in un sistema politico su larga scala" [12]; sfugge alla visione astratta e pericolosa del "cittadino totale", ponendo a proprio fondamento il valore della persona di ogni individuo e sostituisce il riconoscimento della differenza e del dissenso alla ricerca dell'unanimità [13]. Infine essa, garantendo la superiorità del principio di rappresentanza su quello di identità e configurando la volontà popolare come una "volontà ipotetica", che si esprime attraverso gli organi rappresentativi ed è manifestazione di un potere costituito soggetto alla Costituzione, contrappone alla democrazia plebiscitaria una *democrazia pluralistica*, che salvaguarda tutti gli interessi e le opzioni politiche presenti nella società [14]. In definitiva nello Stato democratico il "governo del popolo" va inteso nel senso che le decisioni politiche sono di regola assunte da rappresentanti soggetti all'investitura ed al controllo da parte dei cittadini titolari dei poteri politici [15].

---

[12] Cfr. R.A. DAHL, *La democrazia e i suoi critici*, (1989), trad. it., Roma, 1990, p. 324.

[13] Cfr. G. SARTORI, *Democrazia e definizioni*, Bologna, 1957, p. 173 e N. BOBBIO, *Democrazia rappresentativa e democrazia diretta*, in *Il futuro della democrazia*, Torino, 1984, p. 51 ss.

[14] V. il classico saggio di E. FRAENKEL, *La componente rappresentativa e plebiscitaria nello Stato costituzionale democratico*, (1958), trad. it., Torino, 1994, spec. p. 39 ss.

[15] V. H. KELSEN, *Essenza e valore della democrazia*, (1929), trad. it., in *La democrazia*, Bologna, 1984, p. 50 ss.

Ciò detto, anche la democrazia dei moderni assume vari significati. La concezione oggi prevalente, soprattutto tra gli studiosi della politica, è di tipo essenzialmente *procedurale*, in quanto configura la democrazia come un processo finalizzato a adottare le decisioni politiche. Quello democratico viene, infatti, definito come un sistema pluripartitico nel quale una maggioranza governa nel rispetto dei diritti delle minoranze [16]. Nell'ambito delle concezioni procedurali ha acquistato spazio la teoria *elitista* della democrazia, qualificata come «lo strumento istituzionale per giungere a decisioni politiche, in base al quale singoli individui ottengono il potere di decidere attraverso una competizione che ha per oggetto il voto popolare» [17].

Anche importanti giuristi hanno fatto propria un'idea della democrazia *in senso formale*, vale a dire come insieme di regole procedurali per assumere decisioni, indipendentemente dal contenuto di queste, fondata su una concezione relativistica dei valori, che sono sempre reversibili data la intercambiabilità al potere tra diversi soggetti. Alla luce di tale concezione l'unico valore "assoluto" di una democrazia pluralista è quello della «pluralità dei valori e dei principi» e quindi del loro necessario contemperamento [18]. Così le regole democratiche sono state rinvenute da Kelsen nell'esistenza di un organo rappresentativo elettivo, nel sistema elettorale proporzionale, nel principio di maggioranza e nel ruolo determinante di mediazione svolto dai partiti politici [19]. A sua volta Bobbio dà una «definizione minima di democrazia» fondata sulle seguenti condizioni: la massima estensione possibile dei cittadini titolari dei diritti politici, la regola di maggioranza, la possibilità di scelta tra reali alternative di governo grazie a periodiche verifiche elettorali [20].

Inaccettabile e superata è la concezione della democrazia *in senso sostanziale* come sistema che garantisce i diritti economico-

---

[16] Cfr. G. SARTORI, *Democrazia e definizioni*, cit., p. 144.

[17] Cfr. J. A. SHUMPETER, *Capitalismo, socialismo, democrazia*, (1942), trad. it., Milano, 1964, p. 257. In senso critico v. D. HELD, *Modelli di democrazia*, (1996), trad. it., Bologna, 1997, p. 268 ss.

[18] Cfr. G. ZAGREBELSKY, *Il diritto mite. Legge diritti giustizia*, Torino, 1992, p. 16.

[19] V. H. KELSEN, *Essenza e valore*, cit., p. 50 ss.

[20] V. N. BOBBIO, *Il futuro della democrazia*, cit., p. 4 ss.

sociali e intende realizzare un'eguaglianza effettiva, in contrapposizione alla democrazia formale, fondata sulle libertà personali e sull'eguaglianza di fronte alla legge. Infatti la negazione delle regole procedurali della democrazia e del valore dei diritti civili è sfociata nell'affermazione della superiorità del "governo per il popolo" sul "governo del popolo" e nella instaurazione di Stati autocratici, come ha dimostrato l'esperienza degli Stati socialisti.

Tuttavia rimane vivo il dibattito sulla configurazione della democrazia solo come un insieme di regole formali o anche come un sistema basato su *un nucleo minimo essenziale di principi e di valori*[21]. Intanto spesso le stesse regole formali incorporano il riconoscimento di un principio o di un valore: così il suffragio universale e il pieno riconoscimento del valore uguale di ogni voto possono essere ritenuti preferibili rispetto al suffragio ristretto o al valore diseguale del voto solo se a monte vengano riconosciuti l'identico valore della persona umana e la pari dignità sociale di ciascuno.

In secondo luogo, se si adotta una concezione solo formale della democrazia, si arriva al *paradosso* per cui, di fronte al diritto della maggioranza del popolo di rinunciare con il voto al sistema democratico, affidando il potere ad un dittatore o privando la minoranza dei suoi diritti, o lo si nega, ma in tal modo si disconosce una delle regole procedurali fondamentali della democrazia, o lo si ammette, ma in questo caso si accetta la sua trasformazione "democratica" in un sistema autocratico. Si cerca di uscire da tale paradosso affermando che la rinuncia "democratica" alla democrazia può avvenire a livello empirico, ma non è ammissibile dal punto di vista teorico, in quanto essa non corrisponderebbe alla logica delle procedure democratiche e quindi costituirebbe un uso legale ma illegittimo del potere[22]. Ma ciò equivale a riconoscere l'esistenza di parametri non solo formali ma anche di valore che rendono legittima o illegittima l'utilizzazione delle regole democratiche a seconda del fine ultimo che si intende perseguire. A considerazioni analoghe si presta l'opinione che ritiene non legittime le decisioni

---

[21] Così si è sostenuto che «l'enfasi posta sulla capacità di persistenza delle varie regole del gioco democratico sembra priva di significato in mancanza di un riferimento ai valori, ovvero, a forme di legittimazione della democrazia costituzionale che vadano oltre le regole stesse»; cfr. S.N. EISENSTADT, *Paradossi della democrazia. Verso democrazie illiberali?*, (1999), trad. it., Bologna, 2002, p. 21.

[22] Cfr. R.A. DAHL, *La democrazia*, cit., pp. 257-258.

«che toccano interessi percepiti come vitali da attori sociali rilevanti per l'accordo-compromesso politico» stabilito per la risoluzione pacifica dei conflitti, che costituisce la sostanza di una «definizione genetica di democrazia» [23]. Ed infatti gli interessi di cui si parla non sono meramente materiali, ma fanno riferimento a valori e diritti ritenuti non negoziabili dai soggetti sociali.

Infine l'adozione di una concezione meramente formale di democrazia tende a configurare il popolo come soggetto organico portatore di un'unica volontà e ad assolutizzare la sovranità popolare, in contrasto con la democrazia costituzionale che è fondata sul pluralismo e sul riconoscimento dei diritti come limiti e vincoli al potere [24].

È, quindi, preferibile ritenere che la democrazia sia sicuramente un *sistema di regole procedurali*, ma anche un insieme di *principi e di valori* in esse incorporati o presupposti, che è sancito di solito a livello costituzionale ed è condiviso dalla società e quindi non è liberamente reversibile da una maggioranza elettorale o parlamentare. Come è stato efficacemente scritto, la democrazia, se è «relativistica», nel senso che «non ha fedi o valori assoluti da difendere», non può essere tale «nei confronti dei principi democratici», che impongono «il rispetto dell'uguale dignità di tutti gli esseri umani e dei diritti che ne conseguono e il rispetto dell'uguale partecipazione alla vita politica e delle procedure relative» [25].

In definitiva il termine democrazia presenta un duplice aspetto [26]: in quanto concetto ideale, è una visione complessiva dell'uomo e del mondo che aspira ad andare oltre gli elementi identificativi di una forma di Stato storicamente data; in quanto fenomeno reale, è un sistema di governo fondato su principi e su regole che nell'epoca contemporanea caratterizza un gruppo di ordinamenti statali distinguendolo da tutti gli altri. Questa duplicità fa sì che un sistema democratico non si presenti mai come un "assoluto", in sé compiuto e perfetto, ma come un processo in continua evolu-

---

[23] Cfr. L. MORLINO, *Democrazie e democratizzazioni*, Bologna, 2003, p. 24.

[24] Sulle "aporie" della concezione meramente formale di democrazia v. L. FERRAJOLI, *Principia iuris. Teoria del diritto e della democrazia*, 2. *Teoria della democrazia*, Roma-Bari, 2009, p. 6 ss.

[25] Cfr. G. ZAGREBELSKY, *Imparare la democrazia*, Roma, 2005, p. 25.

[26] V. G. SARTORI, *Democrazia. Cosa è*, Milano, 1994, p. 11 ss.

zione (e talvolta anche involuzione) ed in costante tensione verso la realizzazione dei fini ultimi che costituiscono l'attuazione dell'ideale democratico.

## 4. *I significati del termine "autocrazia"*

La categoria "Stato autocratico" viene ad assumere un carattere residuale e negativo, in quanto comprende tutte le esperienze che non possono essere qualificate come democratiche. Nell'epoca contemporanea vengono a farne parte ordinamenti statali tra loro assai lontani e talvolta basati su ideologie contrapposte, come lo Stato socialista e quello fascista, per non parlare poi della realtà, complessa e in continua trasformazione, dello Stato in via di sviluppo.

Dal punto di vista teorico il termine autocrazia, che significa etimologicamente "governo di uno", ricopre concetti, come quelli di dittatura, di regime autoritario, di regime totalitario, che sono distinti, anche se spesso nel linguaggio comune vengono impiegati in maniera indifferenziata.

La *dittatura* è una forma di concentrazione del potere nelle mani di un organo, di solito monocratico, che si divide in due modelli fondamentali, a seconda che si configuri come commissariale o come sovrana [27].

La dittatura *commissariale* fa riferimento all'esperienza verificatasi a Roma tra il V e il III secolo a.C.: il *dictator* è un magistrato straordinario nominato da uno dei consoli in circostanze eccezionali, come la guerra o la sedizione interna, il quale esercita sia il comando interno (*imperium domi*), sia quello esterno (*imperium militiae*). Si tratta di un potere legittimo e costituito, in quanto previsto e disciplinato dalla Costituzione, che ha come proprio presupposto lo stato di necessità. Sue caratteristiche essenziali sono la temporaneità della carica e l'eccezionalità dei poteri, che possono comportare anche la sospensione delle garanzie costituzionali.

La dittatura *sovrana* determina, invece, la vigenza di una nuova Costituzione attraverso l'esercizio di un potere costituente che agi-

---

[27] Cfr. la distinzione proposta da C. SCHMITT *La dittatura*, (1921), trad. it., Bari, 1975, p. 149. Per le considerazioni che seguono v. N. BOBBIO, *Democrazia e dittatura*, in *Stato, governo, società*, Torino, 1985, p. 150 ss.

sce in totale rottura con l'ordinamento costituzionale preesistente e quindi si configura come un potere illegittimo e di fatto. Essa deriva, quindi, non da uno stato di necessità eccezionale e contingente, ma da una vera e propria crisi di regime e, pur presentando i caratteri della temporaneità e delle eccezionalità dei poteri, sfocia non nel ripristino della Costituzione, ma nella instaurazione di una nuova forma di Stato.

In entrambi i significati la dittatura non costituisce una forma di Stato a sé, ma è una fase transitoria che si conclude o con il ritorno al funzionamento normale dell'ordinamento preesistente o con il suo definitivo superamento e con la creazione di un nuovo ordinamento.

Di *regime autoritario* si parla talvolta in senso generico per tutte quelle forme di dominio politico che si fondano su una forte concentrazione del potere, un basso livello di consenso e di mobilitazione popolare, l'uso della forza e la repressione dell'opposizione. Tuttavia, in senso proprio e più circoscritto, i giuristi definiscono come "autoritaria" la forma di Stato che si è affermata in Europa tra le due guerre mondiali, la quale ha avuto le sue realizzazioni più significative nella Germania nazionalsocialista e nell'Italia fascista, anche se si è prolungata fino alla metà degli anni '70 dello scorso secolo con il regime salazariano in Portogallo e quello franchista in Spagna [28].

Il *regime totalitario* assume caratteristiche proprie che lo distinguono da un regime genericamente autoritario. Esso va, innanzitutto, distinto dallo "Stato totale", termine che fu impiegato durante la Repubblica di Weimar per indicare l'intervento crescente dello Stato soprattutto sul terreno economico e sociale e che potrebbe essere ben applicato anche alla "democrazia degli antichi" [29]. Di *Stato totale* si è successivamente parlato in una diversa accezione come di una forma di concentrazione del potere negatrice delle istanze del pluralismo e dei diritti delle opposizioni, in base alla nota distinzione proposta da Schmitt tra "amico" e "nemico" pubblico [30]. Il termine "totalitarismo" è stato riferito ad esperienze di-

---

[28] V. P. BISCARETTI DI RUFFIA, *Introduzione*, cit., p. 90 ss.

[29] V. G. SARTORI, *Democrazia. Cosa è*, cit., p. 131.

[30] V. C. SCHMITT, *Il concetto di "politico"*, (1932), trad. it., in *Le categorie del politico*, Bologna, 1972, p. 101 ss.

verse: al regime fascista, i cui teorici hanno usato tale espressione per indicare l'aspirazione dello Stato ad occuparsi di ogni aspetto della vita sociale, ma soprattutto al regime nazionalsocialista della Germania e a quello comunista dell'Unione sovietica [31].

Le caratteristiche essenziali del regime totalitario possono essere sinteticamente indicate nelle seguenti:

– la proclamazione di un'*ideologia ufficiale dello Stato* che viene inculcata nelle coscienze dei singoli mediante l'uso manipolatorio della cultura e della informazione;

– la configurazione come fonte suprema del potere del *partito unico*, i cui organi, anche se distinti da quelli dello Stato, si sovrappongono di fatto a questi, e l'esistenza di un *capo carismatico*, che, essendo alla testa del partito ed incarnando l'ideologia ufficiale, è la personificazione stessa del potere;

– la *mobilitazione permanente delle masse*, realizzata mediante un'organizzazione capillare e forzosa della società e volta alla costante ricerca del consenso popolare tramite metodi di tipo plebiscitario e che non consentono reali alternative;

– una *struttura di tipo poliziesco*, che prevale su quella militare, ed utilizza le armi della delazione e della provocazione contro i "nemici" reali o presunti.

In definitiva il totalitarismo è un fenomeno recente, tipico del secolo scorso, che presuppone l'irrompere delle masse sulla scena politica e l'utilizzazione di forme sofisticate e tecnologicamente avanzate di dominio sulla società e sui singoli. In questo senso esso indica la particolare capacità di penetrazione e di diffusione di un potere di tipo autocratico, ma non costituisce una forma di Stato a sé, riguardando esperienze diverse (come lo Stato autoritario e quello socialista).

In definitiva il termine "Stato autocratico" risulta troppo ampio, anche se può ben essere utilizzato nella polemica politico-ideologica come critica di tutti i sistemi che negano la democrazia e i suoi presupposti.

---

[31] V. H. Arendt, *Le origini del totalitarismo*, (1951), trad. it., Milano, 1967; J.L. Talmon, *Le origini della democrazia totalitaria*, (1952), trad. it., Bologna, 1977; C. Friedrich (a cura di), *Totalitarianism*, Cambridge, 1954; D. Fisichella, *Totalitarismo. Un regime del nostro tempo*, Roma, 1987.

## 5. *I criteri basati sull'evoluzione storica e sulla complessità delle forme di Stato*

Se si vuole dare un quadro completo, dal punto di vista sia diacronico che sincronico, delle forme di Stato, è preferibile fare riferimento ad una pluralità di criteri che tenga conto sia dell'evoluzione storica degli ordinamenti statali dopo la nascita dei moderni Stati-nazione sia della complessità, soprattutto in quelli contemporanei, delle diverse forme di organizzazione del rapporto Stato-società, che mal si presta a semplificazioni riduttive.

Pare opportuno, quindi, esaminare le diverse forme di Stato alla luce dei seguenti criteri:

– la *natura del rapporto* che si determina *tra Stato e società civile* e quindi tra sfera pubblica e sfera privata, che a sua volta dipende strettamente dal sistema economico e dalla ideologia dominanti;
– l'individuazione del *titolare* del potere politico e del *modo di esercizio*, ripartito o accentrato, dello stesso;
– la *derivazione del potere*, e quindi l'individuazione della sua fonte di legittimazione, e la sua natura monolitica o pluralistica;
– il riconoscimento o meno dei *diritti di libertà* e delle garanzie della loro effettività;
– l'esistenza o meno di una *Costituzione* ed il ruolo da questa svolto nella regolazione dei rapporti tra Stato e società e tra i pubblici poteri.

Anche se vi possono essere coincidenze o similitudini relative ad uno di questi criteri tra due diverse forme di Stato, la loro presa in considerazione simultanea consente comunque di mantenerle distinte. Applicando i criteri proposti all'evoluzione storica delle forme di Stato, si può operare la distinzione tra Stato assoluto, Stato liberale e, nell'ambito dello Stato contemporaneo, tra Stato autoritario, Stato socialista e Stato democratico.

## 6. *L'ordinamento feudale*

Di forma di Stato in senso proprio si può parlare solo con la nascita degli Stati-nazione, che prende avvio in Europa dalla seconda metà del XIV secolo. Ma, al fine di comprendere meglio tale vicenda, è opportuno prendere in esame, sia pure sinteticamente, l'ordinamento feudale, che si afferma in Europa a partire dal IX secolo con l'Impero carolingio e si protrae fino al XII secolo. Esso si fonda su un tessuto sociale costituito da comunità di ridotte dimensioni e isolate l'una dall'altra e su un'economia agricola autosufficiente e basata sullo scambio in natura.

In questo contesto non si può parlare di Stato in senso proprio, in quanto vi è una totale identificazione tra la persona fisica del Signore (o del Re) e la proprietà privata della terra da un lato e il dominio esercitato sulle masse contadine dall'altro. Per questo si è parlato di un *"ordinamento patrimoniale-privatistico"*, per sottolineare che esso ha un fine non pubblicistico, consistente nella cura di interessi generali, ma incentrato sulla salvaguardia e sull'incremento della proprietà terriera del Signore, e si fonda su rapporti di tipo privatistico-contrattuale tra Re e feudatari e tra questi e uomini liberi [32].

Di particolare importanza è il rapporto che si instaura tra il Re ed i suoi feudatari, in base al quale questi ultimi acquisiscono il dominio politico del feudo (derivante dal termine latino *foedus*, che significa patto, alleanza) e si obbligano a procurare al primo la forza armata e le entrate necessarie alla difesa o all'eventuale espansione del Regno. Tipica natura pattizia riveste la *Magna Charta*, concessa in Inghilterra nel 1215 da Giovanni Senzaterra, nella quale il Re si obbliga a convocare i rappresentanti della nobiltà fondiaria ogni volta che dovrà fare ricorso alla imposizione di tributi. Natura contrattuale, anche se di tipo diseguale, assume a sua volta il rapporto che viene a costituirsi tra il feudatario, che si impegna a garantire la protezione armata nell'ambito del feudo, e la comunità contadina, la quale è obbligata a fornirgli una rendita in natura pari all'intera produzione, detratto quel che è strettamente necessario per la propria sopravvivenza.

La sovranità del Re è puramente teorica, in quanto ogni feudo costituisce un ordinamento autonomo posto sotto la *iurisdictio* del singolo feudatario; un fenomeno analogo si verifica per le comunità urbane di tipo comunale che si sviluppano soprattutto in Italia e nelle Fiandre dall'XI secolo. Nella società feudale, inoltre, non vi è un unico ordinamento sovrano, posto al di sopra degli altri, ma

---

[32] Cfr. C. MORTATI, *Le forme di governo*, cit., p. 9 ss.

*una pluralità di ordinamenti autonomi* che fanno capo a vari soggetti: alla Chiesa, la quale svolge un ruolo essenziale nella cura di interessi collettivi (quali l'istruzione e l'assistenza), alle comunità urbane, che si danno proprie regole statutarie, ai ceti artigianali e mercantili, alle terre comuni di proprietà contadina. Vi è, quindi, una «parcellizzazione della sovranità» quale "elemento costitutivo" della società feudale[33].

Per quel che riguarda la derivazione e la natura del potere, nel feudo vi è un embrione di potere politico, ma fanno difetto elementi essenziali perché si possa parlare di un potere di tipo statale: non vi è un apparato militare permanente, in quanto l'esercito del Regno è una sommatoria di milizie private costituite da mercenari, e manca l'impersonalità del potere, che di fatto è nelle mani della persona fisica del feudatario, legato al Re da un rapporto *intuitu personae*, mentre in linea teorica continua ad essere imputato ai sempre più distanti poteri centrali (Impero e Papato).

Nella società feudale non si può parlare di veri e propri diritti di libertà. La grande massa della popolazione è contadina e vive in una situazione di servaggio, senza poter far valere nessuna pretesa di tipo soggettivo. Solo gli uomini liberi, ed in particolare gli appartenenti alla nobiltà e al clero che hanno un titolo di proprietà, possono rivendicare alcuni *privilegi*, come quello di essere giudicati solo dai propri pari, fondati su antiche consuetudini oppure di origine pattizia (art. 33 della *Magna Charta*). Infine non esiste una Costituzione feudale, intesa come regolamentazione dei poteri pubblici e riconoscimento dei diritti, ma si può parlare di "Costituzione" solo nel significato antico e generico di vigenza di tradizioni secolari e di rapporti di dominio tramandatisi nel tempo.

Nel passaggio dall'ordinamento feudale allo Stato assoluto tra la fine del XII e l'inizio del XIII secolo assume autonoma rilevanza una fase intermedia, che è stata definita come "Stato dei ceti" (*Ständestaat*)[34]. Sue caratteristiche essenziali sono l'autonomizzazione delle città, che curano direttamente i propri interessi sul territorio, l'ascesa di nuove categorie sociali (artigiani, mercanti, usurai), le quali si dotano di ordinamenti autonomi e di proprie as-

---

[33] Cfr. P. ANDERSON, *Dall'antichità al feudalesimo*, (1974), trad. it., Milano, 1978, p. 126.

[34] V. G. POGGI, *La vicenda dello Stato moderno*, Bologna, 1978, p. 67 ss.

semblee rappresentative, il progressivo prevalere del potere signorile sull'elemento feudale anche grazie all'alleanza con i ceti urbani. In questa fase comincia ad affermarsi una Costituzione distinta da quella ideale e consuetudinaria degli antichi, in quanto basata su un insieme di limiti e di vincoli giuridici al potere pubblico, che rendono possibile un ampio pluralismo particolaristico [35].

## 7. *Lo Stato assoluto*

Lo Stato assoluto si sviluppa in Europa nella seconda metà del XIV secolo e costituisce storicamente la prima forma di Stato, in quanto si identifica con la nascita dello Stato-nazione [36]. Questa è determinata dalla progressiva unificazione sotto il dominio del Re di ampi territori, soprattutto in Inghilterra, in Francia e in Spagna, mentre l'Italia e la Germania continueranno a lungo a suddividersi in una pluralità di Regni e di Principati.

Lo Stato assoluto si basa su un *sistema economico* che aggiunge al tradizionale assetto agricolo lo sviluppo del capitalismo mercantile e manifatturiero e sostituisce allo scambio in natura quello tra merci e denaro, da cui prendono avvio le prime manifestazioni del capitale finanziario. Sarebbe, tuttavia, sbagliato pensare che alla base della nascita dello Stato assoluto vi siano solo fattori economici, anche perché il capitalismo si sviluppa più rapidamente proprio in Inghilterra, dove l'assolutismo non si afferma mai compiutamente [37]. Si è, quindi, affermato che lo Stato assoluto è la nuova forma giuridico-istituzionale che perpetua il dominio del ceto aristocratico sulla società [38]. Allo stesso tempo non si può negare che tale forma di Stato, garantendo l'unificazione del mercato nazionale, la

[35] V. M. FIORAVANTI, *Costituzione*, Bologna, 1999, p. 29 ss.

[36] V. C. TILLY (a cura di), *La formazione degli Stati nazionali nell'Europa occidentale*, Bologna, 1984.

[37] Si è sottolineato che le monarchie più potenti costituiscono un ostacolo allo sviluppo del capitalismo sia per l'eccessiva pressione fiscale che esercitano sui ceti produttivi sia per il peso dei privilegi e delle rendite parassitarie; cfr. G. AMATO, F. CLEMENTI, *Forme di Stato*, cit., pp. 36-37.

[38] Cfr. P. ANDERSON, *Lo Stato assoluto. Origini ed evoluzione dell'assolutismo occidentale e orientale*, (1974), trad. it., Milano, 1980, p. 17 ss.

maggiore sicurezza dei traffici commerciali, la conquista di nuovo territori e di nuovi mercati tramite la guerra, determina anche condizioni favorevoli al rafforzamento della borghesia.

Ma vi sono anche altre ragioni alla base della nascita dello Stato assoluto: la crescita demografica, lo sviluppo di un *surplus* nella produzione agricola che incoraggia gli scambi con le comunità più vicine, il desiderio del Re di riaffermare in concreto, e non più solo in via teorica, il dominio politico sui suoi territori.

Nello sviluppo dello Stato assoluto è possibile distinguere due fasi: l'assolutismo *empirico* e l'assolutismo *illuminato* [39]. Nella prima, tra il 1500 e il 1700, ancora si parla di *Stato patrimoniale*, in quanto rimane forte l'intreccio tra fine pubblicistico e fine privatistico. Nella seconda, che trova la sua massima realizzazione in Austria e in Prussia alla fine del 1700, si parla di *Stato di polizia*, che deriva dal termine greco *pólis* e sta ad indicare che lo Stato persegue la finalità pubblicistica di realizzare il benessere dei sudditi. Si tratta, quindi, di un termine che non va confuso con quello di "Stato poliziesco", tipico delle esperienze totalitarie del secolo scorso.

Con l'assolutismo nasce uno *Stato-apparato*, separato e distinto dalla società, che persegue in nome e per conto del Re fini di tipo pubblicistico. Gli elementi che costituiscono tale apparato sono: un *corpo amministrativo-burocratico* di funzionari stipendiati, formato da ecclesiastici, giuristi e nobili; un *esercito permanente*, che comprende soldati di professione, ma viene sempre più integrato in modo cospicuo da appartenenti ai ceti popolari grazie alla coscrizione obbligatoria, che ha il compito di garantire l'ordine pubblico all'interno e di condurre guerre, spesso prolungate e sanguinose, all'esterno; un *sistema* coordinato ed esteso *di esazione dei tributi*, che serve a finanziare i costi sempre più elevati necessari al mantenimento dell'apparato statale. Infine viene stabilita la distinzione tra patrimonio privato del Re e patrimonio pubblico, che acquista i caratteri della inalienabilità e della indisponibilità.

Nel 1576 ne *Les six livres de la République* il giurista francese Jean Bodin elabora il concetto di *sovranità* come potere assoluto, perpetuo e indivisibile. La titolarità della sovranità spetta al Re o meglio alla *Corona*, cioè ad un organo dello Stato che presenta le caratteristiche della impersonalità e della continuità, garantite da

[39] Cfr. C. MORTATI, *Le forme di governo*, cit., p. 16 ss.

rigorose leggi di successione volte ad impedire la vacanza del trono. Tali leggi, insieme a quelle naturali e di origine divina, si impongono alla persona del Sovrano, il quale per il resto è *legibus solutus* e può far valere il principio di autorità, basato sulla superiorità gerarchica dell'ordinamento statale su tutti gli ordinamenti particolari operanti al suo interno.

Il potere è *accentrato* nelle mani del monarca, ma non in modo così rigido e compiuto come avviene nei regimi autocratici contemporanei. Infatti continuano ad operare gran parte degli ordinamenti autonomi e di tipo corporativo presenti nella società feudale, pur se assoggettati al principio di autorità. La gestione del potere in ampi territori, dati i mezzi di comunicazione dell'epoca, lascia ampio spazio alle autorità locali, come in Francia gli Intendenti posti a capo delle Province. In Inghilterra si afferma il principio del *self-government*, inteso originariamente nel senso che i titolari delle cariche periferiche sono funzionari onorari rappresentanti della comunità locale [40].

Per quel che riguarda i poteri centrali dello Stato, il Re concentra nelle proprie mani non solo quello esecutivo, ma anche il potere legislativo, riducendo le assemblee rappresentative di origine medievale ad un ruolo prevalentemente consultivo e rifiutandosi di convocarle per interi decenni. Il potere giudiziario viene amministrato da corti e tribunali composti da giudici nominati dal Re, ma per alcuni aspetti resta affidato ai ceti e alle corporazioni, come avviene in Francia con i *Parlements*, i quali sono organi giurisdizionali competenti nei confronti dei propri pari e agiscono talvolta in contrasto con la volontà del monarca.

Il potere del Re è di origine divina e si trasmette per via ereditaria; non ha, quindi, natura rappresentativa. Fortemente limitato è il ruolo rappresentativo delle assemblee medievali, nelle quali la *rappresentanza* si configura come un rapporto *di diritto privato*, in base al quale il rappresentante agisce come mandatario legato a vincoli e direttive da parte dei rappresentati. Anche se di esse entrano a far parte i rappresentanti della borghesia, oltre a quelli della nobiltà e del clero, si tratta pur sempre di una rappresentanza non "del potere", ma "di fronte al potere", di cui è esclusivo titolare il monarca. Lo Stato assoluto, inoltre, non è di tipo pluralistico,

---

[40] Cfr. M. COMBA, *Self government*, in *Dig. pubbl.*, 4ª ed., XIV, Torino, 1999, p. 31.

in quanto, anche se in esso si manifesta un pluralismo di natura economico-sociale fondato sulla coesistenza, più o meno conflittuale, tra aristocrazia e borghesia, il potere politico rimane espressione di un'unica classe ed è esercitato da un organo monocratico.

Così come nell'ordinamento feudale, nello Stato assoluto non si possono far valere diritti, ma solo *pretese* di natura privatistico-patrimoniale, di cui sono titolari coloro che possono vantare un titolo di proprietà. Questi, se subiscono dei danni ingiusti, possono rivalersi nei confronti del *fisco*, cioè di un fondo patrimoniale dello Stato alimentato dalle entrate tributarie. Si afferma, inoltre, la distinzione tra "atti di imperio", che intervengono in materia pubblicistica e costituiscono esercizio di sovranità, ed "atti di gestione", impugnabili in via giurisdizionale qualora violino i "diritti" patrimoniali. Altra distinzione importante è quella tra le "leggi", che sono atti generali ed astratti resi pubblici e vincolanti anche per i funzionari, e le "ordinanze", che sono provvedimenti concreti della singola autorità e non possono costituire il fondamento di situazioni giuridiche soggettive. Tuttavia il Sovrano non è rigidamente vincolato dalle leggi: vi sono, infatti, le cosiddette "leggi di polizia", non pubblicate, che incontrano solo il limite dei "diritti" patrimoniali, ma anche tale limite può essere posto nel nulla dal ricorso alla "ragione di Stato"[41].

Infine lo Stato assoluto non è uno Stato costituzionale, basandosi su un concetto di sovranità che contrasta con l'idea della Costituzione come limite del potere: gli unici limiti, come si è detto, sono rappresentati dalle leggi supreme del regno (quelle di successione e quelle di origine divina e naturale).

Una volta indicate le caratteristiche generali dello Stato assoluto, occorre sottolineare che esso si configura assai diversamente in Inghilterra e nei paesi dell'Europa continentale. Oltre Manica il principio assolutistico si afferma solo in parte nel 1500 con la dinastia dei Tudor, mentre nel secolo successivo fallisce il tentativo degli Stuart di imitare il modello di assolutismo esistente nel continente. Le ragioni per le quali lo Stato assoluto non si afferma mai compiutamente sono di diversa natura: economico-sociali, consistenti nell'intreccio tra la borghesia e una parte della aristocrazia rurale, la quale trasforma la rendita fondiaria in impresa

---

[41] V. per le distinzioni richiamate C. MORTATI, *Le forme di governo*, cit., pp. 22-24.

manifatturiera, e giuridico-istituzionali, derivanti dal notevole peso dei particolarismi e dei privilegi feudali, che si basano su antiche consuetudini e assurgono al rango di veri e propri diritti grazie al loro riconoscimento formale nelle leggi del Parlamento.

Al contrario nel continente, ed in particolare in Francia, l'assolutismo trionfa e si esprime da un lato nell'attribuzione alla burocrazia di un potere sempre più dispotico ed oppressivo, dall'altro nel mantenimento in capo alla nobiltà e all'alto clero dei privilegi feudali e della rendita parassitaria derivante dalla proprietà della terra. Si determina, quindi, una netta frattura sociale e politica con la borghesia, destinata a ripercuotersi sulle modalità del passaggio allo Stato liberale.

## 8. *Lo Stato liberale*

La crisi dello Stato assoluto è determinata da molteplici ragioni: finanziarie, derivanti in particolare dal costo crescente dell'apparato burocratico e militare; economico-sociali, conseguenti alla rivoluzione industriale e alla crescente egemonia borghese; politiche, consistenti nella necessità per la borghesia di conquistare il potere e di volgerlo alla tutela dei propri interessi.

La base economica dello Stato liberale è costituita dal *modo di produzione capitalistico*, basato sulla proprietà privata dei mezzi di produzione, sulla libera concorrenza, sulla ricerca del profitto come fine ultimo della attività economica, sulla centralità del mercato come misura del valore delle merci e della stessa forza-lavoro.

Naturalmente il passaggio alla nuova forma di Stato avviene con tempi e modalità profondamente diversi nei vari paesi, per cui si può dire che esistono vari *liberalismi*, anche se ciò non inficia la possibilità di costruire un modello teorico generale per quanto complesso [42].

Lo Stato liberale nasce assai presto in *Inghilterra* in seguito alle

---

[42] Cfr. U. ALLEGRETTI, *Profilo di storia costituzionale italiana. Individualismo e assolutismo nello Stato liberale*, Bologna, 1989, p. 20. Per i profili storici v. anche G. DE RUGGIERO, *Storia del liberalismo europeo*, Bari, 1925. Per quelli teorici v. N. MATTEUCCI, *Organizzazione del potere e libertà. Storia del costituzionalismo moderno*, Torino, 1976.

due rivoluzioni condotte vittoriosamente dal Parlamento contro la dinastia degli Stuart: la prima si conclude nel 1649 con la decapitazione di Carlo I, la seconda, detta "*glorious revolution*", nel 1688/89 con lo spodestamento di Giacomo II e l'affidamento del trono a Guglielmo d'Orange. Ciò deriva dal fatto che la borghesia inglese può utilizzare i canali ereditati dall'epoca feudale; tramite le leggi del Parlamento essa trasforma gli antichi privilegi in diritti e pone una serie di limiti al potere del monarca[43]. Quindi il passaggio allo Stato liberale avviene con una certa gradualità e senza fortissimi traumi politici e sociali.

Negli *Stati Uniti* la costruzione dello Stato liberale si verifica in modo del tutto naturale, all'indomani della vittoriosa guerra di indipendenza dalla Gran Bretagna e soprattutto con la Costituzione di Filadelfia (1787), essendo il portato di una società formata in gran parte da uomini liberi e proprietari, che non deve fare i conti con una nobiltà inesistente e nella quale le differenze di ricchezza sono attenuate da un forte spirito di gruppo e comunitario[44]. Effetto logico e naturale di tale assetto è la ricerca della massima espansione possibile dei diritti individuali, a cominciare da quello di proprietà, e della loro garanzia sancita da una "legge superiore".

Al contrario in *Francia* il passaggio allo Stato liberale avviene in forme traumatiche e violente, in quanto la borghesia è costretta ad affermare i suoi principi ed interessi in contrasto sia con i privilegi della nobiltà e del clero sia con il potere dispotico che caratterizza l'*Ancien Régime*. Si verifica, quindi, un aspro conflitto di tipo rivoluzionario, nel corso del quale vi è un'oscillazione tra ideologia liberale e concezioni democratico-radicali (che si riflettono rispettivamente nelle Costituzioni del 1791 e del 1793).

Ancora diversa è la situazione che si determina in *Germania* e in *Italia*. La debolezza della borghesia, derivante da uno sviluppo industriale ritardato, e l'esistenza di una forte aristocrazia terriera

---

[43] Nel corso del 1600 il Parlamento approva la *Petition of rights* (1628), con la quale riafferma i diritti e i privilegi di origine feudale violati dal Re, l'*Habeas corpus Act* (1679), che riconosce e garantisce la libertà personale, il *Bill of rights* (1689), che sancisce i diritti individuali e i poteri del Parlamento. Infine nel 1701 l'*Act of Settlement* stabilisce che il potere del Re e dei suoi funzionari deve essere esercitato in conformità alle leggi e ratifica tutte quelle approvate in precedenza.

[44] V. G. BOGNETTI, *Lo spirito del costituzionalismo americano. I. La Costituzione liberale*, Torino, 1998, p. 18 ss.

e militare fanno sì che lo Stato liberale nasca come frutto di un compromesso e di una rivoluzione "dall'alto", realizzata grazie all'espansione progressiva rispettivamente dello Stato prussiano e del Regno di Sardegna. Per questi motivi fin dall'origine esso assume una connotazione fortemente statalista e centralista.

Una volta chiarita la diversa origine delle singole esperienze, è possibile individuare i caratteri istituzionali essenziali della forma di Stato liberale. In primo luogo esso opera una netta distinzione tra *sfera pubblica*, che ha per oggetto essenzialmente il mantenimento dell'ordine e l'uso legale della forza all'interno e all'esterno, e *sfera privata*, nella quale si esplicano liberamente i rapporti economici e gli interessi privati fondati sulla proprietà e sul contratto. Alla base della distinzione vi è una ideologia individualistica, che afferma il valore della persona come soggetto in sé, avulso dai rapporti sociali e che agisce in una sfera privata teoricamente intangibile.

Sul terreno politico-sociale tale impostazione determina la soppressione degli ordinamenti corporativi e degli organismi intermedi ancora presenti nello Stato assoluto e la grande debolezza dei nuovi organismi associativi, come i partiti politici, che hanno un carattere elitario e interprivato.

Sul terreno economico si parla di *Stato non interventista*, anche se nella realtà un intervento dello Stato vi è dovunque ed in Germania alla fine dell'"800 è così rilevante da far coniare il termine "liberalismo di Stato". Tuttavia nella maggioranza dei casi si tratta di un intervento o puramente negativo, in quanto volto a garantire dall'esterno le condizioni per il libero svolgimento dell'attività economica privata, o di tipo sussidiario e servente nei confronti del capitale (finanziamenti ai privati, assunzione in proprio di servizi particolarmente onerosi, interventi assistenziali volti a contenere la protesta sociale).

In generale si può affermare che, sottraendo l'economia al terreno della decisione politica, lo Stato liberale tende a subordinare il fattore politico a quello economico, ma ciò non comporta la debolezza dello Stato, che si caratterizza per la sua autonomia nei confronti della società[45]. In particolare esso ha il monopolio della forza legale, utilizzata sia all'interno per garantire la "pace socia-

---

[45] V. M. FIORAVANTI, *Appunti di storia delle Costituzioni moderne. Le libertà fondamentali*, Torino, 1995, p. 100 ss.

le", sia all'esterno tramite il ricorso alla guerra e all'espansione coloniale, e non esita a sottoporre a serie limitazioni gli stessi diritti civili quando lo ritenga indispensabile ai fini della salvaguardia dell'interesse generale della classe borghese.

Titolare della sovranità non è più la Corona, ma la *Nazione*, intesa come entità unitaria ed indivisibile che trascende la volontà dei singoli, come si desume dall'art. 3 della Dichiarazione francese dei diritti dell'uomo e del cittadino del 26 agosto 1789[46]. Il concetto di Nazione non comprende l'intero popolo, ma solo coloro che si riconoscono in una comune visione ideale e sociale e quindi tende ad individuare la borghesia quale classe dominante portatrice dell'interesse generale[47]. Tuttavia in concreto la Nazione può agire solo attraverso gli organi dello Stato, per cui di fatto la sovranità nazionale diventa o sovranità dello Stato (soprattutto in Germania e in Italia, ordinamenti nei quali lo Stato viene qualificato come persona giuridica e si afferma la concezione dell'origine statuale del diritto) o sovranità del Parlamento, quale organo titolare della funzione di fare le leggi, che sono fonte primaria del diritto ed espressione della volontà generale (in Francia ed in Gran Bretagna, con la differenza che nel secondo paese l'onnipotenza della legge è limitata da antiche consuetudini e dal ruolo creativo della giurisprudenza).

La *separazione dei poteri* è uno dei principi-cardine dello Stato liberale[48]. La tripartizione tra potere legislativo, esecutivo e giurisdizionale risale, com'è noto, soprattutto a Montesquieu nel già citato *L'esprit des lois*. L'origine storica della affermazione di tale principio va ricercata nella volontà della classe borghese di spezzare l'assolutismo monarchico, garantendo una distribuzione del potere sovrano tra diversi soggetti, e nel fatto che il potere legislativo e quello esecutivo rappresentano due diverse classi sociali ed è all'interno del primo che la borghesia afferma dapprima la propria egemonia. Nello Stato liberale tale principio viene assolutizzato,

---

[46] «Il principio di ogni sovranità risiede essenzialmente nella Nazione. Nessun corpo o individuo può esercitare un'autorità che non emani espressamente da essa.»

[47] Sull'origine e sui vari significati del termine v. P. CARROZZA, *Nazione*, in *Dig. pubbl.*, X, Torino, 1995 p. 127 ss.

[48] V. G. SILVESTRI, *La separazione dei poteri*, I e II, Milano 1979 e 1984 e G. BOGNETTI, *La divisione dei poteri*, Milano, 1994.

nel senso di prefigurare una perfetta corrispondenza tra organo, funzione attribuita, forma ed efficacia degli atti prodotti nel suo esercizio. Tuttavia ciò non corrisponde pienamente al pensiero di Montesquieu, il quale sottolineava come fra i tre poteri dovessero esistere forme di reciproco controllo e condizionamento, al fine di evitarne la degenerazione, impostazione questa effettivamente ripresa nell'esperienza degli Stati Uniti dei *checks and balances*. Inoltre nell'applicazione pratica del principio si hanno fin dall'origine interferenze funzionali tra i vari poteri, per cui si verifica una combinazione tra il principio della separazione e quello della collaborazione tra di essi.

In particolare l'indipendenza del potere giudiziario si impone naturalmente nei paesi anglosassoni di *common law*, trovando solide fondamenta nell'attività di produzione normativa svolta dai giudici e quindi nell'autorevolezza delle loro decisioni. Invece nei paesi di *civil law* dell'Europa continentale il processo è molto più lento e faticoso, in quanto i giudici sono un corpo di funzionari pubblici costituito in "ordine" soggetto alla legge e garantito da uno *status* particolare, che è condizionato quanto alla sua organizzazione dal potere esecutivo e nello svolgimento della funzione giurisdizionale dalla volontà del legislatore.

Con lo Stato liberale si afferma anche il principio della *rappresentanza politica*, che si differenzia nettamente dalla rappresentanza medievale di stampo privatistico [49]. Infatti la Nazione, titolare della sovranità, può operare solo tramite rappresentanti provenienti dal suo seno, che sono chiamati a curare finalità generali e quindi di natura politica. Le *elezioni* diventano lo strumento fondamentale per la scelta dei "migliori", vale a dire di rappresentanti che rivestono una particolare posizione sociale e sono legittimati a manifestare una volontà libera, non più vincolata a precise direttive dei propri elettori. Viene sancito, quindi, a partire dalla Costituzione francese del 1791, il principio del *divieto del mandato imperativo*, in base al quale gli eletti rappresentano non coloro che li hanno votati, ma l'intera Nazione e quindi non interessi particolari, ma l'"interesse generale". Tuttavia lo Stato liberale è sì rappre-

---

[49] Sul concetto di rappresentanza politica e sulla sua evoluzione storica v. D. NOCILLA, G.F. CIAURRO, *Rappresentanza politica*, in *Enc. dir.*, XXXVIII, Milano, 1987, p. 543 ss. e F. CASSELLA, *Profili costituzionali della rappresentanza. Percorsi storici e comparatistici*, Napoli, 1997.

sentativo, ma *omogeneo* o "monoclasse" [50], in quanto attraverso il suffragio ristretto, basato sul censo o sul reddito degli elettori, esclude dal voto la grande maggioranza del popolo (ed in particolare le donne) e i rappresentanti sono dei notabili provenienti dalle classi più agiate [51]. Quindi lo Stato liberale non è democratico, ma oligarchico, anche se il principio della rappresentanza tramite le elezioni costituisce il canale fondamentale attraverso il quale successivamente potranno ottenere riconoscimento gli interessi delle classi popolari grazie all'attuazione del suffragio universale.

Altra caratteristica essenziale dello Stato liberale consiste nel riconoscimento costituzionale dei *diritti di libertà*. Questi si identificano con i diritti civili, intesi come diritti della persona, considerata nella sua individualità, e come *libertà negative* o dallo Stato, derivanti dal riconoscimento a ciascun cittadino di una sfera privata che deve restare libera da ogni ingerenza esterna, anche da parte dei pubblici poteri. Di tali diritti fa parte il diritto di proprietà, che, anzi, in quanto "diritto esclusivo al godimento di un bene", costituisce il parametro sul quale vengono strutturati gli altri diritti della persona [52].

Lo Stato liberale non è però pienamente *libero*, in quanto una volta consolidato esso ostacola l'estensione del riconoscimento dei diritti civili e di quelli politici alle classi subalterne, i cui componenti non sono "soggetti" di diritto, ma vengono "assoggettati" al diritto [53]. Gli stessi diritti di libertà vengono riconosciuti con notevole diversità di ampiezza e di garanzie nei vari ordinamenti [54]. Il loro radicamento è più forte nei paesi nei quali si affermano per via consuetudinaria (Inghilterra) o rivoluzionaria (Stati Uniti e Fran-

---

[50] La qualificazione dello Stato liberale come «monoclasse» e di quello democratico come «pluriclasse» è di M.S. GIANNINI, *Il pubblico potere. Stati e amministrazioni pubbliche*, Bologna, 1986, p. 35 ss.

[51] Basti pensare che nel Regno d'Italia aveva diritto di voto nel 1861 l'1,9% della popolazione, nel 1909 l'8,3% e solo nel 1912 viene introdotto il suffragio universale maschile. Questo si afferma in Francia e in Svizzera nel 1848, negli Stati Uniti nel 1868 (con il XIV emendamento), in Germania nel 1871, in Belgio nel 1893.

[52] I «diritti naturali e imprescrittibili dell'uomo», come recita l'art. 2 della Dichiarazione francese del 1789, «sono la libertà, la proprietà, la sicurezza e la resistenza all'oppressione».

[53] Cfr. U. ALLEGRETTI, *Profilo di storia*, cit., p. 139 ss.

[54] V. sul punto e più in generale A. BALDASSARRE, *Libertà*, in *Diritti della persona e valori costituzionali*, Torino, 1997, p. 249 ss.

cia), dove vengono teorizzati come "diritti naturali" preesistenti allo Stato e fondati su una "legge superiore" rappresentata dalla Costituzione. È, invece, più debole in Germania e in Italia, dove vengono configurati come "diritti pubblici soggettivi", i quali costituiscono il frutto di una "autolimitazione" dello Stato o del riconoscimento da parte di questo del potere degli individui di far valere proprie situazioni giuridiche soggettive o *status*.

Grande conquista dello Stato liberale è, infine, la *Costituzione* quale atto fondamentale che assicura la garanzia dei diritti e stabilisce la separazione dei poteri (come recita l'art. 16 della Dichiarazione francese del 1789). La Costituzione si configura come "legge superiore" nei confronti della legge ordinaria solo laddove è il frutto di un processo rivoluzionario o dell'ottenimento dell'indipendenza nazionale (Costituzione nordamericana del 1787, Costituzioni rivoluzionarie francesi, Costituzione belga del 1831), mentre è, se non in via teorica, di fatto derogabile dalla legge ordinaria quando deriva da una concessione del monarca o ha un'origine compromissoria (Costituzioni dell'epoca della Restaurazione, Statuto albertino del 1848, Costituzione prussiana del 1850). Si può, quindi, parlare dello Stato liberale come *Stato legislativo*, in quanto è la legge l'atto fondamentale che deve garantire un equilibrio tra l'autorità dello Stato e la libertà dei singoli. D'altra parte la mancata previsione in molte Costituzioni di procedimenti aggravati per la loro modificazione, che le rende di fatto cedevoli nei confronti della legge, deriva dalla forte omogeneità sociale e ideale della rappresentanza parlamentare, la quale, anche se non è politicamente monolitica, esprimendo diverse correnti e punti di vista contrastanti, condivide principi e comuni interessi di classe, che non saranno comunque pregiudicati da una maggioranza legislativa.

Nello Stato liberale si afferma la concezione dello *Stato di diritto*, inteso in senso lato come sottoposizione degli stessi poteri pubblici ad un insieme di regole astratte e generali predeterminate, in senso stretto come Stato fondato sul riconoscimento di un corpo di principi (supremazia della legge, legalità in senso formale, separazione dei poteri) e sulla garanzia giurisdizionale dei diritti di libertà. Tuttavia anche lo Stato di diritto assume caratteristiche diverse nei vari ordinamenti[55]: nei paesi anglosassoni la *rule of law*

---

[55] V. G. AMATO, F. CLEMENTI, *Forme di Stato*, cit., pp. 41-42 e A. BALDASSARRE, *Libertà*, cit., p. 254 ss.

comporta la supremazia della legge sugli altri atti dei pubblici poteri, ma entro i limiti rappresentati da diritti e garanzie consuetudinari secolari o sanciti nella Costituzione; in Europa continentale la garanzia dei diritti è stabilita nei confronti del potere amministrativo in forza del *principio di legalità*, ma non costituisce un limite nei confronti della legge del Parlamento (Francia e Italia) o in tanto è effettiva in quanto l'interesse del singolo coincida con un interesse pubblico e quindi sia il frutto di un'autolimitazione del potere amministrativo (concezione del *Rechtsstaat* in Germania).

## 9. *Lo Stato autoritario*

Il termine "Stato autoritario" in senso stretto è stato utilizzato con riferimento ai regimi che si sono imposti in Europa tra le due guerre mondiali, ispirati ad un'ideologia di tipo fascista o ultranazionalista di destra. A parte l'esperienza di alcuni paesi dell'Europa centro-orientale (Polonia e Cecoslovacchia negli anni '20, Austria dopo il 1934), della Spagna franchista (1936-1975), e del Portogallo salazariano (1926-1974), gli esempi più significativi sono stati quelli dell'Italia fascista (1922-1943) e della Germania nazionalsocialista (1933-1945). Ciò non è stato frutto del caso, ma è derivato dalla debolezza degli istituti liberal-democratici e dal carattere compromissorio e fortemente statalistico assunto dallo Stato liberale in questi due paesi.

Lo Stato autoritario nasce come risposta alla crisi dello Stato liberale ed ha come sostrato economico lo sviluppo del grande capitale e l'intervento dello Stato in economia, così come si verifica per lo Stato democratico, ma assume rispetto a questo opposte caratteristiche: *sociali*, essendo la sua base di massa soprattutto la piccola borghesia; *ideali*, in quanto assertore di un'ideologia illiberale e antipluralistica; *istituzionali*, poiché dà vita ad un sistema di potere autocratico. In pratica lo Stato autoritario, anziché allargare la base di massa dello Stato liberale e garantire l'integrazione delle organizzazioni del movimento operaio, si propone di distruggere quest'ultimo e di sopprimere ogni forma di conflitto e di dissenso.

Tra il regime fascista italiano e quello nazionalsocialista tedesco esistono alcune diversità, anche se queste non impediscono di costruire una categoria unitaria di Stato autoritario o fascista [56].

Dal punto di vista ideologico entrambi esaltano il concetto di *Nazione*, ma mentre il fascismo italiano la considera come una unità "morale, politica ed economica" [57], il nazionalsocialismo ne individua il fondamento nella "comunità popolare" (*Volksgemeinschaft*), basata sull'unità di sangue e di razza del popolo tedesco. Fin dall'origine, quindi, l'esperienza nazista assume connotati apertamente razzisti soprattutto nei confronti degli ebrei (a partire dalle leggi di Norimberga del 1935), ma in generale nei confronti di tutti i "diversi" che pregiudicherebbero la purezza della razza "ariana" (gli asociali, gli affetti da malattie mentali, sottoposti alla pratica della sterilizzazione forzata, le razze "inferiori", come zingari e slavi, e tutti i nemici politici del regime) [58]. Non si possono, tuttavia, dimenticare le leggi razziali antiebraiche adottate nel 1938 dal regime fascista (a partire dal r.d.l. n. 1728), che stabiliscono una serie di odiose misure discriminatorie nei confronti dei cittadini di origine israelitica, né che la Repubblica sociale italiana, creata da Mussolini nel Nord del paese dopo la caduta del regime fascista nel luglio 1943, collabora attivamente alla deportazione degli ebrei con l'occupante tedesco.

Una seconda diversità riguarda la natura dei *rapporti fra Stato e partito* al potere. In Italia, dopo una prima fase nella quale il partito fascista colloca propri organi accanto a quelli statali in posizione di dominio, si afferma il principio dell'integrazione del partito nello Stato, che porta alla statalizzazione di alcuni organismi di partito [59]. In Germania si afferma, invece, la concezione tripartita,

---

[56] Questa è la tesi di E. COLLOTTI, *Fascismo, fascismi*, Firenze, 1989, p. 3 ss. V. anche A.J. DE GRAND, *L'Italia fascista e la Germania nazista*, (1995), trad. it., Bologna, 1999, il quale sostiene che tra le due esperienze vi sono differenze più negli esiti che nelle impostazioni di fondo e sottolinea come la "degenerazione" del fascismo sia cominciata fin dalla presa del potere e dalla riorganizzazione dello Stato che ne è seguita; cfr. p. 121 ss.

[57] Come recita la Carta del lavoro approvata con la legge n. 2832 del 1928.

[58] Una legge del 15 settembre 1935 introduce la distinzione tra "cittadini" di sangue tedesco e "sudditi dello Stato".

[59] Le squadre di azione del partito fascista vengono costituite in Milizia volontaria per la sicurezza nazionale nel 1923 e l'anno successivo sono incorporate nelle forze armate; il Gran Consiglio del fascismo, creato nel 1923, viene trasformato in organo dello Stato nel 1928.

teorizzata da Schmitt[60], che sostiene la superiorità dell'elemento "dinamico", costituito dal partito e dal suo *leader* carismatico, sullo Stato, che è l'elemento "statico", e sul popolo, che è l'elemento "non politico". Vi è, quindi, una distinzione tra organi del partito ed organi dello Stato, che crea spesso confusione e sovrapposizione di competenze, dando vita ad una sorta di "doppio Stato", basato sulla scissione tra legalità e legittimità[61], anche se vi è una frequente identificazione fisica tra le alte gerarchie del partito ed i titolari delle massime cariche statali. In pratica lo Stato nazista si fonda sull'intreccio tra i vertici del partito e la vecchia classe dirigente burocratico-militare[62].

Una terza diversità, sottolineata da vari storici e giuristi, consiste nel rilevare che solo il regime nazionalsocialista assumerebbe i caratteri del *totalitarismo*, mentre quello fascista potrebbe essere qualificato solo come *autoritario*[63]. In particolare si è sottolineato che in Italia vengono fatte salve la libertà religiosa e quella economica; viene mantenuta l'autonomia della magistratura ordinaria; permane al vertice dello Stato la Corona (mentre in Germania nel 1934 Hitler assume anche la carica di Capo dello Stato); infine non si realizza la piena integrazione delle masse nel regime tramite il periodico ricorso a strumenti di tipo plebiscitario, come invece avviene in Germania.

Occorre, tuttavia, precisare che in Italia la libertà religiosa riguarda la sola religione cattolica, che salvaguarda la propria autonomia e ottiene posizioni di privilegio grazie ai Patti lateranensi tra Stato e Chiesa del 1929; che la libertà economica, intesa come autonomia e libertà di espansione del grande capitale, viene mantenuta anche in Germania; che in Italia a fianco della magistratura ordinaria vengono istituite magistrature speciali (come il Tribunale speciale per la difesa dello Stato, creato dalla legge n. 2008 del 1926 per perseguire i reati politici, composto da ufficiali della Mi-

---

[60] V. C. SCHMITT, *Staat, Bewegung, Volk*, Hamburg, 1933.

[61] Cfr. E. FRAENKEL, *Il doppio Stato*, (1974), trad. it., Torino, 1983.

[62] Sulle caratteristiche dello Stato nazista v. M. BROSZAT, *Der Staat Hitlers*, München, 1970 e N. FREI, *Lo Stato nazista*, (1987), trad. it., Bari, 1992.

[63] V. in particolare per le argomentazioni che seguono L. PALADIN, *Fascismo (dir. cost.)*, in *Enc. dir.*, XVI, Milano, 1967, p. 897 ss.; A. AQUARONE, *L'organizzazione dello Stato totalitario*, 2ª ed., Torino, 1995 e *ivi* l'introduzione di G. LOMBARDI, *Lo Stato totalitario tra aspirazioni e realtà. Alcune riflessioni*, p. XI ss.

lizia, il quale con sentenze non appellabili condanna a migliaia di anni di carcere o di confino gli oppositori del regime); che la Corona svolge un ruolo prevalentemente simbolico e formale, tornando ad assumere una funzione decisionale solo con la destituzione di Mussolini da Capo del Governo in seguito all'ordine del giorno approvato dal Gran Consiglio del fascismo il 25 luglio 1943. Da ultimo esistono anche in Italia le premesse di un assetto totalitario, che viene teorizzato da esponenti del regime, quali l'ideologia ufficiale di Stato, il partito unico, il ruolo determinante del capo carismatico, l'inquadramento della società in organizzazioni collaterali al partito [64]. Ma la mobilitazione delle masse resta passiva, il ricorso al plebiscito viene rapidamente abbandonato, Stato e partito si burocratizzano. Per queste ragioni si è parlato del fascismo italiano come di un regime totalitario "imperfetto" che mescola tratti totalitari e tratti autoritari [65].

Possiamo ora esaminare le caratteristiche comuni della forma di Stato. Nello Stato autoritario si attenua la separazione Stato-società, in quanto viene attuata una *statalizzazione forzosa* della società civile, che distrugge o sottopone a controllo gli organismi intermedi e penetra nella sfera privata dei cittadini, imponendo il giuramento di fedeltà al regime di tutti i dipendenti pubblici ed utilizzando la cultura come veicolo di propaganda dell'ideologia ufficiale. Sul terreno economico lo Stato autoritario è anch'esso *interventista*. In Italia si assiste ad una proliferazione di enti pubblici e di società a partecipazione statale o mista [66]. Lo Stato autoritario sviluppa anche un significativo intervento di tipo sociale ed assistenziale, ma calato dall'alto, senza che ad esso corrisponda il riconoscimento di diritti sociali a favore dei cittadini.

---

[64] V. su tutti questi aspetti E. GENTILE, *La via italiana al totalitarismo, il partito e lo Stato nel regime fascista*, Roma, 1995.

[65] Cfr. G. MELIS, *Fascismo (ordinamento costituzionale)*, in *Dig. pubbl.*, IV, Torino, 1991, p. 273 e *La macchina imperfetta. Immagine e realtà dello Stato fascista*, Bologna, 2018.

[66] Nel 1931 viene istituito l'IMI (Istituto mobiliare italiano) per il credito a medio termine alle imprese industriali; nel 1933 nasce l'IRI (Istituto per la ricostruzione industriale), finalizzato a garantire il credito a lungo termine alle industrie in crisi e la gestione di importanti imprese industriali e istituti di credito; nel 1936 con la riforma bancaria si afferma la rilevanza pubblicistica del sistema creditizio, al centro del quale viene collocata la Banca d'Italia come istituto di diritto pubblico.

Della centralità del concetto di Nazione si è già detto. Occorre aggiungere che l'impostazione ultranazionalista ha come conseguenza una *tendenza espansionistica* e all'assoggettamento di altre nazioni, di cui il ricorso alla guerra costituisce non un accidente ma un logico portato.

La *concentrazione del potere* è fortissima a livello sia verticale sia orizzontale. Le autonomie territoriali o vengono soppresse (come i *Laender* tedeschi tra il 1933 e il 1934) o sono presiedute da organi monocratici non elettivi i cui titolari sono funzionari statali (in Italia il Podestà per il Comune e il Preside per la Provincia).

Nell'organizzazione dello Stato centrale il potere legislativo è nettamente subordinato a quello esecutivo, il quale legifera in prima persona tramite decreti con forza di legge o regolamenti in materie ad esso riservate[67]. Una posizione di assoluto predominio è riconosciuta al Capo del Governo (come viene chiamato in Italia il Presidente del Consiglio dalla legge n. 2263 del 1925) nella scelta dei ministri, che sono ad esso gerarchicamente subordinati e non sono più legati al rapporto fiduciario con il Parlamento, nella direzione politica del paese (in Italia le proposte che sottopone alla Corona assumono di fatto carattere vincolante) e nel comando delle Forze armate. In Germania il "principio del comando" (*Führerprinzip*) attribuisce al *Führer* il compito di unire partito, Stato e popolo e di assumere la guida di tutte le funzioni fondamentali dello Stato.

In Italia va sottolineato il ruolo del *Gran Consiglio del fascismo*, costituzionalizzato con la legge n. 2693 del 1928, composto da membri di diritto provenienti dal partito fascista (oltre ai Presidenti delle Camere) e presieduto dal Capo del Governo. Tale organo è titolare di importanti funzioni: esprime pareri obbligatori sulle leggi relative a materie fondamentali (successione al trono, organi costituzionali, ordinamento sindacale, rapporti Stato-Chiesa, principali trattati internazionali); stabilisce la lista dei candidati

---

[67] In Germania il decreto del 24 marzo 1933 consente al Governo di derogare alle norme costituzionali e di impadronirsi del procedimento legislativo. In Italia la legge n. 100 del 1926 sulla "facoltà del potere esecutivo di emanare norme giuridiche" prevede i regolamenti di organizzazione come fonte primaria del diritto nell'organizzazione dei pubblici uffici, i decreti legislativi e i decreti-legge, che debbono essere convertiti in legge entro due anni, rimanendone comunque salvi gli effetti prodotti anche nell'ipotesi di mancata conversione.

alla carica di Capo del Governo; sceglie la lista bloccata di 400 deputati da sottoporre all'approvazione del corpo elettorale. In una parola il Gran Consiglio coopera con il Capo del Governo alla determinazione dell'indirizzo politico e questa sua posizione gli consentirà di svolgere un ruolo importante nell'allontanamento di Mussolini dal potere.

Lo Stato autoritario sostituisce alla rappresentanza politica di tipo elettivo la *rappresentanza corporativa* delle categorie sociali e professionali. Il Parlamento viene dapprima controllato grazie a leggi elettorali che favoriscono il partito al potere, per poi essere assimilato completamente al regime perdendo la sua origine elettiva. In Italia la legge Acerbo n. 2444 del 1923 attribuisce i due terzi dei deputati alla lista di maggioranza che superi il 25% dei voti, il che si verifica a vantaggio del partito fascista nelle elezioni del 1924 svoltesi in condizioni di semi-legalità. La legge n. 1019 del 1928 prevede che il corpo elettorale si pronunci su una lista bloccata di 400 deputati designati dal Gran Consiglio del fascismo entro un elenco più ampio di nomi proposti dal sindacato e da altre organizzazioni ufficiali di regime, per cui le elezioni del 1929 e del 1934 assumono carattere plebiscitario. Infine la legge n. 129 del 1939 sostituisce la Camera dei deputati con la *Camera dei fasci e delle corporazioni*, che non è elettiva, ma è composta dai consiglieri nazionali delle Corporazioni e del partito e dai membri del Gran Consiglio.

La natura antidemocratica e antipluralistica del regime autoritario si esprime nell'esistenza del *partito unico*. Dopo una prima breve fase di governo di coalizione e di relativa tolleranza verso le opposizioni, sia in Germania sia in Italia tutti gli altri partiti vengono messi fuorilegge [68] e i loro esponenti sono arrestati e condannati al carcere o al confino. Il partito al potere è rigidamente gerarchizzato ed è posto al servizio del Capo; alla fine viene trasformato in ente di diritto pubblico [69].

Lo Stato autoritario si caratterizza, inoltre, come *corporativo*, in

---

[68] Ciò si verifica in Germania dopo l'incendio del *Reichstag* del 27 febbraio 1933 che viene attribuito ai comunisti, in Italia dopo la secessione aventiniana dei deputati dell'opposizione seguita all'assassinio del deputato socialista Matteotti il 10 giugno 1924.

[69] V. in Germania la legge dell'1 dicembre 1933 e in Italia il regio decreto n. 513 del 1938.

nome di una ideologia che, al fine di salvaguardare la Nazione e la concordia tra le categorie sociali, nega il pluralismo e la legittimità del conflitto. In Italia i rapporti di lavoro vengono disciplinati da contratti collettivi di diritto pubblico, stipulati dal sindacato ufficiale e validi per tutti gli appartenenti alla categoria interessata; lo sciopero viene punito come reato e gli eventuali conflitti sono risolti dalla "magistratura del lavoro" (formata da sezioni specializzate delle Corti di appello). Con la legge n. 563 del 1926 si prevede la creazione delle Corporazioni, che sono costituite solo nel 1934, come organismi di diritto pubblico i quali comprendono per ogni categoria i rappresentanti dei datori di lavoro e dei lavoratori. Con decreti del Capo del Governo vengono istituite ventidue Corporazioni presiedute da un ministro o dal segretario del partito fascista. Esse hanno la facoltà di emanare norme giuridiche tramite le "ordinanze corporative" in materia di rapporti economici e di fissazione di tariffe e di prezzi amministrati ed esercitano funzioni consultive. Di fatto il sistema corporativo ha scarsa rilevanza e poca influenza sulle decisioni politiche e sul funzionamento dell'economia [70].

In Germania l'idea corporativa non viene mai compiutamente realizzata, anche perché urta con il principio del "primato della politica". Il regime da un lato smantella le organizzazioni sindacali e "sociali" (il Consiglio economico e sociale e i Consigli di azienda) operanti durante la Repubblica di Weimar, dall'altro inserisce obbligatoriamente i datori di lavoro, i lavoratori autonomi e quelli dipendenti in strutture distinte che si articolano in una Camera nazionale e in Camere regionali, ispirate al *Führerprinzip* e a rigidi criteri gerarchici. La soppressione di fatto della contrattazione collettiva nazionale e dei diritti di organizzazione e di azione dei lavoratori, nonché l'eliminazione di molte piccole imprese, determinano il rafforzamento delle grandi concentrazioni economiche [71].

Il corporativismo è, in definitiva, solo l'ideologia che copre l'assenza di una concezione autonoma dell'economia dello Stato autoritario, che si fonda su un'economia capitalistica, il cui sviluppo è garantito dall'intervento dello Stato e dalla neutralizzazione delle classi sociali subalterne.

---

[70] Cfr. G. MELIS, *Fascismo*, cit., p. 269.

[71] Sulle politiche economiche e sociali del nazismo v. F. NEUMANN, *Behemot. Struttura e pratica del nazionalsocialismo*, (1942), trad. it., Milano, 1977, p. 209 ss.

Lo Stato autoritario è *illiberale e repressivo*, in quanto non solo nega i diritti politici, ma limita pesantemente gli stessi diritti civili. In Italia i due testi unici delle leggi di pubblica sicurezza n. 1848 del 1926 e n. 773 del 1931 attribuiscono enormi poteri alle autorità di polizia e stabiliscono vincoli penetranti alle attività dei privati. Il codice penale del 1930 prevede una serie di "reati politici" e "di opinione", che vengono utilizzati contro gli oppositori del regime.

La Costituzione preesistente rimane formalmente in vigore, ma viene progressivamente erosa e di fatto superata da un insieme di leggi e di prassi, che danno origine ad una *Costituzione vivente*, frutto della progressiva integrazione o cooperazione tra Stato e partito. Dietro l'apparente continuità giuridica con il precedente assetto costituzionale, vi è, quindi, una rottura che ne modifica i principi ed i meccanismi di funzionamento [72].

## 10. *Lo Stato socialista*

Lo Stato socialista, affermatosi in Russia in seguito alla rivoluzione del 1917 e a partire dal 1922 nell'Unione delle Repubbliche socialiste sovietiche (URSS), si è esteso dopo la seconda guerra mondiale a vari paesi dell'Europa centro-orientale, dell'Asia (in particolare con la creazione della Repubblica popolare cinese nel 1949) e a Cuba (in seguito alla rivoluzione castrista del 1959 contro la dittatura di Batista) [73].

La crisi dello Stato socialista, che nell'ultimo decennio del secolo scorso ha travolto l'URSS e tutti i regimi comunisti europei, non deve far trascurare un modello al quale ancora si richiamano, an-

---

[72] V. per l'Italia L. CARLASSARE, *La "rivoluzione" fascista e l'ordinamento statutario*, in *Dir. pubbl.*, 1996, p. 43 ss. Mette invece l'accento sugli aspetti di continuità tra Stato liberale e Stato fascista, nonché tra questo e Stato democratico, S. CASSESE, *Lo Stato fascista*, Bologna, 2010, p. 14 ss., ma la continuità di regole e apparati burocratici non toglie che mutino profondamente in entrambi i casi i principi che caratterizzano la forma di Stato.

[73] Sul modello sovietico e sui suoi presupposti materiali e ideologici v. P. BISCARETTI DI RUFFIA, G. CRESPI REGHIZZI, *La Costituzione sovietica del 1977*, Milano, 1979. Sullo Stato socialista v. M. LESAGE, *Les régimes politiques de l'U.R.S.S. et de l'Europe de l'Est*, Paris, 1971.

che se in modo diverso, vari Stati asiatici (Cina, Corea del Nord, Laos, Vietnam)[74] e la Repubblica di Cuba.

Anche lo Stato socialista nasce in contrapposizione allo Stato liberale, assumendo alcune caratteristiche istituzionali e politiche simili a quelle dello Stato autoritario (partito unico, concentrazione e personalizzazione del potere, negazione dei diritti civili e dei diritti politici). Tuttavia, al di là del comune carattere autocratico, varie sono le differenze sul terreno economico e su quello ideologico. Mentre lo Stato autoritario convive con il mercato capitalistico, nello Stato socialista si impone un *modo di produzione collettivistico*, basato sulla statalizzazione dei mezzi di produzione, che sostituisce al mercato un *piano economico* quinquennale centralizzato, nel quale sono stabiliti gli obiettivi dei vari settori e delle singole unità produttive.

Non ha avuto fortuna il tentativo, seguito nel dopoguerra dalla Repubblica socialista federativa di Jugoslavia (RSFJ), di seguire una via fondata sulla concezione del socialismo come "socializzazione dei mezzi di produzione" e denominata *"autogestione"*. Tale modello ha riconosciuto l'autoamministrazione delle singole unità produttive, dotate di propri Consigli elettivi, dei servizi sociali e delle collettività territoriali[75]. Ma il tentativo è fallito, in quanto sul piano politico-istituzionale non ha intaccato il monopolio del potere del partito comunista e quindi non ha democratizzato lo Stato, mentre sul terreno economico-sociale ha approfondito le differenze tra i livelli di vita delle diverse nazionalità, che, una volta venuto meno lo Stato monopartitico, hanno contribuito al riaccendersi in forme drammatiche e sanguinose dei conflitti interetnici.

Una parziale e graduale accettazione del mercato si è avuta in URSS nel 1990 sotto la presidenza di Gorbaciov, ma la crisi di-

---

[74] Peculiare è la forma di Stato della Cambogia, che dopo il regime totalitario e terroristico dei Khmer Rossi, interrotto dall'intervento militare del Vietnam nel 1979 e il ritiro delle truppe vietnamite nel 1989, ha adottato nel 1993 una costituzione sotto egida ONU, che definisce lo Stato come «neutrale», prevede un sistema economico di mercato e una forma di governo monarchico-parlamentare. Tuttavia il partito che dal 1979 gestisce il potere è di stampo comunista, anche se vi è un secondo partito nazionalista che alle elezioni del 2011 ha avuto un notevole consenso.

[75] V. S. BIANCHINI (a cura di), *L'autogestione jugoslava*, Milano, 1982.

sgregativa del 1991 ha impedito di verificarne le potenzialità. Processi di apertura al mercato e al riconoscimento di attività economiche private si sono verificate, soprattutto dopo la crisi del blocco sovietico in Cina, Vietnam e Cuba (*infra*, § 12).

All'opposto della ideologia dello Stato autoritario, che è individualista, corporativa e nazionalista, l'*ideologia dello Stato socialista* è collettivistica, classista e internazionalista. Essa si fonda sul marxismo-leninismo nella sua versione più dogmatica, che concepisce lo Stato come strumento della dittatura di classe e quindi la "dittatura del proletariato" come fase necessaria di passaggio ad una società comunista senza classi. Va sottolineato come le originarie prefigurazioni teoriche di Marx sulla socializzazione dei mezzi di produzione e sul progressivo deperimento dello Stato fino alla sua definitiva estinzione siano sfociate nella prassi degli Stati socialisti nel loro esatto contrario: la statalizzazione dell'economia ed un suo funzionamento rigidamente dirigista, con la conseguente estraneazione dei produttori dalle principali scelte economico-sociali e la costruzione di un apparato statale ipertrofico e onnivoro.

La *statalizzazione* determina una netta preponderanza della politica sull'economia e della sfera pubblica su quella privata. Lo Stato-apparato viene ad essere gestito da un *ceto burocratico*, di notevole ampiezza e costantemente integrato mediante cooptazione, che adotta tutte le decisioni e gode di condizioni di vita privilegiate rispetto alla grande maggioranza della popolazione. La società è organizzata in strutture associative (collettivi di lavoro, sindacati, organizzazione delle donne, dei giovani, ecc.) collaterali al partito comunista e veicolo della sua ideologia e della sua linea politica.

Soprattutto nella fase staliniana l'URSS si configura come un classico esempio di *regime totalitario*, caratterizzato dall'ideologia ufficiale di Stato, dal ruolo determinante del partito unico e del suo capo carismatico, dall'organizzazione capillare e dalla mobilitazione permanente dei cittadini a sostegno del regime.

Le Costituzioni socialiste sanciscono il principio della *sovranità popolare*, ma precisano che questa si esercita tramite gli organi del potere statale e che per "popolo" deve intendersi l'"alleanza degli operai e dei contadini" sotto la guida della classe operaia [76].

---

[76] V. i primi due articoli della Costituzione dell'URSS del 1977 e di quella cinese vigente.

Il principio della separazione dei poteri viene apertamente rifiutato in nome dell'opposto principio dell'*unità del potere statale*, che a livello teorico si esprime nella qualificazione dell'organo parlamentare di origine elettiva (Soviet Supremo in URSS, Assemblea popolare nazionale in Cina) come organo "superiore" o "supremo" del potere statale. Questo è titolare di tutti i poteri ed esercita in particolare quello legislativo e quello di nomina e di revoca dei titolari delle massime cariche dello Stato. Dagli organi parlamentari del "potere statale", che operano ai diversi livelli territoriali, derivano gli organi della "amministrazione statale" (in URSS Comitati esecutivi, in Cina Comitati permanenti) che hanno al vertice l'organo collegiale di governo (Consiglio dei ministri in URSS e Consiglio degli affari di Stato in Cina).

Il funzionamento dello Stato si basa sul *principio della doppia dipendenza*, secondo il quale ogni organo del potere statale dipende orizzontalmente dal rispettivo corpo elettorale e verticalmente dall'organo di livello superiore (fino a giungere al Parlamento nazionale) e ogni organo dell'amministrazione statale dipende orizzontalmente dall'organo parlamentare che lo ha eletto e verticalmente dall'organo superiore (fino al Governo centrale del paese).

Tuttavia la configurazione "assembleare" della forma di governo è puramente teorica a causa del carattere pletorico del Parlamento e della rarità e brevità delle sessioni parlamentari [77]. Di conseguenza l'organo che finisce per essere preminente è la Presidenza collegiale del Parlamento (*Presidium* in URSS, Consiglio di Stato in vari paesi socialisti europei e a Cuba, Comitato permanente in Cina), il quale, oltre ad essere titolare di poteri di controllo sull'attività degli organi amministrativi, esercita tramite decreti il potere legislativo e quello di nomina e di revoca spettanti all'assemblea quando questa non è in sessione. Di tale organo fanno parte di solito i massimi esponenti del partito ed è spesso presieduto dal segretario del partito. Inoltre nella maggioranza dei casi esso svol-

---

[77] In URSS erano previste due sessioni annuali di pochi giorni, che venivano dedicate in gran parte alla ratifica dei decreti legislativi adottati dal Presidium del Soviet supremo: così tra il 1938 e il 1985, se si escludono le leggi di approvazione del piano economico e del bilancio, il Soviet Supremo ha approvato solo 192 leggi, di cui 120 di ratifica di atti del Presidium. In Cina è prevista una sola sessione annuale, anche se l'Assemblea popolare nazionale si articola in commissioni specializzate per materia.

ge anche le funzioni di Capo dello Stato collegiale (rappresentanza del paese all'estero, ratifica dei trattati, proclamazione dello stato di guerra o di assedio), in quanto la carica di Presidente della Repubblica come organo monocratico è prevista abbastanza raramente [78]. In pratica il potere reale è concentrato negli organi più ristretti, posti al vertice del Parlamento e dell'amministrazione, e assume connotati di forte personalizzazione a favore del segretario del partito al potere.

In URSS l'impostazione della fase rivoluzionaria (Cost. russa del 1918 e Cost. sovietica del 1924), che si proponeva il superamento della democrazia rappresentativa attraverso un sistema di Consigli (*Soviet*), il quale partendo dai livelli territoriali inferiori attraverso successive delegazioni giungeva fino al Congresso nazionale dei Soviet (anche se nei fatti la preminenza spettava al *Presidium* e al Comitato esecutivo), viene abbandonata con la Costituzione del 1936, che introduce l'elezione del Soviet Supremo a suffragio universale, diretto e segreto. Successivamente la maggioranza degli altri Stati socialisti adottano il principio della rappresentanza parlamentare, ma in Cina l'elezione popolare diretta è prevista solo per le Assemblee popolari locali, mentre per le Assemblee di livello superiore l'elezione resta di secondo grado.

Tuttavia rispetto al modello democratico vi sono due differenze determinanti. La prima consiste nella proclamazione del principio del *mandato imperativo* e della revocabilità degli eletti da parte dei propri elettori [79], anche se tale principio di ispirazione giacobina rimane solo sulla carta, fornendo una copertura ideologica alla subordinazione dei parlamentari alle direttive del partito. La seconda differenza è data dal carattere monolitico e *omogeneo* della rappresentanza, chiamata ad esprimere gli interessi unitari del "popolo". L'elezione del Parlamento non è realmente libera, basandosi su un sistema di candidature rigidamente selezionate dagli organi di partito e dalle organizzazioni sociali e poi confermate dal corpo elettorale con una partecipazione ed un consenso plebiscitari.

---

[78] Ciò si verifica in Cecoslovacchia, Romania, Laos, Vietnam, nelle Costituzioni cinesi del 1954 e del 1982, ma non in quelle del 1975 e del 1978, in URSS solo nella fase gorbacioviana con la revisione costituzionale del marzo 1990.

[79] Artt. 102 e 107 Cost. sovietica del 1977, art. 77 Cost. cinese, art. 85 Cost. cubana.

Il *ruolo guida del partito comunista* nei confronti dello Stato e della società viene espressamente riconosciuto dalla Costituzione [80]. In teoria le organizzazioni del partito sono nettamente separate dagli organi dello Stato, ma di fatto il dualismo è attenuato dal cumulo delle cariche. Inoltre tutte le decisioni fondamentali (compresa l'adozione di un nuovo testo costituzionale o di un'importante revisione della Costituzione vigente) sono prima prese dall'organo di vertice del partito (il Comitato centrale) per essere poi approvate dai competenti organi statali.

Il principio che regola il funzionamento interno del partito, successivamente esteso all'organizzazione dell'intero apparato statale [81], è quello del *centralismo democratico*, che si articola in tre corollari: ogni organo è eletto ed è responsabile verso i propri elettori; le decisioni degli organi di livello superiore sono vincolanti per quelli inferiori; la linea approvata dalla maggioranza deve essere disciplinatamente attuata. Di fatto il centralismo, sia nel partito che nello Stato, finisce per soppiantare qualsiasi spazio democratico, in quanto, pur non escludendo in via teorica il dissenso, ne impedisce e ne reprime l'organizzazione, immediatamente bollata con l'accusa di "frazionismo", e sostituisce di fatto al principio di maggioranza quello di unanimità nell'adozione delle decisioni. Inoltre anche nel partito il potere si concentra nelle mani degli organi più ristretti (Ufficio politico, Segreteria e soprattutto Segretario generale) rispetto all'organo teoricamente "supremo" (Congresso) o "permanente" (Comitato centrale).

Le Costituzioni socialiste contengono una parte relativa ai diritti e ai doveri dei cittadini. Ampio spazio è riconosciuto ai *diritti economico-sociali*, che di solito precedono gli altri. Ma vengono riconosciuti anche i diritti civili e quelli politici, dei quali si sottolinea l'effettività che li distinguerebbe dalle libertà "formali" riconosciute nelle Costituzioni occidentali. Tuttavia i testi non devono trarre in inganno, in quanto non viene riconosciuto il principio personalistico né il valore universale dei diritti dell'uomo. Inoltre i diritti civili e quelli politici sono funzionalizzati alla tutela "degli interessi dello Stato, della società e della collettività" (art. 51 Cost. cinese) e non possono essere esercitati «contro l'esistenza e le fina-

---

[80] Art. 6 Cost sovietica del 1977, Preambolo Cost. cinese, art. 5 Cost. cubana.

[81] Art. 3 Cost. sovietica del 1977, art. 3 Cost. cinese, art. 68 Cost. cubana.

lità dello Stato socialista» (art. 62 Cost. cubana). Ciò fa sì che nella prassi l'esercizio dei diritti costituzionali venga negato alle opposizioni e ai dissidenti, sottoposti a pene detentive o a misure odiose e disumane (come l'internamento negli ospedali psichiatrici in URSS o nei "campi di rieducazione" in Cina).

L'effettività dei diritti è pregiudicata dall'inesistenza di uno Stato di diritto. Il *principio della legalità socialista*, che impone il rispetto della Costituzione e delle leggi da parte dei cittadini, delle organizzazioni sociali e degli organi statali, è qualificato da una finalizzazione di carattere ideologico e soprattutto, per quel che riguarda gli atti di carattere legislativo, non è assistito da un effettivo sistema di giustizia costituzionale. Ciò deriva dalla difficoltà di ammettere sul piano teorico la creazione di un organo che eserciti il controllo sulle leggi del Parlamento, cioè dell'organo supremo titolare di tutti i poteri. Di conseguenza il sindacato di costituzionalità viene affidato o alla stessa assemblea o in via eccezionale ad un organo eletto dal Parlamento e chiamato a collaborare con questo [82]. Infine non è garantita l'indipendenza della magistratura. I giudici sono eletti dai cittadini o più frequentemente dagli organi parlamentari e sono revocabili in qualsiasi momento dalla carica. Per le condizioni materiali di vita e di lavoro dipendono dalle autorità locali e rispondono di fatto delle loro decisioni ai dirigenti del partito.

Vi è, poi, un potere del tutto peculiare, rappresentato dalla *Procura*, che ha il compito di vigilare sul rispetto della legalità socialista, ed è presieduta da un organo di vertice monocratico (Procura generale in URSS e a Cuba, Procura popolare suprema in Cina). Questo è eletto dal Parlamento nazionale, nei cui confronti è responsabile, ed è assistito da uffici di procuratore corrispondenti ai diversi livelli di governo ed a lui gerarchicamente subordinati.

Gli Stati socialisti, al fine di sottolineare il passaggio ad un nuovo sistema economico-sociale, adottano Costituzioni, le cui caratteristiche progressivamente si modificano. All'inizio si configurano come *Costituzioni-bilancio brevi* e *flessibili*, che si limitano a formalizzare le realizzazioni compiute soprattutto sul terreno economico-sociale. In seguito al consolidamento del potere vengono adottate *Costituzioni programmatiche, lunghe* e *rigide*, che conten-

---

[82] V. L. PEGORARO, *Lineamenti di giustizia costituzionale comparata*, Torino, 1998, pp. 64-66.

gono i principi e le finalità da perseguire per il futuro e sono revisionabili con il voto di una maggioranza qualificata del Parlamento.

Tuttavia la *rigidità costituzionale*, oltre ad essere solo teorica in sistemi nei quali il Parlamento è controllato dal partito al potere, assume un significato diverso rispetto a quello di garanzia del pluralismo tipico delle Costituzioni democratiche, in quanto sottolinea il passaggio da una fase transitoria ad una più consolidata e frequentemente consacra la linea vincente nell'ambito del partito, come dimostra il fatto che dopo una dura lotta intestina il gruppo vincente fa sempre approvare una nuova Costituzione o un'importante revisione di quella vigente. Di conseguenza nei più importanti paesi socialisti l'assetto costituzionale risulta poco stabile e si succedono nel tempo vari testi e importanti revisioni costituzionali [83].

## 11. *La crisi dell'URSS e degli Stati socialisti europei*

La *crisi dello Stato socialista in Unione Sovietica* trae origine dal tentativo di riforma del sistema avviato in seguito alla nomina nel marzo 1985 di Gorbaciov a Segretario generale del partito comunista dell'URSS. La riforma, attraverso importanti revisioni costituzionali tra il 1988 e il 1990, consiste in una attenuazione del carattere collettivistico e pianificato dell'economia, nel riconoscimento del principio della separazione dei poteri, nel rafforzamento del Parlamento grazie ad un'ampia durata delle sessioni parlamentari, nella modificazione del sistema elettorale in modo da incoraggiare una pluralità di candidature, nella previsione di un Presidente come organo monocratico, nel ridimensionamento dei poteri del *Presidium*, nell'affermazione del pluralismo politico, dei diritti fondamentali della persona, dell'indipendenza della magistratura e infine nella creazione di un organo di giustizia costituzionale [84].

---

[83] Si sono avute quattro Costituzioni, senza considerare varie significative revisioni costituzionali, sia in URSS (1918 per la sola Russia, 1924, 1936, 1977) sia in Cina (1954, 1975, 1978, 1982).

[84] V. sulle riforme in URSS e negli altri Stati socialisti P. BISCARETTI DI RUFFIA, *1988-1990: un triennio di profonde trasformazioni costituzionali*, Milano, 1991, p.

Tali riforme erodono le basi fondamentali dello Stato socialista, senza poter impedire l'esplodere delle sue contraddizioni interne, dovute sia all'arretratezza del sistema economico-sociale sia alla difficoltà di un effettivo riconoscimento del pluralismo. L'URSS si disgrega in seguito al fallito tentativo di colpo di Stato del 19 agosto 1991 da parte degli elementi più conservatori del partito e dello Stato: tra agosto e settembre gli organi parlamentari mettono fuori legge il partito comunista, sospendono la Costituzione e danno vita ad un regime transitorio; in rapida successione tutte le Repubbliche facenti parte dell'URSS dichiarano la propria indipendenza, come già avevano fatto le tre Repubbliche baltiche (Estonia, Lettonia, Lituania) nel 1990; l'8 dicembre la Conferenza di Minsk tra i Presidenti e i Capi di Governo di Russia, Ucraina e Bielorussia constata che l'URSS ha cessato di esistere e decide di dare vita ad una *Comunità di Stati Indipendenti*; il 21 dicembre alla conferenza di Alma-Ata altre otto Repubbliche della ex-URSS aderiscono alla CSI, dalla quale rimangono fuori solo gli Stati baltici e la Georgia, la quale dopo aver aderito nel 1993 abbandona la Comunità nel 2008, come si verifica per l'Ucraina nel 2014; nel 2005 il Turkmenistan si ritira dall'alleanza assumendo la posizione di "membro associato" [85]; la Federazione Russa subentra all'URSS come nuovo soggetto di diritto internazionale (e membro permanente del Consiglio di sicurezza dell'ONU).

Parallelamente e sotto la spinta delle trasformazioni in URSS, tra il 1989 e il 1991 si verifica un analogo processo di caduta dei regimi socialisti in tutti i paesi dell'Europa centro-orientale. Varie sono le modalità di superamento del regime [86]: nella maggioranza dei paesi ad una rottura dal punto di vista sostanziale rispetto ai principi ed ai valori dominanti si accompagna una parziale continuità dal punto di vista formale, che vede spesso come protagoni-

---

28 ss. e, con riferimento specifico alle riforme in URSS, M. GANINO, *La riforma costituzionale in Unione Sovietica*, Torino, 1989 e *Il Presidente dell'Urss*, Torino, 1991.

[85] Gli Stati che fanno parte attualmente della CSI come membri permanenti sono nove: Armenia, Azerbajgian, Bielorussia, Kazachstan, Kirghizstan, Moldavia, Russia, Tagikistan, Uzbekistan.

[86] V. F. FEJTO, *La fine delle democrazie popolari. L'Europa orientale dopo la rivoluzione del 1989*, (1992), trad. it., Milano, 1994; S. BARTOLE, *Riforme costituzionali nell'Europa centro-orientale*, Bologna, 1993, p. 9 ss.; S. GAMBINO (a cura di), *Costituzionalismo europeo e transizioni democratiche*, Parte I, Milano, 2003.

sta il Parlamento, eletto con nuove regole elettorali tali da garantire la pluralità della rappresentanza, il quale assume una funzione costituente approvando una nuova Costituzione o una revisione sostanziale di quella vigente. È quel che si verifica in Bulgaria, Cecoslovacchia, Polonia e Ungheria in seguito ad accordi politici tra il partito nato da quello al potere e le opposizioni, spesso imposti da imponenti e pacifiche manifestazioni di massa. La Cecoslovacchia fornisce, inoltre, un esempio interessante di superamento pacifico e concordato di uno Stato federale: dal 1° gennaio 1993 essa si divide, dopo il voto favorevole del Parlamento federale, in due nuovi Stati: la Repubblica ceca e la Repubblica slovacca. In altri Stati il superamento del regime è più traumatico, verificandosi in seguito ad un colpo di Stato (Romania) o al rischio di una guerra civile (Albania).

Molto più travagliato è il processo che porta allo smembramento della Jugoslavia in sette diversi Stati: tra il 1991 e il 1992 dichiarano la propria indipendenza la Croazia, la Slovenia, la Macedonia e la Bosnia; nell'aprile 1992 viene creata la Repubblica federale di Jugoslavia tra Serbia e Montenegro, che si trasforma nel 2003 in Repubblica federale di Serbia e Montenegro, per approdare nel 2006 alla separazione tra due diverse entità statali in seguito all'esito favorevole del referendum tenutosi in Montenegro. Il processo di disgregazione della Jugoslavia è accompagnato da sanguinose guerre tra nazionalità, spesso ispirate al criterio della "pulizia etnica", che mira alla creazione di Stati a nazionalità unica o nettamente dominante. Nel 1995, dopo una lunga e feroce guerra interetnica la Bosnia-Erzegovina si trasforma in una sorta di Confederazione, costituita da una Federazione croato-musulmana e da una Repubblica serbo-bosniaca. Infine nel 1999, dopo la repressione da parte della Jugoslavia della popolazione albanese e la guerra aerea della NATO, l'ex Provincia jugoslava del Kosovo diventa una specie di protettorato dell'ONU e infine proclama la propria indipendenza nel 2008.

Tra il 1989 e il 1998 tutti gli Stati ex-socialisti danno vita a nuove Costituzioni o, com'è il caso dell'Ungheria, introducono profonde modifiche in quella vigente [87], le quali disegnano una forma di

[87] L'Ungheria conserva formalmente la Costituzione del 1949, ma in seguito alla revisione del 1989 l'unico articolo immutato rispetto al testo originario è quello che proclama Budapest capitale della Repubblica, per cui nella sostanza quella del

Stato in totale rottura con il passato e avviano una *transizione* verso un modello democratico-pluralistico[88], il cui compimento richiede complesse trasformazioni non solo costituzionali, ma economiche, sociali e politiche. I principi proclamati nei testi costituzionali sono quelli tipici di uno Stato democratico: la separazione dei poteri, il pluralismo, la rappresentanza politica, il riconoscimento e la garanzia dei diritti civili, politici e sociali, l'indipendenza della magistratura, lo Stato di diritto costituzionale.

Tuttavia le situazioni concrete, dipendenti anche dalle diverse tradizioni storiche e culturali, dei vari Stati sono molto differenziate e anzi «soltanto in un numero limitato di esempi è assicurato il reale superamento di un regime politicamente omogeneo, col passaggio a una situazione in cui l'introduzione formale dei diritti politici e del pluralismo dei partiti consente un operare effettivamente articolato della società nazionale»[89]. Ma la maggioranza degli Stati europei ex-socialisti presenta vari problemi, come il mancato o parziale riconoscimento dei diritti delle minoranze nazionali, l'arretratezza economica e politica, l'impoverimento di ampi settori della popolazione, la limitazione dei diritti dell'opposizione, l'accentramento del potere e l'emergere di *leadership* ultranazionaliste e populiste. Questi elementi tendono a configurare alcuni dei paesi usciti dall'esperienza comunista come "democrazie di facciata", in quanto ancora privi di un forte pluralismo socio-politico e di un soddisfacente equilibrio tra i poteri dello Stato.

Rientra in questa categoria l'Ungheria dopo l'entrata in vigore all'inizio del 2012 della nuova Costituzione, approvata dalla maggioranza parlamentare di destra. Questa è caratterizzata da un'impostazione nazionalistica, integralista e tradizionalista, che comprime i diritti delle minoranze nazionali ed etniche, la libertà di religione, i diritti civili e i diritti sociali. Tale impostazione trova riscontro nell'indebolimento delle garanzie costituzionali (Corte co-

---

1989 è una nuova Costituzione. La Lettonia adotta come nuova Costituzione quella del 1922 con varie modificazioni. Per i testi costituzionali v. M. LESAGE, *Constitutions d'Europe centrale, orientale et balte*, Paris, 1995 e F. LANCHESTER, M.P. RAGIONIERI (a cura di), *I successori dell'Impero. Le Costituzioni degli ordinamenti ex-URSS*, Milano, 1998.

[88] Sul concetto di transizione come "trapasso da una forma di stato a un'altra" cfr. G. DE VERGOTTINI, *Le transizioni costituzionali*, cit., p. 162 ss.

[89] *Ibidem*, p. 185.

stituzionale e magistratura) e quindi nella sostanziale ineffettività dei diritti. Infine viene pregiudicato l'equilibrio tra i poteri a favore del Governo e del Primo ministro, che contano su un'ampia maggioranza parlamentare e possono fare ricorso a leggi organiche, adottate dal Parlamento a maggioranza dei due terzi dei presenti [90]. Dal 2010 il partito nazionalista di destra al governo (Unione civica ungherese) ha fatto adottare varie leggi che comprimono l'autonomia della magistratura, le libertà di espressione e di manifestazione, i diritti delle minoranze etniche e dei migranti. Il Primo ministro Orbán ha più volte teorizzato la trasformazione dell'Ungheria in una "democrazia illiberale e nazionalista".

Anche la Polonia tende a caratterizzarsi come una democrazia di facciata dopo che le elezioni parlamentari e quelle presidenziali del 2015 hanno portato al potere un partito ultranazionalista (Diritto e Giustizia) che ha approvato leggi tendenti a limitare l'autonomia della giustizia, ponendo sotto il controllo della maggioranza parlamentare il Consiglio nazionale della magistratura e la Corte Suprema, la libertà di stampa e la libertà di opinione [91].

Costituisce una riprova evidente delle tendenze involutive presenti nei paesi dell'Europa centro-orientale la posizione nazionalista e di rigida chiusura delle frontiere adottata nell'ambito della Unione Europea dal *Gruppo di Visegrád* (costituito nel 1991 e attualmente composto da Polonia, Repubblica Ceca, Slovacchia e Ungheria).

La *Federazione russa* costituisce il principale esempio di una "democrazia di facciata". La gestione accentrata del potere da parte del Presidente, il ruolo importante di gruppi affaristici e criminali, la sanguinosa guerra in Cecenia, la repressione delle manifestazioni dell'opposizione, l'assassinio di giornalisti indipendenti, le leggi limitative dei diritti civili e politici sono tutti aspetti che sottolineano le contraddizioni e le incertezze del processo di transi-

---

[90] V. G. F. FERRARI (a cura di), *La nuova Legge fondamentale ungherese*, Torino, 2012 e M. VOLPI, *La nuova Costituzione ungherese: una democrazia dimezzata*, in *Dir. pubbl. comp. eur.*, 2012, p. 1013 ss.

[91] Nel dicembre 2017 la Commissione europea ha avviato nei confronti della Polonia la procedura prevista dall'art. 7 del Trattato di Lisbona per gravi violazioni dei valori dell'Unione Europea e nel settembre 2018 il Parlamento europeo ha approvato una proposta analoga nei confronti dell'Ungheria.

zione. Infine la maggioranza degli *Stati* nati dallo smembramento dell'URSS e facenti parte della CSI si trova in una situazione arretrata, derivante dal fatto che non sono cambiati né la classe politica al potere, proveniente in gran parte dal vecchio regime, né i metodi di gestione dello stesso, ed è molto forte l'influenza del modello russo. Il distacco di alcuni paesi, come Georgia e soprattutto Ucraina, dalla Russia ha prodotto guerre interne e non ha dato vita a sistemi di governo democratici.

## 12. *L'evoluzione dello Stato socialista in Asia e a Cuba*

La crisi del modello sovietico non è priva di conseguenze per gli Stati che continuano a definirsi socialisti, i quali ricorrono ad innovazioni, più o meno significative soprattutto a livello economico e ad aperture verso l'esterno. L'unica eccezione è rappresentata dalla *Corea del Nord* (Repubblica democratica popolare di Corea), che si caratterizza come un regime totalitario, repressivo dei diritti umani e fondato sul monopartitismo e su un grottesco culto della personalità a vantaggio del Presidente dell'organo esecutivo [92].

Le trasformazioni più significative avvengono in *Cina*, dove sull'onda di una impetuosa crescita della produzione economica e del costante incremento degli scambi con il mondo occidentale, si verifica il parziale superamento dell'economia statalizzata e pianificata attraverso la creazione di una "economia di mercato socialista", la quale, pur affermando il principio della proprietà statale o collettiva dei grandi mezzi di produzione, consente lo sviluppo di un settore economico privato sempre più consistente [93]. La Costi-

---

[92] La Costituzione del 1972 (modificata nel 1992 e nel 1998) nel preambolo definisce la Corea come uno «Stato socialista che ha il compito di realizzare le idee e la leadership di Kim Il Sung», definito come fondatore e padre della Corea socialista. Alla sua morte nel 1994 la carica di Presidente della Repubblica viene abolita e il massimo organo dello Stato diviene il Presidente della Commissione nazionale di difesa, carica affidata prima al figlio Kim Jong Il e dopo il suo decesso nel 2011 al figlio di questi Kim Jong Un.

[93] Sulla Repubblica popolare cinese v. per la Costituzione del 1975 P. BISCARETTI DI RUFFIA, *La Repubblica popolare cinese: un modello nuovo di ordinamento statale socialista*, Milano, 1977; per quella del 1978 O. SEPE, *La costituzione cinese del 1978*, in *Riv. trim. dir. pubbl.*, 1978, p. 1291 ss.; per quella del 1982 (emendata nel

tuzione del 1982 viene sottoposta a successive revisioni. Nel 1988 viene introdotto il riconoscimento delle imprese private e del loro carattere complementare rispetto all'economia pubblica socialista, anche se il settore privato è soggetto agli indirizzi e al controllo delle autorità statali. Nel 1999 il settore delle «imprese individuali» e di quelle «private», viene a costituire una «componente importante dell'economia socialista di mercato». Nel 2004 la protezione statale dei diritti e degli interessi dell'economia individuale e di quella privata viene estesa ai «settori non pubblici dell'economia», per i quali la guida da parte dello Stato riguarda solo lo sviluppo e non la gestione delle imprese; il nuovo art. 13 riconosce per la prima volta in termini generali il diritto di proprietà, e quindi anche quello dei mezzi di produzione, affermandone l'inviolabilità e subordinando l'eventuale requisizione o espropriazione all'esistenza di un pubblico interesse, al rispetto delle previsioni di legge ed al pagamento di un indennizzo. Viene quindi dato ampio spazio ad uno sviluppo economico di tipo capitalistico, basato su un mercato scarsamente regolato e sul mancato riconoscimento dei diritti dei lavoratori, il che accentua le profonde diseguaglianze esistenti nella società e quindi, come recita il nuovo art. 14, richiederebbe la istituzione da parte dello Stato di «un sistema di garanzie sociali compatibile con il livello di sviluppo dell'economia».

Problemi si pongono anche per il riconoscimento e la tutela dei diritti fondamentali. Anche qui non mancano segnali di novità. Così il nuovo art. 33, revisionato nel 2004, stabilisce che «lo Stato rispetta e tutela i diritti umani»; inoltre la Cina aderisce a varie importanti Convenzioni internazionali sui diritti. Ma viene ribadita la prevalenza dei diritti economici su quelli civili e politici nonché il divieto di esercitarli in contrasto con le finalità dello Stato socialista. Nei fatti non è assicurata l'effettività dei diritti e vi è una rigida repressione del dissenso che non esita a ricorrere all'inter-

---

1988 e nel 1993) P. BISCARETTI DI RUFFIA, M. GANINO, *Un superstite "Stato socialista" asiatico in corso di progressiva trasformazione economica*, in *Costituzioni straniere contemporanee. II. Le Costituzioni di sette Stati di recente ristrutturazione*, Milano, 1996, p. 153 ss.; per la revisione del 1999 G. CRESPI REGHIZZI, *Verso il mercato e lo Stato di diritto: recenti riforme costituzionali in Cina*, in *Dir. pubbl. comp. eur.*, 1999, p. 485 ss.; per la revisione del 2004 G. CRESPI REGHIZZI e M.E. DELMESTRO, *La Costituzione della Repubblica popolare cinese si aggiorna*, in *Dir. pubbl. comp. eur.*, 2004, p. 576 ss.; A RINELLA, *Cina*, Bologna, 2006; A. RINELLA, I. PICCININI (a cura di), *La costituzione economica cinese*, Bologna, 2010.

vento armato dell'esercito [94]. Inoltre il sistema politico continua ad essere incentrato sul monopolio del potere da parte del partito comunista e la forma di governo assegna un ruolo dominante al Presidente della Repubblica, come dimostra il fatto che il Presidente Xi Jinping dal 2012 ha assunto anche la carica di segretario generale del partito e, grazie ad un emendamento costituzionale approvato nel marzo 2018 che ha abolito il limite dei due mandati, potrà restare al potere dopo la fine del suo secondo mandato nel 2023. In definitiva la forma di Stato viene a combinare un sistema economico misto, statale-capitalistico, caratterizzato da un assetto autocratico del potere politico-istituzionale che continua ad ispirarsi al modello vetero-socialista.

Anche in *Vietnam* e, in misura più contenuta, nel *Laos* si verificano innovazioni, derivanti dallo sviluppo di ampi scambi commerciali, come dimostra l'adesione dei due Paesi all'ASEAN (Associazione delle nazioni del Sud-Est asiatico) nel 1995 e nel 1997 e al WTO (Organizzazione mondiale del commercio) nel 2007 e nel 2013. Il Vietnam a partire dal 1986 dà l'avvio a riforme tendenti a creare una economia socialista di mercato, riconoscendo il ruolo delle imprese private e della proprietà contadina e stabilendo una parziale liberalizzazione del commercio con l'estero. Tuttavia le Costituzioni di entrambi i Paesi (del 1991 nel Laos e del 2014 in Vietnam) continuano a sancire il ruolo-guida del partito unico al potere e i principi di funzionamento propri del tradizionale modello socialista, e, pur riconoscendo i diritti fondamentali, non prevedono adeguate garanzie per renderli effettivi.

A *Cuba* si verificano alcuni cambiamenti dopo che nel 2008 nella carica di Presidente del Consiglio di Stato e capo del Governo subentra Raúl Castro al posto del fratello Fidel, che era stato ininterrottamente al potere fin dalla rivoluzione vittoriosa del 1959 contro la dittatura di Batista. Inoltre nel 2018 Raúl non si ricandida e viene sostituito da una personalità non appartenente alla famiglia Castro. Soprattutto a partire dal 2011 vengono introdotte varie novità: la privatizzazione di diverse attività commerciali, la concessione in usufrutto di terre ai contadini, la libertà dei cubani di acquistare case e di poter espatriare senza sottostare al permes-

---

[94] L'episodio più sconvolgente è costituito dall'intervento dell'esercito in piazza Tienanmen a Pechino il 3/4 giugno 1989 che provoca migliaia di morti tra i manifestanti.

so delle autorità statali. Infine nel 2014 viene autorizzato l'investimento di capitali stranieri, per i quali sono previste esenzioni fiscali, in tutti i settori ad eccezione della sanità e dell'istruzione. La Costituzione cubana del 1976, ampiamente modificata nel 1992 e nel 2002, contiene aspetti interessanti: il riconoscimento come ideologia dello Stato, accanto a quella marxista-leninista, del pensiero di José Martì, padre storico dell'indipendenza del Paese all'inizio del '900, l'ampiezza del catalogo dei diritti, la valorizzazione delle assemblee del potere popolare a livello locale. Tuttavia il potere rimane monolitico sotto il controllo del partito comunista e il dissenso viene represso. Ulteriori prospettive di innovazione derivanti dalla normalizzazione dei rapporti con gli Stati Uniti, annunciata alla fine del 2014 dal Presidente Obama, che avrebbe comportato la fine dell'embargo in atto dal 1960 e permesso l'ingresso di capitali americani e lo sviluppo di ampi rapporti commerciali tra i due Paesi, sono stata bloccate dall'atteggiamento di netta chiusura adottato dal Presidente Trump.

In definitiva la situazione degli Stati socialisti appare tutt'altro che statica, ma la sua evoluzione dipenderà dal verificarsi o meno di un processo di democratizzazione e dal riconoscimento effettivo del pluralismo e dei diritti civili e politici.

## 13. *Lo Stato democratico*

Lo Stato democratico nasce dalla crisi dello Stato liberale come risposta alla crescente insicurezza sociale determinata dallo sviluppo del capitalismo e alle ricorrenti crisi economiche (come quella catastrofica del 1929), che rendono necessaria una attività di regolamentazione del mercato e di attenuazione delle contraddizioni sociali. Esso si pone nei confronti dello Stato liberale in un rapporto di continuità, in quanto fa propri principi ed istituti di origine liberale, ma anche di discontinuità, poiché estende quei principi ed istituti a ceti sociali che prima ne erano esclusi ed introduce nuovi valori e istituzioni. In alcuni paesi, come Germania ed Italia, la discontinuità è anche storico-pratica, in quanto tra Stato liberale e piena affermazione dello Stato democratico vi è tra le due guerre mondiali la cesura rappresentata dal regime autoritario.

Alla base dello sviluppo dello Stato democratico vi sono due novità fondamentali. A livello economico lo sviluppo del capitalismo in senso monopolistico e l'emergere delle contraddizioni sociali determinano l'esigenza di un intervento regolatore dello Stato. A livello politico-sociale l'integrazione di nuove classi sociali passa attraverso lo sviluppo del movimento operaio quale forza organizzata ed il conseguente affermarsi, soprattutto in Europa, dei moderni *partiti di massa*, che divengono la struttura organizzativa tipica anche delle forze politiche che rappresentano la borghesia. Tali partiti sono caratterizzati da una forte centralizzazione e da un'organizzazione stabile, fondata su un'ampia base di militanti e dotata di una struttura capillare e di un apparato professionale permanente.

La prima caratteristica essenziale che differenzia lo Stato democratico da quello liberale è che in esso si attenua la *separazione tra Stato e società* e tra politica ed economia. Lo stesso concetto di società evolve, in quanto questa non è più concepita come una sommatoria di individui, ciascuno dei quali titolare di una propria sfera di libertà, ma anche come un insieme di gruppi organizzati che esprimono bisogni, interessi e volontà diversificate.

L'*ideologia democratica* non rinnega affatto il principio del valore della persona umana, ma intanto afferma la pari dignità di tutte le persone indipendentemente dalla loro condizione sociale; poi considera l'individuo non più chiuso in sé e nella sua sfera privata, ma all'interno del rapporto con gli altri individui e con la società. Inoltre il principio personalistico viene a convivere con quello solidaristico e con quello egualitario, volti a garantire la più ampia partecipazione alla vita politica anche dei cittadini più svantaggiati dal punto di vista economico-sociale. Per dirla con Kelsen, ciò che separa la democrazia dal liberalismo è «la trasformazione del concetto di libertà, il quale, dalla idea di una libertà dell'individuo dal dominio dello Stato, si trasforma in partecipazione dell'individuo al potere dello Stato» [95].

L'economia non costituisce più una sfera separata, ma diventa oggetto di decisioni politiche e si configura come un'economia mista, basata sull'intervento congiunto del privato e del pubblico, e come un'*economia di mercato sociale*, nella quale al riconoscimento della proprietà privata dei mezzi di produzione e del ruolo del

---

[95] Cfr. H. KELSEN, *Essenza e valore*, cit., p. 46.

mercato si accompagna un intervento regolatore dello Stato volto a garantire da un lato la libera concorrenza, dall'altro il soddisfacimento di primari interessi sociali ed il rispetto della dignità della persona umana.

Quindi lo Stato democratico, soprattutto nei paesi europei, assume la configurazione di *Stato sociale* o *Stato del benessere* (*Welfare State*), proprio per sottolineare la sua nuova finalità di operare una redistribuzione del reddito in modo da ridurre le disuguaglianze e di permettere l'integrazione delle classi più deboli [96]. Esso interviene in varie forme sul terreno economico-sociale. In primo luogo gestisce le imponenti risorse finanziarie che derivano dal prelievo fiscale, in modo da incentivare o deprimere investimenti e consumi. In secondo luogo compie diretti investimenti pubblici, che talvolta danno vita ad imprese statali o a società di capitali controllate dallo Stato oppure rappresentano forme di sostegno ai privati di tipo diretto (finanziamenti) o indiretto (defiscalizzazioni, ammortizzatori sociali per i lavoratori esclusi dal mercato del lavoro ecc.). Infine e soprattutto lo Stato interviene sul terreno sociale, assicurando l'erogazione di servizi volti a soddisfare i bisogni primari (come l'istruzione e la salute) e l'assistenza nei confronti delle persone più deboli e prive di adeguati mezzi di sostentamento.

Sul *terreno politico-sociale* si sviluppa una fitta rete di organismi intermedi tra i cittadini e lo Stato. Tra questi assumono particolare rilievo i *partiti politici*, i quali costituiscono il principale canale di collegamento tra comunità sociale e soggetti pubblici, svolgendo una molteplicità di funzioni volte ad assicurare la partecipazione politica dei cittadini, l'organizzazione del corpo elettorale, la selezione del personale politico, l'aggregazione degli interessi intorno a programmi politici generali, l'attuazione del programma da parte delle istituzioni pubbliche. Per questi motivi i partiti divengono un elemento costitutivo della stessa forma di Stato e del concetto di democrazia, tanto che lo Stato democratico contemporaneo viene ad essere qualificato come uno "Stato di partiti" [97].

---

[96] Sullo Stato democratico-sociale la letteratura esistente è vastissima. Per un approccio al tema v. S. LENER, *Lo Stato sociale contemporaneo*, Roma, 1966; P. FLORA, A.J. HEIDENHEIMER (a cura di), *Lo sviluppo del Welfare State in Europa e in America*, (1981), trad. it., Bologna, 1983; A. DOWNS, *Teoria economica della democrazia*, (1957), trad. it., Bologna, 1988.

[97] V. sulla questione H. KELSEN, *Essenza e valore*, cit., p. 55 ss..; H. TRIEPEL, *Die*

Il principio per così dire costitutivo dello Stato democratico è quello per cui *la sovranità appartiene al popolo*, inteso come l'insieme dei cittadini titolari dei diritti politici. La concezione dominante nelle democrazie pluralistiche non è quella di tipo diretto o identitario, ma quella rappresentativa, che considera la sovranità popolare come un principio fondamentale da esercitare secondo le modalità e nei limiti stabiliti nella Costituzione. In effetti lo Stato democratico è un sistema complesso, formato da una pluralità di poteri, alcuni titolari di funzioni di governo, altri titolari di funzioni di garanzia e non provenienti da un voto popolare (come il potere giudiziario nella grande maggioranza dei paesi democratici), e fondato su un rapporto distinto, ma equilibrato (e garantito), tra maggioranza e opposizione.

La *separazione dei poteri* non corrisponde più a diversi interessi sociali, i quali si esprimono ormai all'interno degli organi rappresentativi e ne condizionano il funzionamento. Rispetto alla concezione liberale il principio in questione subisce una serie di modificazioni e di adattamenti:

– si moltiplicano le funzioni statali non riconducibili alla tripartizione classica, quali la funzione di indirizzo politico o di governo e la funzione di revisione costituzionale, che in sistemi a Costituzione rigida è nettamente distinta da quella legislativa;

– si affermano nuovi poteri costituzionali, che non rientrano in nessuno dei tre tradizionali, ma svolgono funzioni di garanzia, controllo e intermediazione nei confronti degli organi titolari delle altre funzioni: l'esempio più significativo è rappresentato dalle Corti costituzionali;

– sono riconosciuti a livello legislativo soggetti, quali le "autorità amministrative indipendenti", che non solo non fanno parte di nessuno dei poteri tradizionali, essendo indipendenti dal titolare dell'indirizzo politico, ma, nello svolgere funzioni di controllo e di arbitrato in importanti settori (concorrenza, informazione, tutela della *privacy* ecc.), esercitano funzioni di tipo amministrativo, normativo e talvolta anche paragiurisdizionale;

– si verificano numerose interferenze funzionali tra i poteri con un superamento della concezione delle esclusività della funzione

---

*Staatsverfassung und die politischen Parteien*, Berlin, 1930; G. LEIBHOLZ, *Strukturprobleme der modern Demokratie*, Karlsruhe, 1958.

attribuita a ciascuno (così il Parlamento svolge anche funzioni amministrative e giurisdizionali e il Governo funzioni materialmente legislative);

– assumono un ruolo determinante soggetti esterni allo Stato-apparato, quali i partiti politici, il che contribuisce a giustapporre alla classica divisione dei poteri quella tra potere della maggioranza e potere della opposizione.

In definitiva nello Stato democratico il principio della separazione dei poteri assume i seguenti aspetti: l'esistenza di funzioni e di poteri ulteriori rispetto a quelli tradizionali; l'attribuzione al potere legislativo e a quello esecutivo di una funzione non esclusiva ma prevalente, mentre a quello giudiziario è attribuita una funzione di tipo giurisdizionale in via quasi esclusiva; la diffusione dei centri di potere a livello sia orizzontale, mediante la partecipazione di più soggetti al processo decisionale, sia verticale, tramite forme di decentramento politico dei poteri; la concorrenza tra più soggetti politici per conquistare la titolarità della funzione di governo, da esercitarsi nel rispetto dei diritti dell'opposizione.

Lo Stato democratico è uno Stato *rappresentativo*, ma, a differenza di quello liberale, è *pluralistico* o "pluriclasse". Ciò deriva soprattutto dal riconoscimento del suffragio universale e del principio dell'eguaglianza del voto (*one man one vote*)[98]. Ne consegue che anche il principio della *rappresentanza politica*, ereditato dallo Stato liberale, cambia parzialmente natura, estendendosi ad una pluralità di classi e di gruppi sociali che prima ne erano esclusi. Infatti i rappresentanti devono esprimere la volontà popolare e vi è un legame molto più stretto tra eletti ed elettori, in quanto con le elezioni il popolo non sceglie solo i rappresentanti, ma manifesta opinioni ed interessi diversificati.

Accanto alle elezioni, che rimangono il nucleo fondamentale della rappresentanza politica, sono previsti altri meccanismi volti a garantire il mantenimento di un rapporto di consonanza tra elettori ed organi rappresentativi (quali i partiti politici, gli istituti di democrazia diretta, un'opinione pubblica vigile, alimentata da un'informazione libera e pluralistica).

---

[98] Il suffragio universale si afferma soprattutto nel secolo scorso: nel 1893 in Nuova Zelanda, nel 1902 in Australia e in Finlandia, nel 1920 negli Stati Uniti (con il XIX emendamento), nel 1928 nel Regno Unito, dopo la seconda guerra mondiale in Italia, Belgio e Germania e solo nel 1971 in Svizzera.

La responsabilità politica degli eletti si manifesta di solito nella non rielezione alla carica al termine del mandato, mentre è più raro che possa portare alla revocabilità dalla stessa, come è previsto nell'ambito di alcuni Stati membri nordamericani, in qualche Stato latino-americano e in pochi Cantoni svizzeri. Infatti negli Stati democratici ha prevalso non il principio di ispirazione giacobina che configura gli eletti come mandatari dei propri elettori, ma il principio del *divieto del mandato imperativo*. Questo, tuttavia, deve essere inteso come garanzia non di un aprioristico "interesse generale", come nello Stato omogeneo liberale, ma del pluralismo e quindi della necessità di contemperare e portare a sintesi i diversi interessi manifestati dal corpo sociale [99].

Il principio del *pluralismo* significa che l'ordinamento statale riconosce e garantisce l'esistenza e l'attività di una pluralità di gruppi economico-sociali, religiosi, etnici, culturali (pluralismo sociale), di una pluralità di partiti (pluralismo politico) e di diversi livelli di governo territoriale (pluralismo istituzionale). Quindi lo Stato democratico riconosce la liceità del conflitto tra i diversi gruppi ed interessi, purché questo si svolga nel rispetto del metodo e delle regole democratiche [100].

La democrazia pluralistica non si limita ad estendere le regole proprie dello Stato liberale a nuovi gruppi sociali, ma incide sulle modalità di applicazione di queste. Ciò vale in particolare per il *principio di maggioranza* [101], in base al quale le decisioni dell'organo parlamentare sono adottate a maggioranza. Tale regola poteva essere applicata senza limiti nello Stato liberale, nel quale l'omogeneità della rappresentanza garantiva contro il rischio della "tirannia della maggioranza". Ma in una democrazia pluralistica la salvaguardia delle minoranze politiche richiede che quel principio sia limitato da vari istituti di garanzia: la previsione di maggioranze assolute o qualificate per alcune decisioni importanti (a cominciare dalla revisione della Costituzione), l'attribuzione alle minoranze

---

[99] V. P. RIDOLA, *Divieto del mandato imperativo e pluralismo politico*, in *Scritti in onore di Vezio Crisafulli*, II, Padova, 1985, p. 679 ss.

[100] Sulla "pluralità" e sulla "competizione" come elementi costitutivi della "democrazia dei moderni" v. D. FISICHELLA, *Elezioni e democrazia. Un'analisi comparata*, Bologna, 2003, p. 13 ss.

[101] Sul punto v. E. RUFFINI, *La ragione dei più*, Bologna, 1977 e A. PIZZORUSSO, *Minoranze e maggioranze*, Torino, 1993.

di cariche (come la presidenza di commissioni parlamentari di controllo) o di poteri specifici (come quelli di impugnare una legge davanti al giudice costituzionale o di attivare una commissione di inchiesta o di ricorrere al referendum), la sottrazione di talune decisioni al circuito democratico-rappresentativo (come si verifica per quelle affidate alle autorità amministrative indipendenti), l'esistenza di un sindacato sulla legittimità costituzionale delle leggi.

Più in generale è lo stesso processo decisionale a diventare più complesso, dovendo prendere in considerazione una pluralità di interessi coinvolti. In particolare per quel che riguarda le questioni economico-sociali, spesso le più rilevanti sono affrontate mediante procedure, definite "neocorporative", di concertazione tra Stato, organizzazioni dei datori di lavoro e sindacati dei lavoratori, per poi essere ratificate con atti del Parlamento o del Governo.

Dalla combinazione tra democrazia e pluralismo scaturiscono le odierne *"poliarchie"*, vale a dire sistemi basati su una pluralità di gruppi in competizione per la gestione del potere, [102] che accresce il livello della partecipazione popolare e arricchisce la democrazia reale. Due sono i loro caratteri distintivi: la massima estensione possibile della cittadinanza (che le distingue dai regimi oligarchici), il pieno riconoscimento dei diritti e, sempre più frequentemente, di una vera e propria "funzione" costituzionalmente garantita dell'opposizione [103] (che le differenzia dai regimi autoritari).

Nello Stato democratico cambia profondamente l'assetto dei diritti costituzionali [104]. Si arricchisce, innanzitutto, il catalogo dei diritti previsti nel testi costituzionali. Accanto ai tradizionali diritti civili si affermano nuove categorie di diritti che si configurano come *libertà positive*, in quanto per la loro realizzazione richiedono un intervento attivo dello Stato. Tali sono i *diritti politici* o "nello Stato", attraverso i quali i cittadini partecipano attivamente alla

---

[102] Il concetto di poliarchia si deve soprattutto a R.A. DAHL, *Poliarchia, partecipazione e opposizione*, (1971), trad. it., Milano, 1980.

[103] Sul ruolo fondamentale dell'opposizione nello Stato democratico v. G. DE VERGOTTINI, *Opposizione parlamentare*, in *Enc. dir.*, XXX, Milano, 1980, p. 532 ss.; L. MEZZETTI, *Opposizione politica*, in *Dig. pubbl.*, X, Torino, 1995, p. 347 ss.; A. RINELLA, *Lo "Statuto costituzionale" dell'opposizione parlamentare*, Trieste, 1999.

[104] V. per ampi sviluppi P. RIDOLA, *Libertà e diritti nello sviluppo storico del costituzionalismo*, in R. NANIA, P. RIDOLA (a cura di), *I diritti costituzionali*, I, Torino, 2001, p. 25 ss.

vita pubblica, che acquisiscono una dimensione collettiva sconosciuta all'epoca liberale (diritto di voto, libertà di associazione politica ecc.), e i *diritti sociali* o "attraverso lo Stato", che sono diritti ad ottenere prestazioni dallo Stato (al lavoro, all'istruzione, alla salute ecc.). Nei tempi più recenti si afferma una nuova "generazione" di diritti, quale il diritto all'ambiente salubre, alla pace, allo sviluppo sostenibile, alla qualità della vita ecc., che hanno una struttura mista, richiedendo al contempo per il loro soddisfacimento sia comportamenti di astensione sia interventi attivi dello Stato e di soggetti della società civile.

Gli stessi diritti civili assumono caratteri parzialmente nuovi sia perché non sono più strutturati sul parametro rappresentato dal diritto di proprietà, che è certamente riconosciuto dalle Costituzioni, ma è soggetto a limitazioni derivanti dalla salvaguardia di altri diritti costituzionali, sia perché, nel quadro di uno sviluppo completo della persona umana, essi vengono ad integrarsi con le libertà positive. Per dirla con Kelsen, "la caratteristica della democrazia" è la sintesi dei principi di libertà e di eguaglianza [105]; questa va intesa sia in senso *formale* come pari accesso al godimento dei diritti e come divieto di discriminazioni arbitrarie, sia in senso *sostanziale* come parità delle posizioni di partenza ed obbligo del legislatore di rimuovere gli ostacoli al pieno dispiegamento delle potenzialità di ciascuno.

La teoria dei "diritti pubblici soggettivi" entra irrimediabilmente in crisi, in quanto vengono messe in discussione le sue premesse costitutive: la concezione della superiorità dello Stato-persona sui cittadini e quella del necessario riconoscimento legislativo di diritti che ormai trovano il loro fondamento in una legge superiore, basata su valori indisponibili da parte dello stesso legislatore [106].

L'affermarsi nelle Costituzioni democratiche di un ampio catalogo di diritti garantiti dà un forte impulso alla diffusione della concezione della *universalità dei diritti dell'uomo*, che già era stata affermata con la Dichiarazione universale dei diritti umani del 1948 da parte dell'ONU. Negli anni successivi sempre nell'ambito delle Nazioni Unite, vengono approvati vari Patti e Convenzioni in-

---

[105] Cfr. H. KELSEN, *Essenza e valore*, cit., p. 40.

[106] V. A. BALDASSARRE, *Diritti pubblici soggettivi*, in *Diritti della persona*, cit., p. 334 ss.

ternazionali di riconoscimento dei diritti umani. A livello europeo vengono adottate nel 1950 a Roma la Convenzione europea per la salvaguardia dei diritti dell'uomo, poi ratificata da tutti i paesi aderenti al Consiglio d'Europa, e nel 2000 a Nizza la Carta dei diritti fondamentali dell'Unione Europea (che acquista valore giuridico con il Trattato di Lisbona del 2009), per la cui tutela operano organi giurisdizionali sovranazionali: rispettivamente la Corte europea dei diritti dell'uomo di Strasburgo e la Corte di giustizia della UE di Lussemburgo. Si va quindi configurando un sistema multilivello di tutela dei diritti, derivante dal confronto e dalla integrazione tra la giurisprudenza delle Corti europee e quella delle Corti costituzionali nazionali. Va infine sottolineata la novità rappresentata dalla costituzione della Corte penale internazionale, la quale, in base allo Statuto approvato a Roma nel 1998 ed entrato in vigore nel 2002, è competente a giudicare dei crimini di genocidio, contro l'umanità, di guerra e di aggressione compiuti nel territorio di uno degli Stati aderenti (anche se fra questi non vi sono paesi fondamentali, come Cina, Russia e Stati Uniti).

Lo Stato democratico-pluralistico, infine, è a pieno titolo uno *Stato costituzionale*. Infatti la necessità di garantire la convivenza tra gruppi diversi e di conciliare valori potenzialmente conflittuali mette in crisi le tradizionali concezioni della spettanza della sovranità, tanto da far parlare di "sovranità della Costituzione" o di "Costituzione senza sovrano" [107]. Le Costituzioni democratiche si configurano come "Costituzioni aperte", in quanto affermano una serie di principi basati su valori condivisi dal (e non imposti al) corpo sociale e ne garantiscono la costante integrazione; come "Costituzioni lunghe", poiché per lo più incorporano le "dichiarazioni dei diritti" e disciplinano più ampiamente i rapporti tra i poteri pubblici; come "Costituzioni rigide", essendo la superiorità sulle altri fonti del diritto assicurata dalla previsione di un procedimento aggravato per la loro revisione, posto a garanzia del patto concluso tra forze sociali e politiche eterogenee e pertanto non modificabile da una maggioranza parlamentare semplice.

Anche la concezione dello *Stato di diritto* evolve. Alla concezione liberale della legalità in senso *formale*, che si ritiene soddisfat-

---

[107] V. il titolo dato alla raccolta di saggi di O. KIRCHHEIMER, *Costituzione senza sovrano*, (1928-1933), trad. it., Bari, 1982 e G. ZAGREBELSKY, *Il diritto mite*, cit., p. 8 ss.

ta quando il potere amministrativo si esercita sulla base di una semplice autorizzazione legislativa al compimento di un atto, subentra quella della legalità in senso *sostanziale*, in quanto la legge è chiamata a stabilire anche le procedure, l'oggetto, la forma e le finalità del provvedimento amministrativo. Con riguardo ai contenuti degli interventi dello Stato si parla di "Stato sociale di diritto" [108]. Inoltre al di sopra della legalità "ordinaria" si colloca la "legalità costituzionale", fondata su valori superiori che si pongono come criteri di orientamento e come limiti per l'attività di tutti i poteri, compreso quello legislativo. Ciò deriva dal fatto che la legge non è più l'espressione di una società omogenea, ma eterogenea ed esprime, pertanto, la prevalenza di una parte sulle altre; di conseguenza l'unità dell'ordinamento va ancorata a principi e valori superiori contenuti nella Costituzione. In definitiva nello Stato di diritto costituzionale la concezione monistica del diritto incentrata sulla legge, tipica del positivismo liberale, viene soppiantata da una concezione dualistica, fondata sulla subordinazione della *lex* allo *ius*, rappresentato nel mondo contemporaneo dalla Costituzione [109].

Le *garanzie giurisdizionali* dei diritti conoscono una duplice espansione: nei confronti degli atti della Pubblica Amministrazione (per i quali nei paesi anglosassoni è competente il giudice ordinario, mentre in quelli dell'Europa continentale si afferma la giustizia amministrativa); nei confronti delle leggi ordinarie grazie all'attività del giudice costituzionale chiamato a garantire il rispetto dei diritti e dei principi costituzionali.

Infine nello Stato costituzionale di diritto cambia parzialmente il ruolo del giudice, che non è più semplice "bocca della legge", secondo l'impostazione positivistico-liberale ottocentesca, ma è chiamato a svolgere un'azione di prudente mediazione tra il potere statale, che si esprime attraverso la legge, e le rivendicazioni della società, basate su principi di giustizia e sui diritti sanciti nella Costituzione [110].

---

[108] V. fra i tanti P. LUCAS VERDU, *Estado liberal de Derecho y Estado social de Derecho*, Madrid, 1955.

[109] Cfr. G. ZAGREBELSKY, *La legge e la sua giustizia*, Bologna, 2008, p. 124 ss.

[110] V. G. ZAGREBELSKY, *Il diritto mite*, cit., p. 179 ss.

## 14. *La diffusione della democrazia e i suoi limiti*

Negli ultimi decenni si è verificata una situazione paradossale: da un lato il modello democratico ha avuto una diffusione senza precedenti in aree geografiche nelle quali a lungo hanno prevalso regimi di tipo autocratico; d'altro lato negli stessi ordinamenti di democrazia consolidata si sono manifestati segnali di crisi che pongono importanti interrogativi sul livello qualitativo della democrazia e sulla sua evoluzione futura.

La *diffusione del modello democratico* si è verificata dopo la seconda guerra mondiale, manifestandosi in tre successive fasi: nell'immediato dopoguerra con la costruzione di sistemi democratici in Germania, Giappone e Italia; alla metà degli anni '70 con la caduta di regimi autocratici e l'adozione di Costituzioni democratiche in Grecia, Portogallo e Spagna; infine negli anni '90 con il processo di democratizzazione che ha coinvolto tutti i paesi ex-socialisti europei, quelli facenti parte dell'Unione Sovietica e molti paesi in via di sviluppo [111]. Si tratta di un processo che dimostra la vitalità dei principi e delle istituzioni della democrazia, ma che pone anche seri interrogativi sul loro futuro.

Sul terreno politologico vi sono state interpretazioni fortemente divergenti: da quella che ha sostenuto la "fine della storia", che deriverebbe dalla inarrestabile universalizzazione del sistema basato sull'economia di mercato e su istituzioni democratico-liberali, [112] alla tesi secondo la quale il superamento dell'assetto bipolare produrrebbe un mondo multipolare, caratterizzato dal conflitto tra la civiltà occidentale ed altre civiltà a questa contrapposte, a cominciare da quella islamica [113]. La prima tesi è stata smentita, oltre che dalle difficoltà e dalle involuzioni dei processi di democratizzazio-

---

[111] Individua a partire dal 1974 una "terza ondata" del processo di democratizzazione, dopo quelle verificatesi tra il 1828 ed il 1926 e tra il 1943 ed il 1962, S.P. HUNTINGTON, *La terza ondata. I processi di democratizzazione alla fine del XX secolo*, (1993), trad. it., Bologna, 1995. Per una visione ampia di tipo costituzionalistico v. L. MEZZETTI, *Teoria e prassi delle transizioni costituzionali e del consolidamento democratico*, Padova, 2003.

[112] V. F. FUKUYAMA, *La fine della storia e l'ultimo uomo*, (1992), trad. it., Milano, 1996.

[113] V. S.P. HUNTINGTON, *Lo scontro delle civiltà e il nuovo ordine mondiale*, (1996), trad. it., Milano, 2000.

ne, anche dagli interventi militari dell'Occidente, dalla prima guerra del Golfo nel 1991 all'intervento in Libia nel 2011, che hanno visto in primo piano la più grande potenza mondiale, e dallo sviluppo del *terrorismo internazionale*, trasversale agli Stati, che ai riferimenti ideologici e religiosi tradizionalisti accompagna il ricorso a strumenti finanziari e tecnologici complessi, al fine di costruire una rete in grado di compiere attentati devastanti nel cuore stesso dei paesi democratici. Anche la tesi dello scontro tra civiltà non convince in quanto da un lato sottovaluta la lunga fase democratica che hanno conosciuto nel secondo dopoguerra paesi appartenenti a civiltà diverse da quella occidentale, come il Giappone e l'India, dall'altro dà una lettura semplificata del mondo islamico, che è attraversato da profonde differenziazioni interne. La prospettiva da perseguire è, quindi, quella della convivenza tra civiltà, che deve escludere qualsiasi idea di unilateralismo e di superiorità di una sulle altre e saper pazientemente adattare gli ideali e le istituzioni della democrazia alle diverse realtà. In particolare la risposta al terrorismo non può essere esclusivamente di tipo militare. Già su questo terreno occorrerebbe fare ricorso a operazioni mirate di *intelligence* piuttosto che alla guerra contro singoli Stati la quale si è rivelata inutile, inumana e controproducente. Ma soprattutto occorre una risposta di tipo economico-sociale, mediante misure volte a garantire lo sviluppo delle aree del mondo più arretrate e più facilmente succubi della propaganda antioccidentale e a porre freni ad una globalizzazione sregolata che è essa stessa fonte di nuovi conflitti e disuguaglianze [114].

Il tentativo di contabilizzare le democrazie liberali, vale a dire il numero degli ordinamenti caratterizzati dallo svolgimento di regolari elezioni competitive e dalla effettività dei diritti, ha portato nel 2016 ad individuare come "liberi" 87 paesi su 195 (45%), mentre 59 sono quelli "parzialmente liberi" (30%) e 49 quelli non liberi (25%); in 67 paesi vi è stato un peggioramento dello stato dei diritti politici e civili, mentre solo in 37 si registra un miglioramento; infine per l'undicesimo anno consecutivo si è verificato un deterioramento delle libertà a livello globale, rappresentato non solo dall'ascesa di regimi autoritari, ma anche dall'accesso al governo di

[114] Per la tesi della interazione negativa tra guerra santa e globalizzazione sregolata v. B.R. BARBER, *Guerra Santa contro Mc Mondo*, (1995), trad. it., Milano, 2002.

forze populiste e nazionaliste [115]. In pratica più della metà dei paesi esistenti, che rappresentano la maggioranza della popolazione mondiale, continuano a caratterizzarsi come Stati non pienamente democratici. Inoltre il processo di democratizzazione ha avviato in vari paesi una fase di transizione dagli esiti contraddittori ed incerti. Ciò porta ad interrogarsi sulla difficoltà di trapiantare istituzioni che rispondono a principi e valori propri dell'Occidente in paesi che non li hanno ancora assimilati o esprimono valori divergenti e a concludere che l'affermazione del modello costituzionale democratico è stata solo parziale [116]. Ad un'analisi più approfondita risulta, poi, che vari paesi qualificati come "democratici" sono in realtà "democrature" [117] o "democrazie di facciata" [118] o "democrazie illiberali" [119] o "democrazie imperfette" [120], le cui caratteristiche costituzionali più ricorrenti appaiono le seguenti:

– la non effettività dei diritti sanciti nel testo delle Costituzioni;
– l'esistenza di un pluralismo debole, cui si accompagna la compressione dei diritti delle opposizioni e delle minoranze nazionali;
– l'adozione di una forma di governo presidenzialistica, che attribuisce al Capo dello Stato plebiscitato dal popolo un ruolo preponderante;
– la previsione di modalità forti di "protezione" dell'ordinamento, quali la proclamazione di un'ideologia di Stato, il divieto di "associazioni anticostituzionali", la revocabilità dei mandati, l'attribuzione al Capo dello Stato del ruolo di custode della Costituzione [121];

---

[115] Cfr. FREEDOM HOUSE, *Freedom in the World 2017*, Populist and Autocrats: The Dual Threat Global Democracy, in *www.freedomhouse.org*. La *Freedom House* è un'organizzazione non governativa internazionale fondata nel 1941 che dal 1973 pubblica un rapporto annuale sullo stato della democrazia nel mondo.

[116] V. G. DE VERGOTTINI, *Le transizioni costituzionali*, Bologna, 1998, p. 208 ss.

[117] Cfr. M. LINIGER-GOUMAZ, *La démocrature. Dictature camouflée, démocratie truquée*, Paris, 1992.

[118] Cfr. tra i politologi L. MORLINO, *Democrazie*, cit., p. 44 ss. e tra i giuristi F. LANCHESTER, *Gli strumenti della democrazia*, cit., p. 94 ss.

[119] Cfr. S.N. EISENSTADT, *Paradossi*, cit., p. 139.

[120] Cfr. A. DI GIOVINE e S. SICARDI (a cura di), *Democrazie imperfette*, Torino, 2005.

[121] V. S. CECCANTI, *Le democrazie protette e semi-protette da eccezione a regola: prima e dopo le Twin Towers*, Torino, 2004.

– l'influenza importante sul potere civile del fattore militare e/o religioso.

## 15. *La crisi dello Stato democratico*

La *crisi* dello Stato democratico si è manifestata su tre terreni distinti ma tra loro connessi: economico-sociale, politico e giuridico-costituzionale [122].

Sotto il primo profilo le ragioni della crisi possono essere rinvenute nella globalizzazione dell'economia, nelle trasformazioni interne alle società occidentali, nel progressivo declino dello Stato-nazione, nella difficoltà dello Stato sociale a continuare a far fronte ai suoi compiti tradizionali

Per *globalizzazione* si intende il fenomeno derivante dall'applicazione della rivoluzione informatica al processo di mondializzazione del sistema economico-finanziario, fenomeno che sfugge ormai alle capacità di previsione e di controllo dei singoli Stati [123]. Essa offre nuove occasioni di sviluppo economico-sociale ad aree arretrate. Tuttavia, oltre a non garantire di per sé anche uno sviluppo democratico e culturale delle aree che coinvolge e ad accentuare le differenze tra i paesi ricchi e quelli più poveri, soprattutto se privi di materie prime, pone enormi problemi allo Stato democratico. In primo luogo capovolge il rapporto politica-economia, nel senso che la seconda tende a prevalere, in quanto si sottrae sempre più alle scelte politiche del singolo Stato ed anzi ne condiziona le decisioni in materia finanziaria e sociale, imponendo una crescente flessibilità del lavoro e una riduzione della pressione fiscale. Ne consegue che, al fine di garantire la competitività sul mercato mondiale, si manifesta nei paesi più avanzati una tendenza all'appiattimento verso il basso della tutela dei diritti economico-sociali. In secondo luogo il "mercato" tende ad assumere natura costituente e a divenire il valore dominante, per cui si nega la necessità che venga sottoposto a regole, sostenendone la capacità "naturale" di

---

[122] V. C. GALLI, *Il disagio della democrazia*, Torino, 2011 e S. PETRUCCIANI, *Democrazia*, Torino, 2014, p. 214 ss.

[123] V. ampiamente A. BALDASSARRE, *Globalizzazione contro democrazia*, Roma-Bari, 2002.

autoregolarsi [124]. Vengono, quindi, ad essere intaccati due pilastri del sistema democratico: la prevalenza della politica, che si esprime tramite libere decisioni adottate da organi democraticamente eletti, sull'economia ed il riconoscimento del mercato come "spazio costituito", cioè soggetto a regole e a limiti [125]. Grazie alla liberalizzazione dei movimenti di capitale si è determinata una finanziarizzazione dell'economia, favorita dalle politiche neoliberiste, che ha portato ad una crescita globale della disuguaglianza sociale [126] e ad un ricorso massiccio di famiglie e imprese al debito finanziato dalle banche. Questo sistema è imploso a partire dal 2008, sfociando nella più grave crisi economico-sociale mondiale dopo quella del 1929, che ha prodotto da un lato un intervento finanziario di enormi proporzioni dello Stato a sostegno delle banche e di accollamento del debito e un impressionante impoverimento dei ceti medio-bassi della popolazione, soprattutto nei paesi debitori [127].

La globalizzazione sregolata pone il problema di un governo democratico mondiale, o più realisticamente di una pluralità di governi democratici sovranazionali, in grado di svolgere una funzione di orientamento e di controllo dello sviluppo economico e dei flussi finanziari [128]. Infatti oggi tale funzione non è svolta dalle isti-

---

[124] V. in particolare le teorizzazioni di F.A. VON HAYEK, *La società libera*, (1960), trad. it., Firenze, 1969. Sul valore costituzionale del mercato a livello europeo v. G. GUARINO, *Verso l'Europa ovvero la fine della politica*, Milano, 1997.

[125] Cfr. P. HÄBERLE, *I diritti fondamentali nelle società pluraliste e la Costituzione del pluralismo*, in M. LUCIANI (a cura di), *La democrazia alla fine del secolo*, Bari, 1994, p. 135 ss. Per Häberle l'innegabile valore costituzionale del mercato non toglie che esso sia "costituito", e cioè "strutturato, funzionalizzato e disciplinato normativamente" (p. 138) e che incontri alcuni limiti: la sua strumentalità rispetto a principi fondamentali, quali il bene comune, la dignità dell'uomo ecc., la sua non applicabilità ad alcuni ambiti culturali e sociali (istruzione, famiglia, diritto del lavoro), la sua subordinazione alla sovranità democratica dello Stato (pp. 152-154)).

[126] Basti dire che negli Stati Uniti il divario tra i salari più bassi e quelli più alti, che era di 1 a 40 negli anni '70, è diventato di 1 a 400 nel 2010. Sull'aumento della disuguaglianza nelle democrazie contemporanee v. T. JUDT, *Guasto è il mondo*, (2010), trad. it., Roma-Bari, 2011.

[127] V. G. RUFFOLO, S. SYLOS LABINI, *Il film della crisi. La mutazione del capitalismo*, Torino, 2012.

[128] Sul cosmopolitismo come futuro di una politica democratica v. U. BECK, *Potere e contropotere nell'età globale*, (2005), trad. it., Roma-Bari, 2010.

tuzioni globali esistenti, che sono di natura economico-finanziaria e controllate dai paesi più ricchi (come la Banca Mondiale, il Fondo Monetario Internazionale, l'Organizzazione Mondiale del Commercio) oppure hanno carattere non permanente e non rappresentativo (come avviene per le riunioni periodiche del G8, che raggruppa gli otto paesi più ricchi del pianeta). Anche l'Organizzazione della Nazioni Unite si fonda su una struttura che accorda una posizione di privilegio ai cinque paesi membri permanenti del Consiglio di Sicurezza (Stati Uniti, Russia, Francia, Regno Unito, Cina), è priva di una propria forza armata e nei più recenti conflitti bellici condotti dagli Stati Uniti e da alcuni paesi alleati ha svolto un ruolo di copertura formale o è stata apertamente scavalcata.

La globalizzazione ripropone in termini più ampi e seri rispetto al passato la questione del rapporto tra capitalismo e democrazia. Questo si è rivelato storicamente necessario, come ha dimostrato il fallimento delle esperienze non capitaliste, dato lo stretto legame esistente tra libertà politica e libertà economica, ma tutt'altro che necessitato (come dimostra l'esistenza di Stati capitalisti non democratici) e sottoposto ad elementi di tensione, derivanti dalla difficile combinazione tra diseguaglianze economiche ed eguaglianza politica e tra concentrazione del potere economico e diffusione di quello politico [129].

Altro fattore di crisi deriva dalle importanti *trasformazioni sociali* che sono avvenute all'interno dei paesi democratici. La stratificazione sociale è diventata sempre più complessa e articolata in conseguenza dell'affermarsi di nuovi lavori e di nuove modalità produttive, fortemente indotti dallo sviluppo tecnologico, che hanno scompaginato la tradizionale divisione in classi e le identità collettive del passato e hanno anche dato vita a nuove forme di emarginazione sociale [130]. Di conseguenza le domande sociali sono diventate sempre più frammentate e numerose e lo Stato incontra difficoltà crescenti a mediare e ad operare una selezione tra i diversi interessi, riducendo spesso la propria politica ad una attività di pura distribuzione di risorse.

Tale stato di cose è stato analizzato da parte conservatrice con

---

[129] Cfr. R.A. DAHL, *Sulla democrazia*, (1998), trad. it., Bari, 2000, p. 167 ss.

[130] V. le riflessioni di Z. BAUMAN, *Modernità liquida*, (2000), trad. it., Roma-Bari, 2001, che parla di "società liquida" nella quale si sono liquefatti i legami individuali e quelli sociali.

la formula del "sovraccarico delle domande" per sottolineare la necessità di una loro rigida selezione [131]. Da parte progressista si è parlato soprattutto di "crisi fiscale" dello Stato, determinata dal fatto che le risorse percepite mediante l'imposizione fiscale hanno raggiunto un tetto insuperabile che risulta comunque insufficiente a coprire le spese, donde il fenomeno in molti paesi dell'indebitamento pubblico [132]. Le risposte al problema sono state diverse. Dagli anni '80, soprattutto negli Stati Uniti e nel Regno Unito, sono state praticate politiche neo-liberiste che si sono proposte di lasciare mano libera al mercato tramite la riduzione della pressione fiscale sui profitti e una *deregulation* consistente nel ridimensionare l'intervento dello Stato nonché il ruolo del sindacato e le garanzie dei lavoratori, al fine di risanare l'economia e produrre nuovi investimenti. Da parte loro le politiche socialdemocratiche hanno proposto un ridimensionamento dell'intervento statale improntato a criteri di equità e concordato con le parti sociali, il mantenimento della tutela pubblicistica di alcuni beni primari (come l'istruzione e la salute), la costruzione di un mercato non assistito, ma comunque regolato, il ricorso a forme di socializzazione degli utili di impresa (attraverso i fondi salariali di investimento) [133]. Tuttavia negli anni più recenti, indipendentemente dalla natura politica del Governo, ha prevalso una politica neoliberista volta a risanare le finanze pubbliche, a ridurre la spesa e a privatizzare settori economici prima gestiti o controllati dallo Stato, con un appiattimento delle differenze programmatiche tra partiti e schieramenti politici, che ha contribuito a scoraggiare la partecipazione popolare alla politica.

La complessità delle società democratiche è accentuata dalle dimensioni raggiunte dal fenomeno della immigrazione. Tale fenomeno pone delicati problemi di integrazione sociale e di sviluppo di rapporti culturali tra diverse etnie e religioni, che impongono agli Stati democratici la ricerca di adeguate politiche della acco-

---

[131] Cfr. il contributo nell'ambito della *Trilateral Commission* fondata nel 1973, di M. CROZIER, S.P. HUNTINGTON, J. WATANUKI, *La crisi della democrazia*, (1975), trad. it., Milano, 1977.

[132] Cfr. J. O' CONNOR, *La crisi fiscale dello Stato*, (1973), trad. it., Torino, 1977.

[133] Per un'efficace sintesi dei due diversi punti di vista v. C. OFFE, *Alcune contraddizioni del moderno Stato assistenziale*, in A. BALDASSARRE, A.A. CERVATI (a cura di), *Critica dello Stato sociale*, Bari, 1982, p. 3 ss.

glienza, anche tramite la programmazione dei flussi migratori, in un contesto che tende sempre più a diventare multietnico e multiculturale. Ciò richiederebbe la condivisione di una politica per i migranti tra i paesi aderenti all'Unione Europea, che è ben lontana dall'essere stata realizzata per il prevalere di interessi egoistici dei singoli Stati e l'emergere di posizioni di chiusura nazionaliste e xenofobe. Inoltre le democrazie devono fare fronte al proprio interno al manifestarsi nella società di pericolosi rigurgiti razzisti, che sempre più spesso sfociano in atti di intolleranza e di violenza, anche grazie alla propaganda di movimenti politici che indicano nell'immigrato il nemico da combattere.

Dalla globalizzazione e dallo sviluppo di organizzazioni sovranazionali, come l'Unione Europea, è derivato un *ridimensionamento del ruolo dello Stato-nazione*, che ha costituito il quadro geopolitico entro il quale si sono affermati i diritti e gli istituti della democrazia. Tale ridimensionamento è stato accentuato in Europa dalla crisi economico-finanziaria esplosa nel 2008, in conseguenza della quale i paesi più indebitati sono stati costretti ad adottare politiche di austerità e ad assumere rigide decisioni finanziarie su diretta sollecitazione di organismi tecnici (come la Banca centrale europea) o comunque privi di una diretta legittimazione popolare.

Per quel che riguarda in particolare l'*Unione Europea*, le crescenti "cessioni di sovranità" da parte degli Stati membri sui terreni, finanziario, economico e politico, hanno posto il problema centrale della definizione di un quadro costituzionale di principi e di diritti e della costruzione di istituzioni più democratiche di quelle attuali e di un'effettiva unità politica. Tuttavia il Trattato che adottava una Costituzione per l'Europa, approvato nel 2004 dai Capi di Stato e di Governo degli Stati membri, non è potuto entrare in vigore in seguito all'esito negativo dei referendum svoltisi in Francia e nei Paesi Bassi nel 2005. Il Trattato di Lisbona, entrato in vigore nel dicembre 2009, che si configura come un testo di revisione dei due Trattati vigenti, pur contenendo elementi di novità, tra le quali un parziale rafforzamento delle istituzioni comunitarie (e del potere di codecisione del Parlamento), l'allargamento delle decisioni assumibili a maggioranza qualificata anziché all'unanimità e il riconoscimento del valore giuridico della Carta dei diritti fondamentali della UE, adottata a Nizza nel 2000, non dà risposta ai problemi fondamentali dell'Unione.

In particolare si è determinata una discrasia tra l'attribuzione all'Unione della politica monetaria con la istituzione nel 1998 della Banca centrale europea e il mantenimento in capo agli Stati della politica fiscale e di bilancio. Ciò ha prodotto da un lato l'inesistenza di una politica fiscale comune e la difficoltà di prevedere un debito solidaristicamente condiviso, d'altro lato la pesante ingerenza di organismi tecnici o non democraticamente legittimati sulle scelte di politica economica e sociale dei singoli Stati.

Vi è, in secondo luogo, la questione del *deficit democratico*, che riguarda non solo il ruolo del Parlamento elettivo, il quale non è l'organo legislativo dell'Unione, ma anche il progressivo predominio assunto dalle componenti intergovernative dell'Unione, e quindi di fatto dai governi degli Stati più forti, i quali spesso hanno più a cuore i propri interessi egoistici nazionali che quelli comuni. Ancora più significativi sono l'inesistenza del *demos*, quindi di un popolo europeo caratterizzato da una comune identità storico-culturale, e la debolezza a livello europeo di un sistema politico costituito da soggetti portatori di una visione di insieme, che legittimi il conflitto entro regole democratiche.

I problemi segnalati stanno dando spazio a movimenti populistici e nazionalistici che, insieme a politiche tecnocratiche e verticistiche, potrebbero determinare una grave crisi del processo di integrazione europea. In definitiva l'UE sembra giunta ad un punto di non ritorno, nel quale l'alternativa all'involuzione del processo di integrazione può essere solo quella di una Unione politica e democratica, che riveda il suo assetto organizzativo nel quadro di politiche di sviluppo e di tutela dei diritti sociali, Ma si tratta di una prospettiva non facile a causa degli interessi nazionali degli Stati, in particolare di quelli più forti e della egemonia del pensiero neoliberista. Non resta che auspicare un cambiamento, al contempo strutturale e politico, in assenza del quale l'Europa, ma anche i singoli Stati che ne fanno parte, sono destinati a divenire sempre meno influenti nel mondo globalizzato.

Al ridimensionamento dello Stato-nazione verso l'esterno si accompagna la sfida rappresentata al suo interno dalla crescente autonomia delle collettività territoriali, fenomeno per il quale è stato coniato il termine di "glocalizzazione" [134]. Se ciò può garantire politiche più democratiche, in quanto più vicine ai cittadini e quindi

---

[134] Cfr. R. DAHRENDORF, *Dopo la democrazia*, Intervista a cura di A. POLITO, Roma-Bari, 2001, p. 27.

più controllabili, si pone il delicato problema delle differenziazioni delle condizioni economico-sociali tra le diverse aree geografiche e quindi della garanzia di *standard* essenziali di trattamento e di tutela dei diritti sociali.

Infine tutti i fenomeni appena indicati determinano una *crisi dello Stato sociale*, il quale con sempre maggiore difficoltà riesce a far fronte alle domande che il suo sviluppo ha contribuito a suscitare. In tutti gli ordinamenti, quindi, viene proposta una riforma dello Stato sociale che dovrebbe garantire un sistema fiscale equo e meno oppressivo, l'efficienza dei pubblici servizi, la riduzione della spesa pubblica. Il problema è di come si possano realizzare questi obiettivi mantenendo un livello adeguato di prestazioni sociali ed anzi estendendo la tutela sociale agli strati più emarginati della popolazione. Di fatto negli ultimi decenni il ridimensionamento dello Stato sociale ha prodotto effetti negativi: la riduzione della occupazione, l'aumento della povertà, il peggioramento dei servizi pubblici, il ricorso massiccio al precariato.

In definitiva il problema di fondo che gli Stati democratici si trovano ad affrontare è come garantire, senza pregiudicare le libertà politiche dei cittadini, la coesistenza tra scelte economico-sociali, che oggi sfuggono in larga misura al controllo democratico e tendono a ridurre la garanzia dei diritti sociali, e un adeguato livello di coesione sociale, che può essere messo in crisi da differenziazioni e da conflittualità troppo elevate.

La *crisi politica* dello Stato democratico-pluralistico deriva in gran parte dalla crisi dei partiti [135]. Questa è di triplice natura: ideale, funzionale e strutturale.

Soprattutto i partiti europei risentono dell'entrata in crisi delle ideologie, intese come visioni totalizzanti della realtà. Essi tendono sempre più, al pari dei partiti nordamericani, a svolgere l'attività politica senza alcuna visione ideale o anche solo programmatica, riducendosi a strumenti di gestione delle istituzioni, il cui fine essenziale è quello di garantire la perpetuazione della propria collocazione al potere anziché utilizzare questa per praticare politiche ed attuare programmi.

---

[135] Sul ruolo del partito nello Stato democratico v. i saggi raccolti in P. Ridola, *Democrazia rappresentativa e parlamentarismo*, Torino, 2011. Sulla crisi del rapporto politica-cittadini v. V. Pazé, *Cittadini senza politica. Politica senza cittadini*, Torino, 2016.

In secondo luogo i partiti trovano difficoltà crescenti a svolgere la tradizionale funzione di intermediazione tra comunità sociale e Stato, sia per la tendenza ad appiattirsi sulla gestione delle istituzioni, diventando sempre più "stato-centrici" [136], sia per il carattere complesso di una società "post-industriale" che si organizza intorno ad una molteplicità di interessi ed utilizza nuovi canali di espressione e di comunicazione con lo Stato [137].

Infine vi è una crisi strutturale, derivante dal declinare del carattere "di massa" dei partiti, che si manifesta da un lato nella contrazione del numero degli iscritti e di coloro che partecipano effettivamente alla vita politica, dall'altro nel ruolo determinante di un apparato oligarchico o di un *leader*, il quale adotta le decisioni fondamentali per lo più al di fuori di procedure e di controlli pienamente democratici. Di conseguenza i partiti hanno la tendenza a trasformarsi in "partiti personali", vale a dire in "macchine personali" al servizio di un leader politico, o in "partiti del capo" dominati da un leader post-ideologico e antipolitico [138].

La crisi dei partiti di massa determina effetti negativi sul sistema politico-istituzionale. In primo luogo la lievitazione dei costi della politica, al fine di mantenere apparati sempre più distaccati dalla società, produce il ricorso a forme occulte o illecite di finanziamento. In secondo luogo la crisi dei partiti permette in alcuni casi l'ascesa al potere di personalità direttamente provenienti (o fortemente condizionate) dal sistema economico-finanziario ed espressione di potenti interessi privati. In terzo luogo l'indebolimento dei partiti, la crescente personalizzazione del potere e lo sviluppo dell'influenza dei *media* favoriscono l'emergere di movimenti e di tendenze populistico-plebiscitarie che si propongono di delegittimare i tradizionali canali di mediazione politici ed istituzionali della democrazia [139]. Infine alla democrazia dei partiti si sostituisce una «democrazia del pubblico», fondata sulla personaliz-

---

[136] V. P. IGNAZI, *Forza senza legittimità. Il vicolo cieco dei partiti*, Roma-Bari, 2012, p. 49 ss.

[137] V. M. REVELLI, *Finale di partito*, Torino, 2013, p. 65 ss.

[138] V. M. CALISE, *Il partito personale. I due corpi del leader*, Roma-Bari, 2010; F. BORDIGNON, *Il partito del capo. Da Berlusconi a Renzi*, Santarcangelo di Romagna, 2013.

[139] V. diffusamente Y. MENY, Y. SUREL, *Populismo e democrazia*, 2ª ed., Bologna, 2004.

zazione della politica, sulla centralità dei *media* e sulla scambio diretto tra leader e opinione pubblica [140]. La democrazia rappresentativa e partecipativa rischia di essere soppiantata dalla «democrazia del leader» fondata sul «ritorno del potere del capo al posto di comando» [141].

Di fronte a queste degenerazioni occorre ribadire che lo Stato democratico non può fare a meno di soggetti politici come strumenti di organizzazione e di espressione della volontà dei cittadini, ma ciò richiede che i partiti sappiano rinnovarsi, ponendosi in grado di esprimere valori ed interessi presenti nella società, di competere per la conquista del Governo sulla base di programmi sottoposti al controllo dei cittadini grazie ad adeguati istituti di partecipazione e, infine, di adottare un'organizzazione basata su procedure democratiche e su una struttura "aperta" e trasparente nei confronti della società.

Si manifesta, da ultimo, una *crisi giuridico-costituzionale* dello Stato democratico, che assume varie forme. In primo luogo il *voto popolare* è sempre più condizionato dall'uso dei *mass media* e dalla promessa di vantaggi e di contropartite, che determina una crescita del "voto di scambio" rispetto al "voto di opinione" (che si esprime sui programmi politici e sulle persone che devono attuarli) e al "voto di appartenenza" (che deriva dall'adesione ad una ideologia ed al partito che la rappresenta). Inoltre l'uso dei moderni mezzi di comunicazione di massa tende a trasformare la politica in "video-politica" e l'elettore in un "video-bambino", che vota sulla base di suggestioni mediatiche superficiali, con una drastica riduzione della qualità del sistema democratico [142]. Tale stato di cose è aggravato dal fatto che a livello mondiale ed all'interno di singoli paesi si verifica una concentrazione in poche mani dei mezzi di comunicazione di massa. Più in generale la partecipazione al voto

---

[140] V. B. MANIN, *Principi del governo rappresentativo*, (1997), trad. it., Bologna, 2010.

[141] Cfr. M. CALISE, *La democrazia del leader*, Roma-Bari, 2016, p. 3, il quale ritiene tale processo come già compiuto, anche se individua il tallone del leader nel sovraccarico di aspettative che è chiamato a soddisfare e nella sorveglianza esercitata da media e magistratura e sottolinea l'irrompere dell'antipolitica nello spazio lasciato libero dalle inadempienze del leader (p. 137 ss.).

[142] Cfr. G. SARTORI, Homo videns. *Televisione e postpensiero*, Bari, 1999, in spec. p. 73 ss.

risulta ovunque in declino e cresce la sfiducia nei confronti del sistema politico-rappresentativo, che porta all'emergere di proposte di sostituzione del sorteggio popolare alla elezione per l'accesso alle cariche politiche [143].

In secondo luogo vi è una *crisi* del luogo per eccellenza della rappresentanza politica, cioè *del Parlamento*. Questa deriva da varie ragioni. Viene, innanzitutto, in considerazione il passaggio nel secolo scorso dallo "Stato legislativo", nel quale le decisioni statali erano adottate prevalentemente nella forma della legge, allo "Stato amministrativo", nel quale la maggioranza delle decisioni vengono prese dal potere esecutivo mediante atti di tipo regolamentare o amministrativo. Un'ulteriore ragione sta nella difficoltà per l'organo rappresentativo di fornire risposte rapide ed efficienti ad una società sempre più complessa e frammentata e nella tendenza dei gruppi più forti a contrattare le decisioni direttamente con il potere esecutivo. Infine in alcuni casi il rafforzamento dell'esecutivo e della persona posta al suo vertice, in assenza della previsione di forti contrappesi e di adeguate garanzie, trasforma il Parlamento per il tramite dell'azione della sua maggioranza in un pedissequo esecutore della volontà politica del Governo e del Primo ministro. Più in generale il privilegiamento della governabilità rispetto alla rappresentanza e alla partecipazione riduce il ruolo del corpo elettorale, condizionato da gruppi oligarchici di potere, politici ed economici, e trasforma gli esecutivi in «governi a legittimazione popolare passiva» [144].

In terzo luogo la crisi della politica e della rappresentanza politica accentua la componente elitaria ed oligarchica dei sistemi democratici, attribuendo un ruolo centrale agli interessi delle grandi aziende e delle società globali [145] o favorendo l'ascesa a ruo-

---

[143] V. D. VAN REYBROUCK, *Contro le elezioni. Perché votare non è più democratico*, (2013), trad. it., Milano, 2015.

[144] Cfr. M.L. SALVADORI, *Democrazia*, cit., p. 492.

[145] V. C. CROUCH, *Postdemocrazia*, Roma-Bari, 2003, p. 41 ss. e *Il potere dei giganti. Perché la crisi non ha sconfitto il neoliberismo*, (2011), trad. it., Roma-Bari, 2011; M.L. SALVADORI, *Democrazie senza democrazia*, Roma-Bari, 2009, p. 54 ss.; G. GALLI, M. CALIGIURI, *Come si comanda il mondo. Teorie, volti, intrecci*, Soveria Mannelli, 2017, i quali individuano una rete di 50 società finanziarie e industriali globali e di 65 presidenti e amministratori delegati che hanno il controllo dell'economia mondiale e sono «in grado di influenzare i destini del mondo», cfr. p. 145.

li di governo dei detentori di importanti quote del potere economico e di quello mediatico, il che determina un accumulo di poteri negativo per gli equilibri democratici. D'altro lato, e in correlazione alle tendenze oligarchiche, si manifestano movimenti e partiti populisti, che puntano a sostituire alla democrazia rappresentativa la «popolocrazia», fondata sulla personalizzazione delle istituzioni, sulla comunicazione diretta tramite i social media e su un linguaggio antipolitico [146]. Ne consegue che il leader posto al vertice del potere esecutivo, anche quando non sia eletto a suffragio universale, si ritiene plebiscitato dal popolo, inteso come un soggetto unitario, e tende a rivolgersi a questo scavalcando gli organismi intermedi, politici e costituzionali, e dimostra insofferenza per le limitazioni del potere e per le garanzie stabilite nella Costituzione. L'ascesa al potere di populisti o tecnocrati rischia di produrre una dissociazione tra democrazia e liberalismo, dando vita rispettivamente all'«avvento della *democrazia illiberale*, o democrazia senza diritti, e del *liberalismo antidemocratico*, o diritti senza democrazia» [147].

In quarto luogo è in atto all'interno degli Stati democratici un *ridimensionamento delle garanzie dei diritti costituzionali* [148]. Già si è detto del pregiudizio che deriva ai diritti sociali dalla preminenza del mercato sregolato e dalla crisi dello Stato democratico-sociale. Ma anche i tradizionali diritti civili sono soggetti a forti limitazioni, spesso giustificate dall'esigenza di garantire la sicurezza di fronte all'offensiva del terrorismo internazionale, come si è verificato negli Stati Uniti (ma anche in altri paesi democratici) all'indomani dell'attentato dell'11 settembre 2001 alle Torri gemelle di New York, con l'approvazione del *Patriot Act* (confermato nel 2010) e di vari decreti presidenziali, che hanno stabilito la sottoposizione dei non cittadini sospettati di coinvolgimento in azioni terroristiche alla detenzione in basi militari e al giudizio non appellabile di tribunali militari con un drastico ridimensionamento delle garanzie della difesa. Una minaccia di non minore gravità alle libertà perso-

[146] Cfr. I Diamanti, M. Lazar, *Popolocrazia. La metamorfosi delle nostre democrazie*, Bari-Roma, 2018.

[147] Cfr. Y. Mounk, *Popolo vs Democrazia. Dalla cittadinanza alla dittatura elettorale*, (2018), trad. it., Milano, 2018, p. 24.

[148] V, l'ampio quadro anche comparativo tracciato da M. Ainis, *Le libertà negate. Come gli italiani stanno perdendo i loro diritti*, Milano, 2004.

nali è rappresentata dal ricorso alle nuove tecnologie al fine di porre sotto un controllo costante le attività quotidiane di ogni individuo Nel 2013 è venuto alla luce del sole che negli Stati Uniti era operativo fin dal 2007 un programma di sorveglianza e spionaggio che ha consentito ad un organismo governativo, la *National Security Agency*, di acquisire i dati relativi a milioni di comunicazioni private, anche in Stati esteri.

In alcuni paesi, infine, si verifica una *crisi del concetto di Costituzione*, derivante dall'affermarsi di concezioni svalutative, le quali sostengono la superiorità della "Costituzione vivente", identificata nel sistema politico ed in quello elettorale, su quella vigente o concepiscono la Costituzione come "pagina bianca" o insieme di generalissime norme-quadro, che possono essere riempite dai più diversi contenuti [149]. Entra quindi in crisi l'idea di Costituzione come fondamento e limite del potere e viene pregiudicata la sua forza prescrittiva nei confronti della politica e delle istituzioni [150].

L'individuazione dei numerosi problemi che lo Stato democratico si trova a dover affrontare nel mondo contemporaneo non rende ineluttabile il suo declino. Intanto la democrazia costituzionale ha dimostrato la sua superiorità storica su ogni altro tipo di regime contemporaneo (come quello autoritario fascista e quello statale-collettivistico sperimentato nei paesi socialisti) né pare pensabile un ritorno ad esperienze del passato (come quella liberal-liberistica ottocentesca). Inoltre la forma di Stato democratica è la sola che è riuscita a conciliare valori originariamente e potenzialmente antitetici: libertà e eguaglianza, diritti civili e diritti sociali, principio della sovranità popolare e principio rappresentativo. Ma lo Stato democratico potrà evitare la decadenza solo se i suoi principi ispiratori e le sue regole troveranno il supporto di una politica capace di rappresentare le esigenze, e anche le conflittualità, sociali [151].

In definitiva alla democrazia come insieme di principi e come sistema di governo viene oggi posta una duplice sfida: all'interno

---

[149] V. M. Dogliani, *Interpretazioni della Costituzione*, Milano, 1982, pp. 7 ss. e 75 ss.

[150] V. le riflessioni di G. Azzariti, *Il costituzionalismo moderno può sopravvivere?*, Roma-Bari, 2013.

[151] V. A. Mastropaolo, *La democrazia è una causa persa? Paradossi di un'invenzione imperfetta*, Torino, 2011.

di ogni Stato coniugare la risoluzione delle nuove contraddizioni sociali con la salvaguardia dei propri principi e valori; a livello sovranazionale ed internazionale sottoporre a regole e controlli i processi decisionali reali e garantire la propria espansione, adattandosi a contesti diversi nel quadro di una pacifica convivenza tra civiltà.

## 16. *La forma di Stato nei paesi in via di sviluppo*

Con il termine "Stati in via di sviluppo" vengono indicati circa i due terzi degli Stati oggi aderenti all'ONU, i quali cercano di superare una condizione di arretratezza economica, sociale, politica ed istituzionale, dando vita ad assetti statali peculiari rispetto a quelli fin qui esaminati. In passato si è parlato di *paesi del Terzo Mondo* [152], utilizzando un termine coniato nel 1955 alla Conferenza di Bandung dei paesi "non allineati", non rientranti né nel mondo capitalista né in quello socialista, ma tale definizione, oltre a non avere alcun valore caratterizzante, ha perso gran parte del suo significato in seguito alla crisi di gran parte degli Stati socialisti e al fenomeno della globalizzazione. Si parla anche di *forma di Stato della modernizzazione*, per sottolineare la finalità principale che tali Stati perseguono [153], anche se non mancano esperienze di ricerca di soluzioni di tipo fortemente tradizionalista. Fanno parte di tale categoria la grande maggioranza dei Paesi dell'Africa, dell'Asia e dell'Oceania. Una posizione peculiare assumono i Paesi dell'America latina, che hanno ottenuto l'indipendenza nel corso del XIX secolo e hanno conosciuto fasi più o meno prolungate di assetti liberali o democratici. Tuttavia anche essi presentano varie problematiche comuni agli Stati in via di sviluppo e hanno visto l'affermazione, frequente o periodica, di regime dittatoriali, per lo più di tipo militare, particolarmente odiosi.

In pratica la categoria dello Stato in via di sviluppo assume carattere residuale, ricoprendo esperienze molto diverse, alle

---

[152] Cfr. B. CHANTEBOUT, *Le tiers-monde*, 2ª ed., Paris, 1989.

[153] Cfr. G. DE VERGOTTINI, *Diritto costituzionale comparato*, 6ª ed, II, Padova, 2004, p. 157 ss.

quali è difficile applicare le classificazioni elaborate in Occidente per la profonda diversità del contesto economico-sociale, politico e giuridico. È possibile, comunque, individuare alcuni elementi di fondo comuni a gran parte di questo gruppo di Stati: la colonizzazione, il sottosviluppo, la debolezza dell'identità nazionale.

Quasi tutti i paesi in via di sviluppo hanno conosciuto il *dominio coloniale* o comunque hanno subito l'influenza economico-finanziaria e spesso politica degli Stati più avanzati. Gran parte dei paesi africani e asiatici ottengono l'indipendenza nel XX secolo e molti solo dopo la seconda guerra mondiale [154]. Diverso è il discorso per i paesi dell'America latina, che conquistano l'indipendenza dalla Spagna e dal Portogallo tra il 1810 e il 1825. Tuttavia, una volta ottenuta l'indipendenza, stentano a costruire una sicura identità nazionale, come dimostrano le guerre interne al continente verificatesi soprattutto nel XIX secolo, e finiscono per subire una forma di colonizzazione indiretta ad opera degli Stati Uniti a livello sia economico che politico [155].

Altro dato comune è quello del grave *sottosviluppo*, che è prima di tutto economico-sociale. Qui occorre distinguere tra paesi, come India, Brasile e Sud Africa, che (insieme a Cina e Russia) [156] hanno avuto specie nell'ultimo decennio un tasso di crescita molto più alto di quello del mondo occidentale, e altri paesi, africani e asiatici, che permangono in una situazione di arretratezza. In ogni caso le condizioni di vita restano di gran lunga inferiori a quelle dei paesi sviluppati, la redistribuzione del reddito avviene in modo iniquo e ampia parte della popolazione vive in condizioni di povertà [157]. Inoltre negli ultimi anni è cresciuto il divario tra ricchi e po-

---

[154] V. P.F. GONIDEC, *Les systèmes politiques africains*, Paris, 1974 e F. DORÉ, *Les régimes politiques en Asie*, Paris, 1973.

[155] V. per un quadro di insieme J. LAMBERT, A. GANDOLFI, *Les systèmes politiques de l'Amerique latine*, Paris, 1987.

[156] I paesi citati vengono indicati con l'acronimo BRICS. Nel 2001 il termine BRIC comprendeva Brasile, Russia, India e Cina; dal 2010 il nuovo acronimo comprende anche il Sud Africa.

[157] Secondo i dati di fonte ONU, contenuti nel rapporto sullo sviluppo umano del 2015, la povertà mondiale sta diminuendo, ma comunque un terzo delle persone vive in condizioni di povertà, che implicano una difficoltà di accesso a istruzione, salute e servizi igienico-sanitari. Sulla crescita delle disuguaglianze a livello

veri e l'1% della popolazione mondiale possiede più risorse del resto del mondo [158]. Infine il sottosviluppo non è solo un fenomeno economico-sociale, ma si verifica anche sui terreni culturale, politico e giuridico-istituzionale.

Molti Stati in via di sviluppo nascono prima che si sviluppi un'*effettiva identità nazionale*, spesso entro confini arbitrariamente disegnati dalle potenze coloniali (com'è avvenuto per i paesi dell'Africa nera) o che non prevedono una contiguità geografica (il Pakistan fino alla separazione del Bangladesh nel 1971) o determinano una grande dispersione territoriale (così l'Indonesia comprende circa 3000 isole abitate con una distanza massima superiore a 4 mila chilometri). Quasi tutti, poi, conoscono un grande *pluralismo* etnico o di tipo tribale (soprattutto in Africa) o la divisione in caste (come quella determinata in India dalla tradizione induista). Ciò spinge l'*élite* dirigente ad assumere una *ideologia ultranazionalista*, utilizzata dapprima in negativo in contrapposizione al dominio coloniale, poi in positivo come riscoperta di legami con le proprie tradizioni e strumento di realizzazione dell'unità nazionale. Ma spesso il nazionalismo viene utilizzato come copertura ideologica al dominio di un capo o di una fazione etnica o religiosa o di un partito unico.

Nell'evoluzione costituzionale dei paesi in via di sviluppo sono stati individuati quattro cicli [159]. Il *primo ciclo* è caratterizzato dall'adozione di Costituzioni che si ispirano al *modello liberal-democratico*: quello dell'ex potenza coloniale (come si verifica per le ex colonie inglesi in Africa, Asia e nei Carabi, per quelle francesi in Africa e Sud-Est asiatico, per la Somalia nei confronti dell'Italia e per Burundi e Zaire nei confronti del Belgio) o del paese del quale subiscono l'influenza determinante (gli Stati Uniti per i paesi latino-americani, la Liberia, le Filippine e la Corea del Sud). Le ragioni sono evidenti: il più delle volte l'indipendenza viene concessa

---

mondiale v. J. ZIEGLER, *La privatizzazione del mondo*, (2002), trad. it., Milano, 2003, pp. 13 ss. e 59 ss.

[158] Cfr. *An economy for the 1%*, rapporto OXFAM 2016, in *www.oxfam.org*. Secondo il rapporto nel 2015 62 persone possedevano la stessa ricchezza di 3,6 miliardi di persone; per i primi la ricchezza è aumentata del 44% dal 2010, per la parte più povera della popolazione mondiale si è ridotta del 41%. OXFAM (*Oxford Committee for Famine Relief*) è una confederazione di organizzazioni non governative che operano in cento paesi.

[159] Cfr. G. DE VERGOTTINI, *Diritto costituzionale comparato*, cit., II, p. 161 ss.

dalla (o concordata con la) potenza coloniale; i ristretti gruppi dirigenti dei nuovi Stati sono formati nelle scuole o secondo le concezioni proprie del paese colonizzatore; spesso le Costituzioni vengono elaborate con il contributo di esperti occidentali [160]. Questo primo ciclo, tuttavia, si conclude con un sostanziale fallimento, in quanto troppo diverse sono le condizioni economiche, sociali e culturali rispetto al paese preso a modello per garantirne un funzionamento soddisfacente. In pratica i regimi "liberal-democratici" si connotano nei fatti come regimi oligarchici, nei quali il potere appartiene ad un gruppo ristretto e privilegiato e si concentra nelle mani dell'organo di vertice del potere esecutivo.

Due tra le esperienze più significative di paesi che nel XX secolo conoscono una fase democratica prolungata sono quelle del *Messico* (dopo l'abbattimento della dittatura di Porfirio Diaz nel 1910) e dell'*India* (dopo la conquista dell'indipendenza nel 1947) [161]. Al di là delle grandi differenze tra i due paesi (a livello costituzionale il primo si ispira al modello statunitense, il secondo a quello inglese), essi hanno in comune l'esperienza di una rivoluzione nazionale guidata da un movimento che si trasforma poi in partito dominante (il partito rivoluzionario istituzionale in Messico, il partito del congresso in India). Tale partito gestisce a lungo il potere statale: in Messico fino alla sconfitta del suo candidato alle elezioni presidenziali del 2000, che torna a vincere nel 2012, mentre nel 2018 per la prima volta viene eletto Presidente il leader di una coalizione di centro-sinistra che conquista la maggioranza dei seggi parlamentari; in India fino al 1977, mentre dopo tale data si verifica un'alternanza al potere derivante dalla crescita del partito nazionalista indù. Inoltre entrambi i paesi adottano una Costituzione democratica (rispettivamente nel 1917 e nel 1950), che riconosce il pluralismo ed istituisce un sistema federale. Tuttavia nella prassi le istituzioni democratiche non sono riuscite a far compiere passi decisivi sulla via del superamento dello stato di povertà in cui vive la maggioranza della popolazione né delle situazioni economico-sociali più arretrate (come la struttura latifondista dell'agricoltura in Messico e la rigida organizzazione castale della società in India) e

[160] V. M.P. Roy, *Les régimes politiques du tiers monde*, Paris, 1977, p. 19 ss.

[161] V. J.M. Serna de la Gaza, *The Constitution of Mexico*, Oxford, 2013 e D. Amirante, C. Decaro, E. Pföstl (a cura di), *La Costituzione dell'Unione Indiana*, Torino, 2013.

si verificano frequenti violazioni delle garanzie democratiche e dei diritti delle minoranze [162].

Un altro paese che conosce uno sviluppo democratico contraddittorio è la *Turchia* a partire dal crollo dell'Impero ottomano e dalla nascita della Repubblica laica sotto la presidenza del suo fondatore Atatürk (dal 1923 al 1938). Nel secondo dopoguerra si viene a creare un sistema multipartitico con la frequente tendenza del partito al governo ad adottare politiche repressive delle opposizioni e con un ruolo di vigilanza dell'esercito che sfocia in tre colpi di Stato (1960, 1971 e 1980). Un cambiamento radicale si verifica dal 2002 con la vittoria del partito per la giustizia e lo sviluppo (islamista) e l'ascesa alla carica di Primo ministro del suo leader Erdogan, che diventa Presidente nel 2014 (grazie alla revisione costituzionale del 2007 che stabilisce l'elezione del Capo dello Stato a suffragio universale). In seguito al fallito colpo di Stato del 15 luglio 2016 il Presidente proclama lo stato di emergenza che porta a misure repressive nei confronti di moltissime persone (compresi magistrati, giornalisti e professori universitari), all'arresto dei due copresidenti del partito democratico del popolo, all'adozione di provvedimnti fortemente limitativi della libertà di stampa e di manifestazione, all'accentuazione dell'intervento militare nei confronti della nazionalità curda. Infine con il referendum del 16 aprile 2017 svoltosi in condizioni semidemocratiche viene approvata da una esigua maggioranza (il 51,3% dei votanti) una riforma della Costituzione del 1982 che istituisce un sistema presidenziale con un Capo dello Stato (nel 2018 viene rieletto Erdogan) titolare di enormi poteri esecutivi e legislativi e con la compressione della autonomia della magistratura e della Corte costituzionale [163].

---

[162] In India nel 1975 il Primo ministro Indira Ghandi ha proclamato lo "stato di urgenza", che ha sospeso i diritti costituzionali e portato all'arresto di vari esponenti dell'opposizione. Dopo la vittoria elettorale del 2015 il Primo ministro Modi leader del partito nazionalista indù sta praticando una politica ultranazionalista e discriminatoria nei confronti delle altre confessioni religiose e delle opposizioni. In Messico il PRI ha occupato il potere con metodi non sempre democratici; nel 1994 si è verificata una rivolta armata della popolazione amerindiana nello Stato del Chiapas, cui ha fatto seguito il massiccio intervento repressivo dell'esercito. Si sono inoltre verificati massacri di studenti compiuti dalle forze armate o da gruppi paramilitari (come quelli di Città del Messico nel 1968 e di Iguala nel 2014).

[163] V. in generale Ö. KABOGLU, E SALES, *Le droit constitutionnel turc. Entre coup d'État et démocratie*, Paris, 2015 e, con riferimento agli avvenimenti più recenti T.

Un *secondo ciclo costituzionale* si produce in seguito all'instaurazione, spesso mediante colpi di Stato militari, di *regimi autoritari*, i quali, in nome dell'esigenza dell'unità nazionale o per contrapporsi ad una presunta minaccia "comunista", realizzano una forte concentrazione dei poteri, l'annullamento delle garanzie costituzionali, la persecuzione degli esponenti dell'opposizione [164]. Va sottolineato che nei paesi in via di sviluppo l'*esercito* svolge un ruolo fondamentale, essendo spesso il più forte e coeso gruppo di pressione in situazioni di fragilità del pluralismo sociale e politico. In alcuni casi i militari si limitano a sostenere il governo civile; in altri esercitano un'influenza determinante sulle decisioni governative; infine talvolta gestiscono il potere o attraverso governi civili compiacenti o in prima persona [165].

Un *terzo ciclo costituzionale* riguarda i paesi che si definiscono "socialisti" e sviluppano stretti rapporti con l'URSS e con il campo socialista. Tuttavia occorre distinguere due diverse situazioni: alcuni Stati asiatici e Cuba adottano l'ideologia marxista-leninista ed il modello sovietico, rientrando a pieno titolo nella forma di Stato socialista; altri Stati negli anni '60 (Algeria, Irak, Siria, Congo, Birmania) e Settanta (Egitto, Etiopia, Yemen del Sud, Libia, Somalia, Angola, Mozambico, Madagascar, Nicaragua) proclamano sistemi di *socialismo nazionale* peculiari e non inquadrabili nello Stato socialista. Infatti questi ultimi rifiutano il marxismo-leninismo, adottando un'ideologia nazionalista, e utilizzano l'intervento statale ed una pianificazione economica elastica al fine di accelerare lo sviluppo dell'economia, anche privata, usufruendo degli aiuti degli Stati socialisti.

Il *quarto ciclo costituzionale*, apertosi alla fine degli anni '80,

---

GROPPI, *Turchia 2017: l'attacco allo stato di diritto e il fallimento della condizionalità europea*, in *AIC, Osservatorio Costituzionale*, 1/2017, 29 marzo 2017, in *www.osservatorioaic.it*.

[164] Negli anni '60 e '70 del secolo scorso si sono verificati colpi di Stato militari in paesi africani (Algeria, Alto Volta, Burundi, Congo, Zaïre, Dahomey, Etiopia, Ghana, Libia, Madagascar, Mali, Niger, Nigeria, Repubblica centrafricana, Ruanda, Sierra Leone, Somalia, Sudan, Togo, Uganda), medio-orientali (Irak, Siria, Turchia), asiatici (Afghanistan, Birmania, Corea del Sud, Indonesia, Pakistan), sud-americani (Argentina, Brasile, Cile, Ecuador, Uruguay), centro-americani (Guatemala. Honduras, Panama).

[165] V. A. ROUQUIÉ, *L'Etat militaire en Amerique Latine*, Paris, 1982 e S.E. FINER, *Militari e politica nel Terzo mondo (1958-1980)*, in *Riv. it. sc. pol.*, 1980, p. 27 ss.

vede l'adozione di nuove Costituzioni, che prendono come modello quelle *democratiche* [166]. Diverse ne sono le cause: la caduta negli anni '70 degli ultimi regimi autoritari esistenti in Europa occidentale, la crisi del campo socialista, la nuova politica filo-democratica seguita dagli Stati Uniti soprattutto nel Centro e nel Sud America, la crisi del regime a partito unico in vari paesi (soprattutto in Africa).

Uno degli esempi più significativi di un paese passato da un regime autoritario e razzista ad uno democratico è quello della *Repubblica Sudafricana*. Il paese, ottenuta l'indipendenza nel 1961, rimane a lungo sotto il dominio della minoranza bianca (pari al 14% della popolazione), la quale porta avanti la politica della *apartheid*, consistente nella negazione dei diritti alla popolazione nera e nella sua segregazione in aree periferiche dei centri industriali (*township*) e in aree territoriali "autonome" (*bantustans*). In seguito alla protesta popolare, di cui si fa portavoce soprattutto l'*African National Congress*, nel 1984 viene adottata una nuova Costituzione, che istituisce un Parlamento composto di tre Camere (una eletta dai bianchi, una dagli asiatici, una dai meticci), continuando ad emarginare i neri (circa il 70% della popolazione). Finalmente nel 1989 con l'elezione del Presidente De Klerk e la liberazione dal carcere del *leader* dell'ANC Mandela viene avviato un processo costituente, che porta nel novembre 1993 all'adozione da parte di un organismo rappresentativo delle forze politiche di una Costituzione provvisoria, entrata in vigore nell'aprile 1994, contestualmente alle elezioni dell'Assemblea nazionale e del Senato, nelle quali l'ANC ottiene la maggioranza assoluta dei seggi, cui fa seguito l'elezione di Mandela a Presidente della Repubblica. Le due Camere, riunite in seduta comune, formano l'Assemblea costituzionale, la quale nel maggio 1996 adotta a larga maggioranza la nuova Costituzione. Questa contiene una dettagliata carta dei diritti, la proclamazione dei fondamentali principi democratici, il riconoscimento di un'ampia autonomia alle nove Province in cui è suddiviso il paese, una forma di governo peculiare (con un Presidente-capo dell'ese-

---

[166] V. le Costituzioni in Centro e Sud America di Brasile ((1988), Colombia (1991), Paraguay (1992), Uruguay (1984), Nicaragua (1987); in Asia di Corea del Sud (1987), Filippine (1987), Nepal (1990), Turchia (1982); in Africa di Algeria (1989), Benin (1990), Burundi (1992), Congo (1992), Gabon (1991), Ghana (1992), Gibuti (1992), Madagascar (1992), Mali (1992), Mauritania (1991), Namibia (1990), Niger (1992).

cutivo designato dal partito di maggioranza e poi votato dal Parlamento)[167].

La tendenza verso la democrazia non è, tuttavia, lineare né uniforme. Così in alcuni *paesi dell'America latina*, vengono adottate nuove Costituzioni, che proclamano i principi democratici, ma prevedono uno squilibrio tra i poteri nettamente favorevole al Presidente eletto dal popolo, il quale spesso dà vita ad una prassi costituzionale ai limiti delle previsioni costituzionali o in contrasto con queste[168]. In particolare in Bolivia, Ecuador e Venezuela la forma di Stato tende a combinare la tradizionale componente populistica con una ideologia che si richiama ai principi del "socialismo bolivariano"[169] e attribuisce un potere preponderante al Presidente eletto dal popolo, determinando una forte conflittualità politico-sociale. L'esperienza del Venezuela è la più significativa: nel 1998 l'elezione alla presidenza della Repubblica di Hugo Chavez sfocia l'anno successivo nell'approvazione con referendum popolare di una nuova Costituzione, che contiene aspetti originali rispetto allo Stato democratico: l'aggiunta ai tre poteri tradizionali dello Stato del «potere cittadino» e del «potere elettorale», la previsione della revoca popolare dei titolari di cariche pubbliche, l'elettività dei giudici[170].

Nel mondo arabo si manifestano elementi di involuzione. In *Algeria* il processo democratico avviato con la Costituzione del 1989

---

[167] V. R. ORRÙ, *La Costituzione di tutti. Il Sudafrica dalla segregazione razziale alla democrazia della "rainbow nation"*, Torino, 1998.

[168] Ciò si verifica in Argentina (Cost. del 1994) con la presidenza Menem (1989-1999), in Perù (Cost. del 1993) con la presidenza Fujimori (1990-2000), in Venezuela (Cost. del 1999) con l'ascesa alla presidenza nel 1998 di Chàvez. V. L. MEZZETTI, *Transizioni costituzionali e consolidamento democratico in America latina agli albori del XXI secolo*, in *Dir. pubbl. comp. eur.*, 2000, p. 29 ss.

[169] Simón Bolívar nei primi decenni dell"800 è stato protagonista della liberazione dal dominio coloniale di vari Paesi latino americani (Bolivia, Colombia, Ecuador, Panama, Perù e Venezuela) e tra il 1819 e il 1830 è stato Presidente della Grande Colombia, tentativo di dare vita ad un unico grande Stato costituito da Colombia, Ecuador, Panama e Venezuela.

[170] Chavez resta in carica grazie a tre successive rielezioni fino alla sua morte nel 2013. Alle elezioni presidenziali del 2013 viene eletto Nicolás Maduro, che conquista la carica di Capo dello Stato e di Presidente del partito al potere (partito socialista unito del Venezuela). Ma nelle elezioni del 2015 l'opposizione ottiene la maggioranza dei seggi in Parlamento e si determina una forte tensione politico-istituzionale.

subisce una battuta d'arresto nel 1992, quando i militari annullano le elezioni vinte dal partito fondamentalista islamico e il paese precipita in una guerra sanguinosa tra i terroristi islamici e l'esercito a danno della inerme popolazione civile. Nel 2011 suscita speranza la «primavera araba», caratterizzata da ampie manifestazioni di massa, composte in gran parte da giovani e indette e divulgate tramite Internet, che portano alla caduta della dittatura di Ben Ali in Tunisia e di Mubarak in Egitto. La rivolta si estende ad Algeria, Marocco, Yemen, Bahrain, Siria, Arabia Saudita, Sudan. In Libia si sviluppa una guerra civile che, grazie all'intervento militare della NATO, porta alla caduta del regime di Gheddafi. Tuttavia in alcuni Paesi le manifestazioni sono duramente represse, mentre in altri si tengono elezioni che danno un consenso maggioritario a partiti islamici (Egitto, Marocco e Tunisia). In Egitto nel luglio 2013 viene attuato un colpo di Stato militare che depone il Presidente eletto un anno prima, leader dei Fratelli musulmani, e impone un regime fortemente repressivo. In Irak e in Libia all'intervento militare di Paesi occidentali fa seguito una frammentazione del potere tra opposte fazioni religiose e tribali. In questi Paesi e in Siria, in seguito alla rivolta armata contro il regime di Assad, si afferma dal giugno 2014 una formazione terroristica integralista, come l'ISIS (Stato islamico dell'Iraq e della Siria), che dà vita ad un "Califfato" in guerra con alcuni governi dei Paesi arabi, con i musulmani sciiti e con l'Occidente, facendo ricorso ad azioni criminali e disumane.

In vari paesi si manifestano *controtendenze di tipo autoritario*. In alcuni avvengono colpi di Stato o si affermano regimi di tipo militare [171]. In altri si producono sanguinosi conflitti interetnici o tra diversi *clan* armati (Somalia, Ruanda, Sudan, Liberia, Zaire).

Un importante assetto di tipo autocratico è costituito da una *forma di Stato tradizionalista*, che si basa su modalità arcaiche di organizzazione del potere, al vertice del quale è posto un sovrano assoluto, che non incontra limiti o per l'inesistenza di un testo costituzionale o in presenza di una Costituzione che ha scarso valore effettivo [172]. Tale assetto si sposa talvolta con il fenomeno religioso, dando vita a monarchie teocratiche, nelle quali il monarca assolu-

---

[171] Così in Birmania (1988), Thailandia (1991 e 1996), Nigeria (dal 1983 al 1999), Honduras (2009) e Niger (2010).

[172] Rientrano nella prima ipotesi Arabia Saudita, Bhutan, Unione degli emirati arabi, Oman e Qatar, nella seconda Bahrein, Brunei, Giordania, Kuwait e Marocco.

to è anche capo della comunità dei credenti. Più in generale la proclamazione della *religione* come fondamento del potere temporale caratterizza gli *Stati islamici*, nei quali vige il principio che la Costituzione è subordinata alla *Shari'a*, vale a dire alla legge divina, che costituisce il diritto della comunità musulmana ed è rivelata ed immutabile. La grande maggioranza degli Stati islamici si configurano come Stati confessionali, in conseguenza della proclamazione dell'Islam come religione di Stato e di previsioni come quella che stabilisce l'appartenenza alla religione musulmana del Capo dello Stato [173]. In alcuni casi si può parlare di *Stato teocratico* o nella forma della monarchia, nella quale il monarca assoluto è anche capo della comunità dei credenti (come si verifica in Arabia Saudita) o in quella della Repubblica, come si verifica in Iran, dove la Costituzione del 1979 pone a proprio fondamento i principi del Corano e colloca al vertice dello Stato i massimi esponenti dell'Islam. Altro esempio di regime teocratico è stato quello dell'Afghanistan dal 1996 al 2002, dove i *Talebani* (studenti di teologia coranica) hanno imposto la legge islamica in forme particolarmente odiose e oscurantiste [174].

---

[173] Sul rapporto tra Costituzioni arabe e Islam v. M. Oliviero, *Il costituzionalismo dei paesi arabi, I. Le Costituzioni del Maghreb*, Milano, 2003.

[174] Dopo la sconfitta dei Talebani in seguito alla guerra condotta dagli Stati Uniti e da altri paesi occidentali, nel gennaio 2004 è stata approvata dalla "grande assemblea" costituzionale una nuova Costituzione che instaura uno Stato a forte impronta confessionale: l'Islam viene proclamato come religione "sacra" di Stato, nessuna legge può essere in contrasto con l'Islam, i titolari delle massime cariche devono appartenere alla religione islamica.

## CAPITOLO II

# LA CLASSIFICAZIONE DELLE FORME DI GOVERNO



## 1. *I criteri tradizionali*

Tra i criteri proposti al fine di operare una classificazione delle forme di governo ve ne sono alcuni che, pur mantenendo un indubbio interesse storico-teorico, non appaiono in grado di operare una valida distinzione tra quelle vigenti nello Stato contemporaneo. Così è per il criterio del modo con cui viene scelto il titolare del potere sovrano, in base al quale le forme di governo si distinguono in *dirette* o *rappresentative*, a seconda che il titolare del potere non derivi oppure derivi la propria investitura dalla volontà di altri soggetti, e per il criterio del numero dei soggetti sovrani, che porta alla classificazione delle forme di governo in *pure* o *miste*, a seconda che vi sia un unico organo al vertice del potere o questo sia ripartito tra più organi [1]. Infatti tutte le forme di governo vigenti risultano al contempo rappresentative, in quanto gli organi al vertice dello Stato derivano direttamente o indirettamente dalla volontà popolare, e miste, in quanto il potere è ripartito tra diversi organi.

Un criterio più significativo e ancora seguito da vari autori fa riferimento al grado di separazione esistente tra i poteri e, quindi, distingue la forma di governo *presidenziale* "a separazione rigida", dove tra esecutivo e legislativo, entrambi legittimati dal voto popolare, non esiste un rapporto di fiducia; la forma di governo *parlamentare* "a separazione flessibile" o basata sulla collaborazione tra i poteri, nella quale il Governo deriva dal Parlamento ed è legato a questo dal rapporto di fiducia; la forma di governo *convenzionale* (o assembleare) "a confusione" dei poteri, allorquando il Governo funge da organo meramente esecutivo della volontà del Parlamento. Si aggiunge, infine, come ipotesi a cavallo tra le prime due, la forma di governo *direttoriale*, "a collaborazione iniziale" tra i poteri, nella quale il Governo è eletto dal Parlamento, ma è poi svincolato da un qualsiasi rapporto di soggezione nel corso del mandato [2].

Ora, la classificazione proposta adotta una visione statica dei rapporti tra i poteri, la quale sottovaluta il fatto che nelle forme di governo "a separazione rigida" vi sono meccanismi di condizionamento reciproco e di controllo che incidono sulla dinamica del loro funzionamento. Inoltre esso appare fondato sulla classica concezione liberale del principio della separazione dei poteri, che è in parte diversa da quella affermatasi nello Stato democratico (v. cap. I, § 13).

## 2. *Il criterio della titolarità dell'indirizzo politico*

Un criterio ampiamente utilizzato dalla dottrina classifica le forme di governo in base all'individuazione dell'organo titolare dell'indirizzo politico. Si distinguono, pertanto, la forma di gover-

---

[1] Per tali classificazioni v. C. MORTATI, *Le forme di governo*, cit., p. 73 ss.

[2] V. F. LANCHESTER, *Gli strumenti della democrazia*, cit., p. 102 ss.

no *costituzionale pura* (monarchica o presidenziale), quella *costituzionale parlamentare* (monarchica o repubblicana) e quella *costituzionale direttoriale* (repubblicana), a seconda che la titolarità dell'indirizzo politico venga attribuita rispettivamente al Capo dello Stato, al raccordo Governo-Parlamento o all'organo collegiale che svolge congiuntamente le funzioni di Governo e di Capo dello Stato [3].

La classificazione proposta ha il pregio di sottolineare l'aspetto dinamico e di tipo funzionale che contraddistingue i rapporti tra gli organi nel loro concreto svolgimento. Nel fare ciò, essa utilizza un concetto, quello di indirizzo politico, collocato sulla linea di confine tra diritto costituzionale e scienza politica. Ed infatti, al di là della diversa natura (di semplice attività o di vera e propria funzione statale) che gli è stata attribuita, per indirizzo politico si può sinteticamente intendere l'attività volta all'individuazione e al perseguimento dei fini politici, i quali condizionano preventivamente l'azione di tutti gli organi costituzionali, e l'insieme degli atti e degli strumenti che ne garantiscono l'attuazione [4].

A questa classificazione, tuttavia, possono essere rivolte due critiche. In primo luogo essa inserisce nella stessa categoria esperienze qualitativamente diverse, come la monarchia costituzionale e la forma di governo presidenziale. Ma soprattutto il criterio è di incerta applicazione, in quanto l'attività di indirizzo politico si configura sempre come un'attività complessa, il cui artefice principale nelle forme di governo contemporanee è l'organo di vertice del potere esecutivo, ma alla quale partecipano in varia misura anche altri organi, a cominciare da quello legislativo. Non è un caso, perciò, che recentemente quel criterio sia stato riproposto ma in combinazione con altri (come il titolo di legittimazione dell'organo titolare dell'indirizzo) e sia stata sottolineata la difficoltà di individuare a priori tale organo in una forma di governo, come quella semipresidenziale, ad esecutivo "bicefalo", vale a dire composto da due organi (Presidente e Governo) che hanno una distinta legittimazione [5].

---

[3] Cfr. P. BISCARETTI DI RUFFIA, *Introduzione*, cit., p. 112 ss.

[4] Cfr. T. MARTINES, *Indirizzo politico*, in *Enc. dir.*, XXI, Milano, 1971, p. 134 ss.

[5] V. A. CANEPA, *La teoria del semipresidenzialismo e i modelli dell'Europa occidentale*, in A. GIOVANNELLI (a cura di), *Il semipresidenzialismo: dall'arcipelago europeo al dibattito italiano*, Torino, 1998, p. 52 ss.

### 3. *Il criterio della legittimazione unica o separata del Parlamento e del Governo: forme di governo monistiche e dualistiche*

Una distinzione che ha avuto grande fortuna nella dottrina italiana più recente, anche se risalente nel tempo, è quella tra forme di governo *monistiche* e *dualistiche*. Tuttavia tale distinzione è anche fonte di incertezza perché vari sono i criteri che ne vengono posti a fondamento.

Una parte della dottrina utilizza il criterio della composizione del potere esecutivo e distingue, a seconda che al suo vertice sia posto un unico organo (il Governo o il Capo dello Stato) o vi siano entrambi gli organi, tra forme di governo *ad Esecutivo monista* (presidenziale, parlamentare e direttoriale) e ad *Esecutivo dualista* (parlamentare, semiparlamentare, semipresidenziale)[6].

Il criterio proposto è discutibile per la sua staticità, in quanto, non tenendo conto della dinamica dei rapporti tra i poteri, esclude dalle forme di governo dualistiche quella presidenziale degli Stati Uniti, caratterizzata dalla natura monocratica dell'esecutivo, impersonato dal Presidente, mentre vi include le forme di governo parlamentari sia monarchiche sia repubblicane.

Questa conclusione contrasta con l'evoluzione storica e con la prassi. L'originario dualismo, proprio della monarchia costituzionale e poi presente nella forma di governo parlamentare nella sua fase iniziale, era un dualismo *di origine sociale*, nel quale il Re ed il Parlamento rappresentavano diverse classi. Ciò spiega come mai sia entrato in crisi con l'affermarsi dell'egemonia della classe borghese e con il rafforzamento di un Governo che deriva la sua legittimazione dall'organo elettivo. Nelle forme di governo parlamentari contemporanee rimangono talvolta tracce dell'originario dualismo nella configurazione costituzionale dei poteri del Capo dello Stato e nella sua collocazione formale per lo più all'interno del potere esecutivo, ma da un'interpretazione sistematica dei testi costi-

---

[6] *Ibidem*, p. 54 ss. Ad un criterio analogo si rifà anche G. IERACI, *Teoria dei governi e democrazia. Ruoli, risorse e arene istituzionali*, Bologna, 2003, p. 57 ss., il quale qualifica come "diadiche" le forme di governo ad esecutivo monista e come "triadiche" quelle ad esecutivo dualista, che poi vengono suddivise al loro interno in base agli ulteriori criteri della qualità dei poteri attribuiti ai diversi organi e del carattere integrato o separato del rapporto tra di questi.

tuzionali risulta che egli è al di fuori del circuito dell'indirizzo politico ed esercita normalmente funzioni di rappresentanza dello Stato, di garanzia e di controllo, potendo svolgere un ruolo più significativo solo nelle situazioni di crisi del sistema politico-istituzionale [7].

Il criterio di distinzione tra monismo e dualismo più convincente è quello relativo alla *legittimazione degli organi* posti al vertice del potere esecutivo e di quello legislativo [8]. Pertanto risultano *monistiche* le forme di governo nelle quali il solo Parlamento è direttamente legittimato dal corpo elettorale e da esso deriva il Governo: quella direttoriale e quella parlamentare, tanto repubblicana, nella quale il Presidente è eletto da un organo parlamentare, quanto monarchica, dal momento in cui il Re, che vanta un titolo autonomo di legittimazione, viene ad essere escluso dalla direzione effettiva del potere esecutivo. Sono *dualistiche* le forme di governo nelle quali i due organi di vertice dell'esecutivo e del legislativo hanno una distinta legittimazione: vi rientrano esperienze del passato, caratterizzate dalla preminenza del Re nel potere esecutivo, come la monarchia costituzionale ed il parlamentarismo dualistico, e, tra le forme di governo vigenti, quella presidenziale, quella semipresidenziale e quella semiparlamentare (caratterizzate dall'elezione popolare separata del Presidente nei primi due casi e del Primo ministro nel terzo).

Alle forme di governo dualistiche viene talvolta attribuita la capacità di garantire l'*equilibrio* tra l'organo legislativo e quello esecutivo e più in generale un rapporto più adeguato tra l'istanza rappresentativa della complessità sociale e quella chiamata a garantire la semplificazione e la stabilità del Governo [9]. Tuttavia nei fatti

---

[7] V. S. CECCANTI, *L'esecutivo tra costituzione e storia*, in S. FABBRINI, S. VASSALLO, *Il governo. Gli esecutivi nelle democrazie contemporanee*, Bari, 1999, p. 276 ss. Sottolineano come "un ordinamento a forma di governo parlamentare dualista sotto il profilo strutturale, può poi rivelarsi monista sotto quello effettuale" A. BARBERA, C. FUSARO, *Il governo delle democrazie*, Bologna, 1997, p. 66.

[8] V. L. PRIMICERIO, *Forma di governo parlamentare e modelli di democrazia rappresentativa*, Torino, 2002, p. 36 ss. Propone una combinazione fra tale criterio e quello dei rapporti tra gli organi che partecipano alla determinazione dell'indirizzo politico C. PINELLI, *Forme di Stato*, cit., p. 150.

[9] V., con particolare riferimento alla forma di governo presidenziale, G. AMATO, F. CLEMENTI, *Forme di Stato*, cit., pp. 68-69. Ritiene il governo parlamentare incapace di soddisfare entrambe le istanze PRIMICERIO, *Forma di governo*, cit., p. 96.

la forma di governo presidenziale si è caratterizzata per uno squilibrio a vantaggio del Presidente, con l'eccezione degli Stati Uniti d'America, dove si sono alternate fasi storiche di prevalenza del Parlamento e del Presidente (*infra*, § 17). In quella semipresidenziale, l'equilibrio si è rivelato ancora più teorico, in quanto vi è normalmente una prevalenza del Governo sostenuto dalla maggioranza parlamentare o del Presidente eletto dal popolo. Infine nella forma di governo semiparlamentare, che è esistita in Israele dal 1992 al 2001, alla legittimazione popolare del Primo ministro non ha corrisposto la stabilità dei governi di coalizione, che sono stati il frutto di maggioranze parlamentari eterogenee.

In conclusione la distinzione proposta, pur presentando una indubbia base scientifica, non può essere assolutizzata, in quanto in tal modo verrebbe sottovalutato lo stato dei rapporti tra organi costituzionali, che non discende automaticamente dalle modalità di espressione della sovranità popolare, ed in particolare dalla elezione diretta del vertice dell'esecutivo, e può imprimere al funzionamento della forma di governo una dinamica diversa da quella immaginata teoricamente come conseguente all'esistenza di un doppio circuito di legittimazione popolare.

## 4. *Il criterio della legittimazione popolare diretta o indiretta del Governo*

Un criterio parzialmente diverso da quello appena esaminato è quello della derivazione popolare o meno del Governo, in base alla quale viene operata la distinzione delle forme di governo in due categorie: *a legittimazione diretta* ed *a legittimazione indiretta* [10]. Nelle prime il Governo proviene direttamente dal voto del corpo elettorale, con il quale si instaura un "rapporto di fiducia" che si sovrappone a quello con il Parlamento, e quindi si configura come un effettivo "potere governante", al vertice del quale vi è un capo che emana dal suffragio universale. Nelle seconde il Governo deriva dal Parlamento, e quindi dagli accordi tra i partiti, e per questa ragione risulta debole e privo di una adeguata guida. Vi è di più:

---

[10] Cfr. T. E. FROSINI, *Sovranità popolare e costituzionalismo*, Milano, 1997, p. 247 ss. e *Forme di governo e partecipazione popolare*, 2ª ed., Torino, 2006, p. 3 ss.

solo le forme di governo a legittimazione diretta dell'esecutivo danno piena attuazione al principio della "sovranità popolare", in quanto attribuiscono al popolo la scelta politica fondamentale, mentre nelle altre il potere del popolo viene ad essere "delegato" ai partiti. Ne deriva che tra la forma di governo presidenziale e quella parlamentare fondata sulla legittimazione diretta dell'esecutivo la distanza si accorcia notevolmente, mentre le forme di governo a legittimazione indiretta (come la IV Repubblica francese e l'Italia fino al 1993) finiscono per essere quasi un reperto archeologico di "veteroparlamentarismo", sostanzialmente estraneo all'autentico spirito di un sistema democratico. In sostanza la distinzione si propone di dare dignità giuridica a quella elaborata nel passato da Duverger tra *democrazie immediate*, fondate sull'investitura popolare dell'esecutivo e *democrazie mediate*, nelle quali la formazione del Governo è il frutto di accordi post-elettorali tra i partiti [11].

Varie sono le critiche di metodo e di sostanza che possono essere rivolte a tale impostazione. Innanzitutto essa ha il difetto di operare una commistione indebita tra *regole* (giuridiche) e *regolarità* (della politica), allorquando parifica le esperienze nelle quali l'esecutivo deriva giuridicamente dal corpo elettorale a quelle caratterizzate da una derivazione popolare del Governo solo politica, vale a dire dipendente dal sistema politico e dall'elezione di una stabile maggioranza parlamentare in occasione del voto (facilitata dall'adozione di sistemi elettorali selettivi, sia maggioritari, sia proporzionali corretti). Occorre, quindi, rilevare che sul funzionamento della forma di governo certamente incidono le regolarità della politica, che arrivano anche a determinare l'affermarsi di regole convenzionali (come la designazione alla carica di Primo ministro del *leader* del partito o della coalizione che ha vinto le elezioni), ma la forma di governo resta una categoria giuridica, caratterizzata da un insieme di norme, scritte o consuetudinarie, la cui configurazione teorica non può essere determinata da accadimenti politici, anche costanti ma pur sempre soggetti a non verificarsi (come nella ipotesi in cui in un sistema bipartitico o bipolare alle elezioni parlamentari nessuno dei due partiti o delle due coalizioni concorrenti ottenga la maggioranza dei seggi) [12]. Di conseguenza, mentre

---

[11] Cfr. M. DUVERGER, *La Repubblica tradita*, (1958), trad. it., Milano, 1960, p. 61 ss. e, più diffusamente, *La République des citoyens*, Paris, 1982, p. 41 ss.

[12] Pienamente condivisibili sono le considerazioni metodologiche di O. CHESSA,

non vi è dubbio che l'elezione giuridicamente diretta di un Primo ministro in un contesto formalmente "parlamentare" avvicini tale ipotesi a quella presidenziale, senza peraltro identificarsi con questa, la sua designazione popolare solo "politica" o "di fatto", che si verifica di solito (ma non necessariamente) in alcune esperienze parlamentari, non può far confondere il modello parlamentare con quello ad elezione diretta dell'esecutivo. Le regolarità della politica non possono, quindi, determinare la classificazione delle forme di governo, ma se mai consentire l'individuazione di alcuni *sottotipi* nel loro concreto funzionamento (v. *Introduzione*, § 3).

In secondo luogo il riferimento al principio della sovranità popolare da un lato appare improprio, in quanto si tratta di uno degli elementi distintivi dello Stato democratico, che è sempre e comunque alla base della formazione dei governi, la quale non può mai prescindere dal risultato delle elezioni, d'altro lato viene compiuto in modo discutibile e pericoloso. Discutibile in quanto nello Stato costituzionale democratico la stessa sovranità popolare non è assoluta, ma è limitata, potendo esercitarsi solo «nelle forme e nei limiti della Costituzione» (art. 1, c. 2, Cost. italiana). Pericoloso perché riecheggia una concezione populista che fa del rapporto diretto tra il popolo (di fatto tra la maggioranza del corpo elettorale) e il "capo" del potere esecutivo il cuore del sistema democratico, con il conseguente ridimensionamento dei soggetti intermedi, ed in particolare delle assemblee elettive e dei partiti.

Dal punto di vista teorico occorre rilevare che l'elezione popolare di diritto del vertice dell'esecutivo non configura, comunque, un'ipotesi di "democrazia diretta" o di "democrazia immediata", per il semplice motivo che l'eletto dal popolo è un rappresentante chiamato ad esercitare il potere esecutivo o in sintonia (e quindi operando le opportune mediazioni) con la rappresentanza politico-parlamentare oppure in modo libero e personale in nome di un "mandato" popolare, la cui attuazione potrà essere verificata solo al momento delle successive elezioni, e che, quindi, rappresenta la massima manifestazione di *"democrazia delegata"* [13].

Se si va, poi, a vedere il funzionamento pratico delle esperienze nelle quali il corpo elettorale, votando per il Parlamento, è di solito

---

*La democrazia maggioritaria nell'interpretazione costituzionale della forma di governo*, in *Dir. pubbl.*, 2004, n. 1, p. 19 ss.

[13] V. G. O'DONNEL, *Delegative democracy*, in *Journal of Democracy*, 1994, 5, p. 55 ss.

posto in grado di esprimersi sulla formula di governo ed anche sulla persona del futuro Primo ministro, come avviene di regola nel Regno Unito, si può accertare che il ruolo dei partiti non è affatto secondario nella adozione del programma, nella scelta dei candidati, nella designazione del *leader*-Primo ministro e, all'occorrenza, anche nella sua sostituzione nel corso del mandato.

Un ulteriore rilievo critico riguarda il riferimento che la tesi citata fa al rapporto di fiducia tra Governo e corpo elettorale come elemento caratterizzante delle forme di governo a legittimazione diretta. Ora, la fiducia è una nozione giuridica, che, se non implica necessariamente l'investitura nella carica del Governo da parte del Parlamento, comporta l'esistenza di un controllo permanente del Parlamento sul Governo, che trova la sua sanzione naturale nel voto di sfiducia e nell'obbligo di dimissioni. Nulla di tutto questo si riscontra nell'ipotesi citata: il popolo "sovrano" può esercitare un controllo solo al momento delle successive elezioni. Quindi non solo non esiste un rapporto di fiducia nel corso del mandato, ma la derivazione popolare del capo dell'esecutivo, oltre a depotenziare il rapporto di fiducia tra Governo e Parlamento, può deprimere, sulla base del falso assunto che il popolo è chiamato a compiere la scelta fondamentale, proprio quegli istituti di democrazia partecipativa, che al di fuori delle elezioni costituiscono un elemento qualificante delle democrazie pluralistiche, nonché le nuove esperienze di "democrazia deliberativa" [14].

## 5. *Un duplice criterio: la natura del rapporto Parlamento-Governo e la derivazione del Governo*

Due sono i criteri che pare opportuno impiegare: l'uno attinente al rapporto tra Parlamento e Governo, l'altro alla derivazione del Governo.

---

[14] Si tratta di un concetto elaborato da autori americani, come Ackerman e Fishkin. La "democrazia deliberativa" è basata su strumenti come il sondaggio deliberativo e il *deliberation day*, che dovrebbero consentire una partecipazione informata dei cittadini al procedimento che conduce all'adozione di una decisione. V. i contributi in G. BOSETTI, S. MAFFETTONE (a cura di), *Democrazia deliberativa: cosa è*, Roma, 2004.

Circa il primo aspetto, il criterio più largamente seguito fa riferimento all'esistenza o meno di un *rapporto di fiducia* tra Parlamento e Governo [15], in base al quale viene operata la classica bipartizione tra forma di governo *parlamentare* (che lo prevede) e forma di governo *presidenziale* (che lo esclude). Di solito viene aggiunto un ulteriore elemento, rappresentato dal potere del Capo dello Stato di sciogliere il Parlamento prima delle fine della legislatura, che è assente nella forma di governo presidenziale, mentre in quella parlamentare viene tradizionalmente presentato come la contropartita del potere del Parlamento di votare la sfiducia al Governo. Lo scioglimento anticipato costituisce una regola ricorrente, anche se eccezionalmente non è previsto (come in Norvegia); inoltre tale potere presenta «aspetti che sono estranei al funzionamento equilibrato del parlamentarismo» [16], essendo ormai diventata assai rara la sua utilizzazione come reazione ad un voto di sfiducia (*infra*, § 14).

Vari autori prendono in considerazione una terza categoria, accanto alle due principali: la forma di governo *direttoriale* [17], la quale costituisce un'ipotesi in certo senso intermedia, in quanto all'investitura iniziale del Governo da parte del Parlamento non corrisponde nel corso della legislatura il potere dell'assemblea di revocare la fiducia né d'altra parte l'esecutivo può ricorrere allo scioglimento delle Camere.

Occorre a questo punto precisare cosa debba intendersi per rapporto di fiducia. La classica definizione, secondo cui «l'essenza del parlamentarismo consiste nella prerogativa di cui gode la maggioranza parlamentare di avere il *suo* ministero» [18], potrebbe far intendere che occorra sempre un *voto di investitura iniziale* del Governo da parte del Parlamento. In realtà nella maggioranza degli ordinamenti "parlamentari" il Governo entra in funzione senza che vi sia un voto del Parlamento e quindi la fiducia è soltanto "presunta". In tale ipotesi, così come in quella in cui è previsto un voto

---

[15] Sulla natura e sull'evoluzione storica del rapporto di fiducia v. M. GALIZIA, *Studi sui rapporti fra Parlamento e governo*, I, Milano, 1972.

[16] Cfr. P. LAUVAUX, *Le parlementarisme*, 2ª ed., Paris, 1997, p. 76.

[17] La terminologia è impiegata soprattutto dai costituzionalisti italiani; v. per tutti C. MORTATI, *Le forme di governo*, cit., pp. 349-350.

[18] Cfr. B. MIRKINE GUETZÉVITCH, *Le Costituzioni europee*, (1951), trad. it., Milano, 1954, p. 23.

di fiducia iniziale, ma a maggioranza semplice anziché assoluta (come si verifica in Italia), possono costituirsi *governi di minoranza*, ai quali è sufficiente non avere contro la maggioranza dell'assemblea per entrare in funzione.

Comunque il rapporto di fiducia comporta sempre la *responsabilità politica* del Governo nei confronti del Parlamento, che questo può far valere mediante l'approvazione di una mozione di sfiducia che costringe il primo a dimettersi. Questo accadimento negli Stati contemporanei è abbastanza raro, in quanto laddove i governi sono il frutto di accordi di coalizione post-elettorali la crisi deriva di solito dal contrasto tra le forze politiche della maggioranza, assumendo natura "extraparlamentare", mentre i governi omogenei (di un partito unico o di una coalizione che si è presentata alle elezioni) entrano in crisi per lo più in seguito alla sconfitta alle elezioni politiche successive. Ciò nulla toglie all'importanza della mozione di sfiducia come elemento caratterizzante del parlamentarismo né alla sua efficacia dissuasiva, che comporta l'esigenza per il Governo di mantenere il sostegno della maggioranza parlamentare. A sua volta l'Esecutivo può decidere di porre la *questione di fiducia* sulla sua politica generale o su una proposta specifica, con la quale annuncia che in caso di voto negativo del Parlamento rassegnerà le dimissioni. Si tratta di uno strumento connaturato ad una visione del rapporto di fiducia come rapporto paritario e non squilibrato tra Governo e Parlamento, che si è imposto per lungo tempo in via di prassi e solo nel secondo dopoguerra è stato disciplinato in via positiva.

Il secondo criterio di classificazione consiste nella *derivazione del Governo*, che può essere un'emanazione del Parlamento oppure di un organo monocratico interno al potere esecutivo (Capo dello Stato o Primo ministro) [19]. La prima ipotesi si verifica quando ad essere eletto dal popolo è il solo Parlamento, il quale a sua volta negli ordinamenti repubblicani elegge il Presidente, per cui Primo ministro e Governo sono espressione della maggioranza parlamentare direttamente o indirettamente (a seconda che sia previsto o

---

[19] Il criterio costituisce un ampliamento di quello già proposto, con riferimento alla forma di governo «a componenti presidenziali e parlamentari» da L. ELIA, *Governo*, cit., pp. 644-645. L'ipotesi di classificazione che ne deriva è sostanzialmente analoga, anche se con una terminologia parzialmente diversa, a quella proposta da L. PRIMICERIO, *La forma di governo semiparlamentare. Aspetti teorici e realizzazioni pratiche*, Torino, 2007, p. 103 ss.

meno un voto di investitura) ed è quindi tipica della forma di governo parlamentare e di quella direttoriale.

La seconda ipotesi si realizza quando vi è una doppia elezione: del Parlamento e del Presidente o del Primo ministro. Vi rientra naturalmente la forma di governo presidenziale, nella quale il Presidente eletto dal popolo è il Governo e sceglie liberamente i suoi collaboratori. Ma ne fanno parte anche altre due forme di governo di tipo dualistico, quella *semipresidenziale* (ad elezione popolare del Presidente) e quella *semiparlamentare* (ad elezione popolare del Primo ministro), nelle quali, a seconda delle contingenze politiche, il Governo può essere un'emanazione del Parlamento o dell'organo monocratico del potere esecutivo eletto dal popolo. In linea generale va rilevato che nelle forme di governo contemporanee la posizione assunta dal Capo dello Stato può risultare significativa, specie se si tratta di un Presidente, in quanto il distacco di tale organo dall'originaria matrice, storica e ideologica, monarchica ne consente la valorizzazione nella dinamica dei rapporti tra i poteri [20], che è ovviamente più forte quando egli sia eletto dal popolo e sia titolare di poteri significativi che possono consentire la sua partecipazione alla determinazione dell'indirizzo politico.

Se si tiene conto congiuntamente dei due criteri proposti, è possibile classificare le *forme di governo in sei categorie*:

– la *monarchia costituzionale*, nella quale non vi è rapporto di fiducia tra Parlamento e Governo ed i ministri sono politicamente responsabili nei confronti del Capo dello Stato monarchico, che è titolare del potere esecutivo e dell'indirizzo politico;

– la forma di governo *parlamentare*, nella quale vi è il rapporto di fiducia, nel senso che il Governo deriva dal Parlamento (anche nei casi in cui non vi è voto di fiducia iniziale) ed è politicamente responsabile nei suoi confronti, e il Capo dello Stato è un monarca o un Presidente eletto da un organo di tipo parlamentare, che non partecipa alla determinazione dell'indirizzo politico;

– la forma di governo *presidenziale*, nella quale non è previsto il rapporto di fiducia né il potere di scioglimento del Parlamento e il Presidente, investito nella carica dal popolo, è titolare dell'indirizzo politico;

---

[20] V. i saggi contenuti in G. PASSARELLI (a cura di), *Presidenti della Repubblica. Forme di governo e confronto*, Torino, 2010.

– la forma di governo *direttoriale*, nella quale il Governo è eletto dal Parlamento ma non è politicamente responsabile nei suoi confronti, non potendo essere sfiduciato nel corso del mandato, e svolge collegialmente anche le funzioni di Capo dello Stato;

– la forma di governo *semipresidenziale*, nella quale il Governo nominato dal Presidente è politicamente responsabile nei confronti del Parlamento, ma nello stesso tempo il Presidente è eletto a suffragio universale ed è titolare di poteri importanti che possono consentirgli di partecipare alla determinazione dell'indirizzo politico; ne deriva che il Governo, a seconda dei diversi contesti, può derivare dal Parlamento o dal Presidente;

– la forma di governo *semiparlamentare*, nella quale vi è il rapporto di fiducia, ma il Primo ministro viene eletto dal popolo, separatamente, anche se contestualmente, rispetto al Parlamento e vige la regola per cui il ricorso al voto di sfiducia o allo scioglimento anticipato del Parlamento comportano la rielezione simultanea dei due organi; anche qui l'organo collegiale di governo può derivare dal Parlamento o da una libera scelta del Primo ministro.

Di queste sei forme di governo la prima riveste solo un valore storico, anche se da essa hanno avuto origine sia quella parlamentare sia quella presidenziale, mentre le altre cinque si sono manifestate, anche se con diversa consistenza, nello Stato democratico contemporaneo, ma di queste le prime tre sono nate nello Stato liberale.

## 6. *La monarchia costituzionale*

La monarchia costituzionale è la forma di governo che caratterizza il passaggio dallo Stato assoluto allo Stato liberale[21]. Essa si

---

[21] Talvolta si parla anche di *"monarchia limitata"*, ma è discutibile che questa costituisca una forma di governo a sé. Infatti tale categoria è stata teorizzata soprattutto con riferimento al sistema di governo stabilito nella Costituzione prussiana del 1850 e poi in quella dell'Impero germanico del 1871. In realtà l'idea di un monarca personificazione dello Stato e titolare dell'indirizzo politico, nei confronti del quale il Parlamento agisce soltanto come "limite", derivava dalla resistenza conservatrice al passaggio in Europa continentale dalla monarchia assoluta alla monarchia costituzionale. Solo in Inghilterra, dove la monarchia assoluta non si

afferma dapprima in *Inghilterra*, in seguito alle due rivoluzioni del 1649 e del 1688-89, determinate dalla reazione del Parlamento contro le pretese assolutistiche della dinastia degli Stuart, e viene sancita nel *Bill of Rights* (1689), che, oltre a ribadire gli antichi diritti dei sudditi, estende i poteri del Parlamento e affida il trono a Guglielmo d'Orange, e nell'*Act of Settlement* (1701), che attribuisce ampi poteri al Parlamento in materia di successione al trono, riafferma la responsabilità giuridica dei ministri firmatari degli atti del Sovrano e stabilisce l'inamovibilità dei giudici.

In *Europa continentale* occorre attendere la rivoluzione francese perché la monarchia costituzionale trovi un suo, pur effimero, riconoscimento nella Costituzione del 1791, che attribuisce congiuntamente al corpo legislativo e al Re la qualità di "rappresentanti della Nazione", al pari di quel che fanno alcune Costituzioni approvate da un'Assemblea costituente e basate sul principio della sovranità nazionale (Costituzione spagnola del 1812 e Costituzione belga del 1831). Ma è soprattutto nelle Carte costituzionali "ottriate", cioè concesse dal monarca, dell'epoca della Restaurazione (come quella francese del 1814) e in quelle derivanti dai moti del 1848 (come lo Statuto albertino), che si afferma la monarchia costituzionale, definita anche *"governo costituzionale puro"*, in quanto basata sul principio che il potere del monarca non è più assoluto, ma si esercita entro le regole stabilite nella Costituzione.

La monarchia costituzionale è una forma di governo *dualistica*, fondandosi sulla separazione tra il potere esecutivo del Re e quello legislativo del Parlamento, i quali hanno una distinta legittimazione [22]. Ma non si può parlare di equilibrio tra i poteri. Infatti il Re è titolare di *prerogative*, cioè di poteri propri che gli derivano dalla

---

afferma mai completamente, si può parlare fin dall'epoca medievale di limitazione del potere monarchico ad opera di un Parlamento che ha la parola su tributi ed entrate, può rivolgere petizioni al monarca ed approvare mozioni, ma non ha durata fissa, essendo aggiornato e convocato liberamente dal Re. La monarchia limitata si configura, quindi, più che come una forma di governo a sé, come una fase transitoria di passaggio alla monarchia costituzionale e in Inghilterra come caratteristica peculiare che la monarchia assume anche nella fase dell'assolutismo. Altre volte il termine viene utilizzato come sinonimo della monarchia costituzionale, per sottolineare l'esistenza di un limite, rappresentato dalla Costituzione, nei confronti del potere del monarca.

[22] Sulla distinzione tra monarchia costituzionale e monarchia parlamentare v. M. von Seydel, *Constitutionnelle und parlamentarische Regierung*, Freiburg, 1893.

sua collocazione al vertice dello Stato, attraverso i quali partecipa all'esercizio della funzione legislativa (con la sanzione delle leggi) e di quella giurisdizionale (con la nomina dei giudici e il potere di concedere la grazia e di commutare le pene). Nella stessa Inghilterra si afferma la concezione secondo la quale il potere legislativo spetta ad un organo complesso, il *King in Parliament*, così come quello esecutivo al *King in Council* e quello giudiziario al *King in his Courts*. Inoltre il monarca ha il potere discrezionale di sciogliere la Camera elettiva, che esercita di solito quando la maggioranza parlamentare contrasti i suoi indirizzi di governo, e quello di nominare come ministri persone di sua fiducia e politicamente responsabili verso di lui, secondo la classica formula "il Re nomina e revoca i suoi ministri" (art. 65 St. alb., art. 65 Cost. belga del 1831). Il Governo non esiste in quanto organo collegiale e, quando i ministri del Re si riuniscono, danno vita ad un organo consultivo (in Inghilterra il Consiglio privato della Corona) che assiste il Monarca nelle sue decisioni politiche.

In definitiva il Re è il vero titolare dell'indirizzo politico, ma ciò non comporta un ruolo marginale del *Parlamento*. Infatti l'assemblea conquista, oltre al tradizionale potere di decidere sulle entrate, quello di pronunciarsi sulla destinazione delle stesse, potendo in questo modo condizionare la politica del Monarca. Lo stesso scioglimento reale comporta l'obbligo per il Re di convocare una nuova Camera elettiva entro un termine prefissato. Nei confronti dei ministri, che controfirmano gli atti del Re, la Camera elettiva ha un potere di accusa, l'*impeachment*, esistente in Inghilterra fin dall'epoca medievale, e la Camera Alta ha il potere di giudicarli, facendo valere una responsabilità giuridica che ha una forte connotazione politica. Infine al principio della irresponsabilità regia, che si esprime nel classico adagio per cui "il Re non può fare male", corrisponde anche una forma di irresponsabilità del Parlamento, che si concretizza nel riconoscimento delle immunità dei singoli parlamentari e del principio della insindacabilità degli *interna corporis acta*, cioè degli atti adottati dall'assemblea per disciplinare la propria organizzazione e il proprio funzionamento.

In ultima analisi la dinamica della forma di governo in Europa continentale porta ad una preminenza del Re, mentre in Inghilterra tende a prevalere l'organo legislativo, anche grazie al passaggio, quasi senza soluzione di continuità, dall'ordinamento feudale allo Stato liberale.

## 7. *La forma di governo parlamentare dal dualismo al monismo*

La monarchia costituzionale si trasforma in via consuetudinaria e convenzionale in *monarchia parlamentare* [23]. In Gran Bretagna ciò si verifica nel corso del XVIII secolo: dopo il 1714 con l'ascesa al trono di Giorgio I della dinastia degli Hannover, il *Cabinet*, nato fin dall'epoca degli Stuart per riunire i più stretti collaboratori del Re e che derivava la sua denominazione dalla stanza privata di lavoro di questi, si riunisce autonomamente sotto la presidenza di un ministro (il Primo Lord del Tesoro), che assume un ruolo preponderante, trasformandosi progressivamente in Primo ministro (soprattutto con la nomina di Walpole nel 1729); nel 1782 Giorgio III accetta le dimissioni del Primo ministro Lord North, accusato dalla Camera dei Comuni per la perdita delle colonie nordamericane, e da quel momento il Re nomina un Primo ministro che possa godere del sostegno della maggioranza parlamentare.

Un'evoluzione analoga si verifica nel secolo successivo in Europa continentale: in Francia con la Costituzione del 1830 si afferma nella prassi la procedura per cui un'interpellanza parlamentare può sfociare in un dibattito e nel voto di un ordine del giorno motivato contro il Governo; anche in Belgio, in Italia e in altri ordinamenti la prassi va nel senso dell'affermazione della responsabilità politica del Governo nei confronti del Parlamento.

Tuttavia per una lunga fase la forma di governo parlamentare si caratterizza *in senso dualistico* o *orleanista* (termine derivante dalla Costituzione francese del 1830 che vede l'avvento al trono di Luigi Filippo d'Orléans). Ciò spinge alcuni studiosi a ritenere che quella dualistica sia la forma di governo parlamentare "classica", in quanto garantirebbe la perfetta eguaglianza tra esecutivo e legislativo attraverso la formula "due poteri, tre organi" [24]. Infatti nell'ambito del potere esecutivo oltre al Re vi è il Governo come organo collegiale presieduto da un Primo ministro, il quale deve godere

---

[23] Per un'ampia ricostruzione del passaggio dalla monarchia costituzionale alla forma di governo parlamentare v. K. VON BEYME, *Die Parlamentarischen Regierungssysteme in Europa*, München, 1970, p. 29 ss.

[24] V. fra i tanti R. REDSLOB, *Le régime parlementaire*, Paris, 1924 e G. BURDEAU, *Il regime parlamentare nelle costituzioni europee del dopoguerra*, (1932), trad. it., Milano, 1950, al quale si deve la formula richiamata (cfr. p. 105).

di una doppia fiducia: quella del Capo dello Stato e quella del Parlamento (o della sola Camera elettiva). La responsabilità politica del Governo nei confronti del Parlamento si afferma grazie all'evoluzione dell'istituto dell'*impeachment*, attraverso il quale la Camera elettiva si libera dei ministri politicamente sgraditi, i quali rispondono politicamente degli atti che hanno controfirmato. Tale responsabilità da individuale diventa soprattutto collegiale, anche grazie al ruolo di direzione svolto dal Primo ministro.

D'altro lato il Capo dello Stato, su richiesta del Governo, fa ricorso al *potere di scioglimento* in contrapposizione alla volontà politica della maggioranza del Parlamento ostile al Governo, rimettendo la soluzione del conflitto al corpo elettorale. Quindi il Re continua a svolgere un ruolo importante, partecipando insieme al Governo alla determinazione dell'indirizzo politico, ma in una posizione di equilibrio, conflittuale o collaborativo, con un Parlamento titolare non solo del potere legislativo, ma anche di un potere di controllo politico sull'esecutivo.

In questa fase il dualismo è riscontrabile a tre livelli: *istituzionale*, nel rapporto di equilibrio tra potere esecutivo e potere legislativo, *entro il potere esecutivo* che assume natura diarchica, *sociale*, derivante dal confronto tra aristocrazia e borghesia, le quali trovano la propria espressione rispettivamente nel Re e nella Camera elettiva. La posta in gioco è rappresentata dalla conquista dell'egemonia sul Governo e quindi della titolarità dell'indirizzo politico. Pertanto storicamente quella dualistica si configura come una fase transitoria, destinata a sfociare nella supremazia dell'organo espressione della classe vittoriosa [25].

La forma di governo parlamentare si caratterizza *in senso monistico* in Gran Bretagna nel corso del XIX secolo: nel 1832 viene varata un'importante riforma elettorale, che aumenta il corpo elettorale del 50% circa, e ridistribuisce i seggi dai villaggi contadini in via di spopolamento (i c.d. "borghi putridi") alle città in espansione, favorendo il rafforzamento della borghesia nella Camera dei Comuni; nel 1834 per l'ultima volta il Re (Guglielmo IV) revoca il Primo ministro (Lord Melbourne) e scioglie la Camera che sostiene il Governo, ma le elezioni riconfermano la maggioranza uscente e il Re è costretto ad inchinarsi alla volontà popolare.

---

[25] Sottolinea la natura transitoria del parlamentarismo dualistico C. MORTATI, *Le forme di governo*, cit., p. 152 ss.

In Francia la responsabilità politica collegiale dei ministri di fronte alle Camere viene proclamata nelle leggi costituzionali del 1875 che inaugurano la Terza Repubblica (art. 6 della legge 25 febbraio 1875 sull'organizzazione dei poteri pubblici), ma l'affermazione del monismo avviene soprattutto in seguito alla crisi del 16 maggio 1877. Il Presidente della Repubblica Mac Mahon costringe alle dimissioni il Primo ministro moderato Simon, lo sostituisce con una persona di sua fiducia e scioglie la Camera dei deputati che aveva votato un ordine del giorno contro il nuovo Governo, ma le elezioni successive danno la vittoria ai repubblicani ed il Presidente è costretto prima a sottomettersi alla volontà popolare, accettando di formare un governo espressione della maggioranza, e dopo due anni a dimettersi dalla carica [26]. Negli altri paesi europei l'affermazione del modello monista si accompagna alla progressiva estensione del suffragio e alla graduale emarginazione del Capo dello Stato rispetto alla formazione del Governo e alla determinazione dell'indirizzo politico

Nella forma di governo parlamentare *monistica* il Governo deriva ormai dalla volontà del Parlamento ed entrambi gli organi sono titolari dell'indirizzo politico. Quindi il Governo è politicamente responsabile non più verso il Capo dello Stato, ma esclusivamente verso il Parlamento. Il Monarca, al di là della sua appartenenza al potere esecutivo e delle prerogative che continuano ad essergli formalmente riconosciute, è sostanzialmente estraneo alla determinazione dell'indirizzo politico, secondo la famosa formula "*le Roi règne et ne gouverne pas*". Ciò avviene soprattutto grazie all'evoluzione dell'istituto della *controfirma*, che, nata originariamente quale attestazione della volontà manifestata dal Re, assume poi il carattere di attribuzione della responsabilità politica ai ministri per atti non propri ed infine di assunzione da parte di questi della titolarità sostanziale dei medesimi, come logico portato del principio per cui la responsabilità segue il potere e viceversa.

La maggior parte dei poteri del Capo dello Stato diventano, quindi, meramente *formali*: alcuni si configurano come "atti dovu-

---

[26] È famoso il discorso con cui il *leader* radicale Gambetta il 14 agosto 1877 nel corso della campagna elettorale attacca il Presidente MacMahon, sottolineando che, una volta che il popolo si sarà pronunciato, «*il faudra se soumettre ou se demettre*»; cfr. M. DUVERGER, *Constitutions et documents politiques*, 12ª ed., Paris, 1989, pp. 499-500.

ti" (così è per la sanzione della legge, che in Inghilterra viene rifiutata per l'ultima volta nel 1707); altri risultano fortemente condizionati dalla volontà della maggioranza parlamentare (come la nomina dei ministri) o passano sostanzialmente nelle mani del Governo e del Primo ministro (il che si verifica per tutti gli atti normativi del potere esecutivo e per lo scioglimento del Parlamento) o, più raramente, sono condivisi tra questi e il Capo dello Stato.

In conclusione il monismo si realizza a tre livelli: *istituzionale*, con la supremazia del Parlamento sul Re, *entro il potere esecutivo*, al cui vertice si colloca il Governo con il suo Primo ministro, *sociale*, grazie all'affermarsi del dominio della borghesia.

Il fatto che la forma di governo parlamentare si sia pienamente realizzata nello Stato liberale oligarchico e monoclasse ottocentesco ha posto il problema della validità di tale categoria *nel quadro dello Stato democratico-pluralistico*. Parte della dottrina ha sostenuto l'inconciliabilità tra governo parlamentare e ordinamenti democratici [27]. Ora, è indubbio che nello Stato democratico il suffragio universale, l'estendersi dei compiti attribuiti allo Stato e il ruolo determinante dei partiti politici abbiano contribuito a mettere in crisi proprio l'organo rappresentativo che costituiva il perno della forma di governo parlamentare, il quale ha incontrato crescenti difficoltà a combinare la sua nuova composizione pluralistica con la capacità di governare in modo adeguato la società e di adottare le principali decisioni politiche. Ma, a parte il fatto che problemi analoghi si sono posti anche per le altre forme di governo nate nello Stato liberale, come la presidenziale e la direttoriale, va sottolineato che proprio il modello della forma di governo parlamentare, una volta abbandonata l'ideologia assembleare e riconosciuta la funzione "governante" dell'Esecutivo, si è dimostrato il più duttile, venendo ad essere recepito dalla maggioranza degli ordinamenti democratici.

Questa capacità di adattamento alle mutate condizioni storiche e sociali, se suggerisce l'inopportunità di abbandonare una categoria così importante, ne impone, però, il costante aggiornamento alla luce della concreta evoluzione storica. Dal punto di vista storico, si possono individuare *tre fasi* distinte nell'evoluzione della forma

---

[27] V. M.S. Giannini, *Prefazione* a G. Burdeau, *Il regime parlamentare*, cit., p. XVIII ss. e T. Martines, *Governo parlamentare e ordinamento democratico*, Milano, 1967, p. 99 ss.

di governo parlamentare: una prima che si delinea nella seconda metà del XIX secolo, una seconda compresa tra le due guerre mondiali, una terza successiva alla seconda guerra mondiale. Nella prima fase occorre distinguere *due modelli*: quello *a prevalenza del Governo*, tipico dell'esperienza inglese, e quello *a prevalenza del Parlamento*, tipico dell'esperienza francese.

## 8. *La forma di governo parlamentare a prevalenza del Governo: il Regno Unito*

Il Regno Unito [28] può essere considerato come il modello vivente di una forma di governo *parlamentare monista "classica"*, in quanto non razionalizzata mediante norme scritte, ma basata in gran parte su regole non scritte, consuetudinarie o convenzionali. Infatti la più significativa peculiarità dell'ordinamento britannico è quella di non avere una Costituzione scritta, il che non significa che non abbia una *Costituzione sostanziale*, la quale è costituita, oltre che da regole non scritte, da un insieme di leggi (*Statutes*), alcune aventi valore storico, altre adottate nel secolo scorso e negli anni più recenti [29]. Ciò ha consentito una grande adattabilità della for-

[28] Il *Regno Unito* si forma nel 1921 con la sottoposizione alla sovranità inglese delle contee dell'Irlanda del Nord, mentre nel 1707 era nata la *Gran Bretagna* come frutto dell'unione tra il *Regno di Inghilterra*, comprendente anche il Galles, e la Scozia.

[29] Tra le prime vanno ricordate le leggi approvate dal Parlamento nel corso del secolo XVII e all'inizio del XVIII che hanno segnato l'avvento dello Stato liberale (*supra*, § 6). Tra le seconde vanno menzionati i due *Parliament Act* (1911 e 1949) e l'*House of Lords Act* (1999), che hanno trasformato il bicameralismo in imperfetto e modificato la composizione della Camera dei *Lords*; lo *Statute of Wesminster* (1931), il *Northern Ireland Constitution Act* (1973), lo *Scotland Act* e il *Government of Wales Act* (del 1998, modificati rispettivamente nel 2012 e nel 2006), che hanno rispettivamente riconosciuto l'indipendenza di alcune ex colonie (Australia, Nuova Zelanda, Canada, Sud Africa, Irlanda), attribuendo loro lo status di *Dominions* facenti parte del *Commonwealth*, l'autonomia dell'Irlanda del Nord e la *devolution* di poteri anche legislativi a Scozia e Galles; infine il *Costitutional Reform Act (2005)*, che ha soppresso gran parte dei poteri in materia giudiziaria del Lord Cancelliere, membro dell'esecutivo, e stabilito l'istituzione di una Corte Suprema quale giudice di ultima istanza in sostituzione della Camera dei *Lords*, il *Costitutional Reform and Governance Act* (2010), che ha introdotto norme relative a pubblico impiego,

ma di governo al mutamento delle condizioni sociali e politiche e una sostanziale continuità del suo funzionamento dalla seconda metà del secolo XIX fino ai giorni nostri.

Il monismo della forma di governo deriva dalla centralità del rapporto tra corpo elettorale, Camera dei Comuni e Governo, con la conseguente progressiva emarginazione della Corona e della Camera dei *Lords* [30].

Grazie al *sistema politico bipartitico* (basato fino al XIX secolo sulla contrapposizione tra il partito conservatore dei *Tories* e quello liberale dei *Whigs*, poi soppiantato nel secolo scorso dal partito laburista) ed al sistema elettorale maggioritario a turno unico (introdotto in via definitiva nel 1885 con la terza importante riforma elettorale adottata nel corso del secolo dopo quelle del 1832 e del 1867), che ha favorito il mantenimento del bipartitismo [31], il corpo elettorale, quando vota per la Camera dei Comuni, dà di regola una indicazione di governo a favore del partito che risulterà vincente, il quale di solito ottiene la maggioranza assoluta dei seggi, e del suo *leader*. Quindi il tradizionale principio della "sovranità del Parlamento" [32] non comporta una supremazia del Parlamento sul Governo, ma una forte integrazione fra i due organi, che trova nel ruolo del partito maggioritario il tramite fondamentale [33].

---

ratifica dei trattati e segreto di Stato. Per il dibattito dottrinale sulla Costituzione v. A. TORRE, *Interpretare la Costituzione britannica. Itinerari culturali a confronto*, Torino, 1997, p. 159 ss.

[30] Già nel XIX secolo Bagehot collocava il Gabinetto e la Camera dei Comuni nella "*efficient part*" (parte efficace) della Costituzione, legittimata a governare il paese, e la Corona e la Camera dei *Lords* nella "*dignified part*" (parte nobile), che non esercitava potestà di governo; cfr. W. BAGEHOT, *La Costituzione inglese*, (1867), trad. it., Bologna, 1995, p. 47 ss.

[31] Il sistema elettorale britannico è fortemente distorsivo prevedendo un doppio possibile fattore artificiale: la trasformazione in maggioranza assoluta di seggi di una maggioranza di voti solo relativa e l'attribuzione della maggioranza dei seggi a quello tra i due maggiori partiti che ha ottenuto meno voti dell'altro (come si è verificato nel 1951 a favore dei conservatori e nel 1974 a favore dei laburisti); v. Y MÉNY, Y. SUREL, *Politique comparée. Les démocraties*, 8ª ed., Paris, 2009, p. 194.

[32] La formulazione del principio si deve a A.V. DICEY, *Introduction to the Study of the Law of the Constitution*, London, 1885.

[33] Proprio grazie al ruolo del partito maggioritario non ha alcun senso nel contesto britannico la contrapposizione tra sovranità popolare e sovranità parlamentare ed è corretto rilevare che «il *Premier* è tale non tanto per volontà diretta del

Tuttavia va sottolineato come il bipartitismo sia entrato in sofferenza a causa della perdita progressiva di consensi da parte dei due maggiori partiti (che nelle elezioni del 2005, 2010 e 2015 sono scesi al di sotto del 70% dei voti) dovuta all'emergere di partiti regionali (in Scozia, Galles e Irlanda del Nord) e alla presenza di un terzo partito nazionale, il liberal-democratico, anche se fortemente sottorappresentato dal sistema elettorale [34]. Può, quindi, verificarsi che nessuno dei due maggiori partiti ottenga la maggioranza assoluta dei seggi alla Camera, il che dà vita all'ipotesi di *hung Parliament* (alla lettera "Parlamento appeso"), come si è verificato nel 1924, 1974 e 2010. Ma, mentre nei primi due casi si è costituito un governo laburista monocolore di minoranza, nel 2010 si è formato un governo di coalizione tra conservatori e liberal-democratici, ben diverso dai governi di unità nazionale nati nello scorso secolo in situazioni eccezionali. Ciononostante nel referendum svoltosi nel maggio 2011 è stata bocciata da una larga maggioranza dei votanti (il 67,9%) la proposta, fortemente sostenuta dai liberaldemocratici, di abbandonare il sistema elettorale maggioritario a turno unico a favore del sistema del "voto alternativo", che avrebbe consentito agli elettori di indicare una graduatoria dei candidati nel collegio, attenuando gli effetti distorsivi nella ripartizione dei seggi. Infine le elezioni del 2017 hanno avuto un esito paradossale, in quanto da un lato hanno rafforzato il bipartitismo (i due maggiori partiti hanno ottenuto l'82,4% dei voti), dall'altro non hanno assegnato al partito conservatore la maggioranza dei seggi alla Camera dei Comuni, determinando per la seconda volta nelle ultime tre legislature il fenomeno dell'*hung Parliament*, e hanno prodotto la formazione di un governo di minoranza che si regge sul sostegno esterno del partito unionista nordirlandese ed è esposto alle divisioni interne al partito di maggioranza sulle modalità di attuazione del referendum consultivo sulla *Brexit* del 23 giugno 2016 che ha sancito politicamente l'uscita del paese dall'Unione Europea.

Con i *Parliament Act* del 1911 e del 1949 la Camera dei Comuni

---

corpo elettorale, quanto per volontà del partito che ha vinto le elezioni», cfr. O. CHESSA, *La democrazia maggioritaria*, cit., p. 42.

[34] Dal 2001 in poi vi è stata una crescita del partito liberal-democratico, che ha toccato il suo apice nelle elezioni del 2010 con il 23% dei voti, ma è calato all'8% nelle elezioni del 2015 e al 7,4% in quelle del 2017, nelle quali ha ottenuto 12 seggi (l'1,8%).

acquisisce una netta prevalenza su quella dei *Lords* a livello legislativo. Infatti il consenso della Camera Alta non è più necessario per l'entrata in vigore dei *Money Bills* (leggi in materia finanziaria), viene sempre dato per le altre leggi e, quand'anche fosse negato, i Comuni possono superare il veto dei *Lords* approvando il progetto in due sessioni diverse a distanza di un anno. Solo la Camera dei Comuni è legittimata a votare la sfiducia al Governo. Infine l'*House of Lords Act* del 1999 modifica la composizione della Camera Alta, stabilendo l'abolizione del principio di ereditarietà, che continua a valere solo per un numero ridotto di componenti, il che comporta una netta prevalenza dei *Lords* nominati o elettivi.

Nell'ambito del Governo il *Gabinetto*, che comprende una ventina di ministri a fronte dei circa cento membri del Consiglio dei ministri, funge di fatto da "comitato direttivo" del Parlamento [35], in quanto può contare su una maggioranza coesa all'interno della Camera dei Comuni, che approva le leggi necessarie all'attuazione del suo programma. A sua volta il *Primo ministro*, *leader* del partito che detiene la maggioranza dei seggi alla Camera, svolge un ruolo fondamentale sia nella fase della formazione (con la proposta di nomina e di revoca dei ministri) che in quella della direzione del Governo, essendo collocato al di sopra dei ministri e potendo avvalersi di organismi ristretti (come il Gabinetto ed i comitati interministeriali)) e di importanti strutture organizzative (*Cabinet Office*, che istruisce le decisioni del Gabinetto e ne garantisce l'esecuzione, e *Private Office*, che comprende i suoi più stretti collaboratori). Inoltre egli esercita ampiamente il *patronage*, vale a dire il potere di proporre al Re la nomina dei titolari di svariate cariche (come gli alti magistrati, una parte dei *Lords*, i più elevati funzionari dell'amministrazione ecc.). Infine di fatto è stato per lungo tempo il Primo ministro a decidere lo scioglimento della Camera dei Comuni prima dei cinque anni che costituivano per legge la durata non fissa ma massima della legislatura, il più delle volte quando intendeva scegliere il momento più favorevole al partito di maggioranza per rivincere le elezioni o, più raramente, allorché voleva sottoporre all'approvazione del corpo elettorale una questione po-

---

[35] Cfr. C. MORTATI, *Le forme di governo*, cit., p. 171. Non vanno tuttavia sottovalutati i poteri di controllo del Parlamento, sui quali v. F. ROSA, *Il controllo parlamentare sul Governo nel Regno Unito. Un contributo allo studio del parlamentarismo britannico*, Milano, 2012.

litica di grande importanza[36]. Ma il *Fixed-term Parliaments Act* del 2011 ha disciplinato sia la durata del Parlamento, stabilita in cinque anni, sia le ipotesi di scioglimento anticipato, che può verificarsi o su iniziativa della Camera dei Comuni adottata con la maggioranza dei due terzi dei componenti oppure qualora la Camera approvi una mozione di sfiducia, a meno che essa non dia la fiducia ad un nuovo Governo entro quattordici giorni.

Per quel che riguarda i *rapporti Parlamento-Governo*, l'esecutivo, una volta nominato, non ha bisogno di un vero e proprio voto di fiducia iniziale: spetta al Re con il "discorso della Corona", scritto dal Primo ministro, esporre all'inizio di ogni sessione annuale il programma di governo, che il Parlamento si limita ad approvare all'unanimità, inviando al Sovrano una mozione di ringraziamento. Tuttavia l'opposizione può presentare emendamenti, attraverso i quali può sindacare singoli aspetti del programma o tentare di far cadere il Governo, anche se ciò in un sistema bipartitico è altamente improbabile[37]. In passato una parte della dottrina britannica ha sostenuto la cosiddetta "teoria del mandato", secondo la quale il Governo è tenuto ad attuare esclusivamente le misure contenute nel programma e deve per ogni altra questione chiedere il preventivo assenso del corpo elettorale. Tuttavia nei fatti l'esecutivo si riserva una notevole libertà di scelta di fronte a situazioni nuove o impreviste[38].

Per quel che riguarda, infine, la *responsabilità politica* del Governo, del tutto rara è l'eventualità dell'approvazione di una *mozione di sfiducia* da parte della Camera dei Comuni, com'è avvenuto nel secolo scorso solo in due occasioni, nel 1924 e nel 1979, ai danni di un governo laburista di minoranza. In ogni caso l'approvazione di una mozione di sfiducia comporta di regola lo sciogli-

---

[36] Nell'esperienza inglese non è configurabile un potere assoluto di scioglimento in mano al Primo ministro né è previsto il ricorso alla minaccia dello scioglimento come arma di deterrenza contro la propria maggioranza o una parte di questa; v. O. MASSARI, *Gran Bretagna: verso la presidenzializzazione?*, in G. PASQUINO (a cura di), *Capi di Governo*, Bologna, 2005, p. 114 ss.

[37] V. A. RUSSO, *Programma di governo e regime parlamentare. Analisi comparata*, Milano, 1984, p. 41 ss.

[38] Sul ridimensionamento della teoria del mandato, da considerare non come regola, ma come «una formula persuasiva per esprimere la prospettiva ottimale della forma di governo parlamentare», cfr. C. PINELLI, *Forme di Stato*, cit., p. 172.

mento della Camera, essendo altamente improbabile nel contesto politico britannico che sia possibile la formazione di una diversa maggioranza.

Dal quadro tracciato emerge la configurazione della forma di governo britannica come *"governo di Gabinetto"* [39]. Tuttavia negli anni '60, ed in particolare dopo i due decenni di governi conservatori della Thatcher (1980-1990), e di governi laburisti di Blair (1997-2007), vari autori hanno preferito usare l'espressione di *"governo del Primo ministro"* o hanno parlato di "presidenzializzazione della *Premiership*" [40]. Alcuni hanno sottolineato il fenomeno della personalizzazione del potere, altri sono arrivati a parlare del Primo ministro come di un "monarca elettivo" o di un "dittatore elettivo", infine si è messo l'accento sulla "presidenzializzazione della *Premiership*" [41]. Ora è indiscutibile che vi sia stato un aumento della popolarità e dei poteri del Primo ministro, ma questo fenomeno data già dai primi decenni del secolo scorso, quando veniva definito come "chiave di volta" del sistema di gabinetto; inoltre nella forma di governo esistono vari *contrappesi*, che rendono inaccettabile una sua configurazione monarchica o dittatoriale: la Corona, il partito di maggioranza, l'esistenza di eccezioni alla disciplina maggioritaria in Parlamento, l'opposizione.

La *Corona* è stata nel tempo fortemente ridimensionata, in quanto tutti i suoi più significativi poteri hanno acquisito carattere prevalentemente formale e vengono sostanzialmente esercitati dal Gabinetto e dal Primo ministro. In particolare gli atti normativi regolamentari (*orders in council*) sono formalmente adottati nel Consiglio privato della Corona, ma di fatto sono decisi dal Gabinetto. In virtù di una convenzione ormai consolidata, il Re nomina come Primo ministro il *leader* del partito che ha ottenuto la maggioranza alle elezioni ed eventualmente, nel caso in cui questi non sia in gra-

---

[39] V. i classici testi di H. LASKI, *Parliamentary Government in England*, London, 1938 e W.I. JENNINGS, *Cabinet Government*, 3ª ed., Cambridge, 1959.

[40] Sul dibattito dottrinale sviluppatosi in materia v. G. CARAVALE, *Il governo del Premier nell'esperienza costituzionale del Regno Unito*, Milano, 1997, p. 45 ss. e A. TORRE, *Il Cabinet System da Thatcher a Blair: leadership e Costituzione*, in T. E. FROSINI (a cura di), *Il premierato nei governi parlamentari*, Torino, 2004, p. 173 ss.

[41] V. rispettivamente J.P. MACKINTOSH, *The British Cabinet*, London, 1962, p. 384; F.W.G. BENEMY, *The Elected Monarch. The Development of the Power of the Prime Minister*, London, 1965; R. BRAZIER, *Constitutional Practice*, Oxford, 1988, p. 91; S. PRYCE, *Presidentialiting the Premiership*, London, 1997.

do di formare il Governo, quello del partito arrivato in seconda posizione. Infine per lo scioglimento della Camera diventa decisiva, fino alla riforma del 2011, l'iniziativa del Primo ministro. Quindi si può affermare, secondo la celebre formula di Bagehot, che il Monarca mantiene "tre diritti: quello di essere consultato, quello di incoraggiare, quello di mettere in guardia" [42].

Tuttavia in situazioni eccezionali il Re può riacquistare un certo margine di azione. Così, nelle ipotesi di crisi del partito maggioritario, di mancata indicazione di un *leader* da parte di questo e di *hung Parliament*, la Corona ha una relativa discrezionalità nella nomina del Primo ministro [43]. Analogamente si ritiene che il Re possa revocare il Primo ministro, quando questi attenti alla democraticità dell'ordinamento [44]. Infine si afferma che egli può negare lo scioglimento chiesto dal Primo ministro quando ritenga le elezioni inutili o contrarie all'interesse nazionale [45]. È evidente che si tratta di casi limite e che la figura del Re è comunque destinata a restare fuori della lotta politica. Tuttavia la titolarità, anche solo formale, di importanti poteri costituisce un limite obiettivo alla assoluta discrezionalità del Primo ministro.

Il secondo contrappeso allo strapotere del *Premier* è rappresentato dal rapporto tra questi ed il partito maggioritario. Intanto oc-

---

[42] Cfr. W. BAGEHOT, *La Costituzione inglese*, cit., p. 101.

[43] Basti ricordare che nel 1931, in seguito alle dimissioni del Primo ministro laburista Mac Donald, Giorgio V, anziché nominare il *leader* del partito conservatore, incaricò lo stesso dimissionario di formare un governo di unità nazionale, il che provocò l'espulsione di Mac Donald dal partito laburista. Nel 1957 e nel 1963, di fronte alle incertezze del partito conservatore nella individuazione del proprio *leader*, Elisabetta II decise di nominare rispettivamente Mac Millan e Lord Home. Infine nel 1974 la Regina si trovò di fronte all'alternativa tra nominare Wilson, *leader* del partito laburista che aveva una maggioranza solo relativa alla Camera, o il *leader* conservatore Heath, che proponeva la formazione di un governo di coalizione tra conservatori e liberali che avrebbe avuto la maggioranza assoluta dei seggi, e solo il fallimento di questo secondo tentativo la trasse di impaccio convincendola a nominare Wilson.

[44] V. R. BRAZIER, *Constitutional Practice*, cit., p. 144 ss.

[45] V. G. CARAVALE, *Il governo del Premier*, cit., p. 88 ss., la quale sottolinea come nel 1974 l'accettazione da parte della Regina della proposta di scioglimento dei Comuni da parte del Premier laburista Wilson, alla testa di un governo minoritario, pochi mesi dopo che si erano svolte le elezioni, fosse avvenuta per libera scelta e non per obbligo, in quanto era improbabile che le nuove elezioni dessero un esito diverso e non vi era la possibilità di formare un nuovo governo.

corre sottolineare che il Primo ministro non è eletto direttamente dal corpo elettorale, ma diventa tale in quanto è stato scelto come *leader* dal partito maggioritario. Ciò comporta che sia nella formazione sia nella gestione del Governo egli debba tener conto degli orientamenti manifestati dal proprio partito al fine di conservarne la fiducia [46]. Più in generale il titolare della carica può essere costretto alle dimissioni nel corso del mandato, provocate da motivi personali o politici (come il venir meno del sostegno del proprio partito) o, se pure in via eccezionale, dall'approvazione di una mozione di sfiducia. Così nel secondo dopoguerra in sette casi il Primo ministro si è dimesso nel corso della legislatura per essere sostituito da un altro esponente del partito di governo (Churchill nel 1955, Eden nel 1957, Macmillan nel 1963, Wilson nel 1976, Thatcher nel 1990, Blair nel 2007, Cameron nel 2016) [47], mentre in un caso si è dimesso per un voto di sfiducia della Camera (Callaghan nel 1979). Infine la disciplina della maggioranza in Parlamento non ha carattere assoluto, in quanto vi sono questioni sulle quali i parlamentari hanno libertà di coscienza e si pronunciano senza disciplina di gruppo, senza che ciò comporti alcuna conseguenza sulla sopravvivenza del Governo in carica, anche quando hanno una indubbia rilevanza politica [48].

Infine il terzo e più importante contrappeso al dominio del Primo ministro e della maggioranza è rappresentato dal *ruolo dell'op-*

---

[46] Nel partito conservatore il *leader* è elettivo solo dal 1965 e viene scelto dal gruppo parlamentare, mentre nel partito laburista tale modalità di scelta, esistente fin dall'origine, è stata sostituita nel 1981 dall'elezione da parte di tre componenti (il gruppo parlamentare, i Sindacati, le organizzazioni locali di partito). V. S. MANGIAMELI, *La forma di governo parlamentare*, cit., p. 56 ss.

[47] Cameron si è dimesso dopo l'esito del referendum del 23 giugno 2016 favorevole all'uscita del Regno Unito dall'Unione Europea.

[48] Basti pensare alla proposta di una parte del gruppo conservatore di reintrodurre la pena di morte, bocciata nel 1987 grazie alle divisioni del gruppo; un'analoga divisione si è riproposta sul disegno di legge che riconosce il matrimonio omosessuale presentato dal governo Cameron all'inizio del 2013. In politica estera sulla decisione del governo Blair di intervenire militarmente in Irak si è avuto nel 2003 il dissenso di circa un terzo del gruppo parlamentare laburista e l'intenzione del governo Cameron di intervenire in Siria è stata bloccata nel 2013 grazie all'ostilità di una parte del gruppo conservatore e dell'alleato liberal-democratico. Infine nel referendum sulla *Brexit* del 23 giugno 2016 una parte consistente del gruppo parlamentare conservatore e cinque ministri del governo Cameron si sono schierati a favore dell'uscita del paese dalla Unione Europea.

*posizione*, alla quale è attribuito, oltre al diritto di criticare e di controllare l'azione del Governo, quello di avanzare le proprie proposte politico-programmatiche per garantire il realizzarsi dell'alternanza alla testa dell'esecutivo. Il *leader* del partito di opposizione, che viene direttamente stipendiato dallo Stato in base ad una legge del 1937 (*Ministers of the Crown Act*), svolge la funzione di Primo ministro dello *Shadow Cabinet* (Governo ombra), la cui struttura e la cui attività ricalcano quelle del Gabinetto ufficiale. Inoltre una parte dell'attività parlamentare si svolge sulla base di accordi tra maggioranza e opposizione, alla quale sono garantiti spazi certi di intervento, vari strumenti di controllo e possono essere attribuite importanti cariche parlamentari (presidenza di commissioni, ma anche quella di *Speaker* della Camera dei Comuni). Infine il *leader* dell'opposizione viene consultato o informato dal Primo ministro su decisioni di importanza fondamentale per il paese, come quelle riguardanti la politica estera e la difesa [49].

In conclusione nel Regno Unito è soprattutto la dialettica maggioranza-opposizione a garantire il funzionamento equilibrato di una forma di governo parlamentare teoricamente "pura", che ha assunto una natura maggioritaria, le cui caratteristiche di fondo sono rimaste quasi immutate fino ad oggi. Tuttavia la forma di governo si inserisce all'interno di un contesto costituzionale dinamico, nel quale vi sono state importanti riforme (lo *Scotland Act* e il *Government of Wales Act* del 1998, aggiornati rispettivamente nel 2012 e nel 2006, lo *Human Rights Act* del 1998, il *Constitutional Reform Act* del 2005), che tendono a rafforzare i contrappesi istituzionali (autonomie territoriali, garanzie dei diritti, indipendenza della magistratura) al ruolo del Governo e del Primo ministro. Inoltre il contesto politico è divenuto più fluido e meno coeso rispetto al passato e ciò incide sul funzionamento della forma di governo e sull'avvenire del paese. Ne costituiscono una riprova l'esperienza del governo di coalizione tra il 2010 e il 2015 [50] e la formazione di un governo di minoranza dopo quelle

---

[49] V. G. de Vergottini, *Lo "Shadow Cabinet". Saggio comparativo sul rilievo costituzionale dell'opposizione nel regime parlamentare britannico*, Milano, 1973; V. Casamassima, *L'opposizione in Parlamento. Le esperienze britannica e italiana a confronto*, Torino, 2013.

[50] V. O. Gay, P. Schleiter, V. Belu, *The Coalition and the Decline of Majoritarianism in the UK*, in *The Political Quarterly*, vol. 86, n. 1, 2015, p. 118 ss.

del 2017 [51]; l'emergere di forti tendenze indipendentiste soprattutto in Scozia [52]; le incertezze sull'unità del paese e sulla compattezza della maggioranza di governo derivanti dall'esito del citato referendum sulla *Brexit* [53].

## 9. *La forma di governo parlamentare a prevalenza del Parlamento: la Terza Repubblica francese*

Del tutto diversa da quella britannica è l'evoluzione della forma di governo parlamentare monistica in Francia, dove nel corso della Terza Repubblica (1875-1940) si afferma la *prevalenza del Parlamento sul Governo* [54].

Come in Gran Bretagna questo esito è il frutto più di convenzioni di origine politica che dei testi costituzionali. Infatti in linea teorica le tre leggi costituzionali del 1875, derivanti da un compromesso tra repubblicani e monarchici orleanisti, danno vita ad una forma di governo parlamentare *dualistica*. Da un lato viene sancita la responsabilità politica del Governo nei confronti del Parlamento e viene proclamata la Repubblica con un Presidente eletto per sette anni dall'Assemblea nazionale (costituita dalla riunione delle due Camere) e i cui poteri sono soggetti alla controfirma ministeriale. D'altro lato l'esecutivo è bicefalo; i ministri sono nominati dal Presidente e nulla esclude che siano responsabili anche nei suoi confronti; accanto alla Camera dei deputati elettiva è posto in posizione paritaria un Senato, eletto indirettamente e rappresentati-

[51] Va sottolineato che nelle elezioni del 2015 il partito conservatore ha ottenuto solo 12 seggi in più della maggioranza assoluta, risultando maggioritario in Inghilterra, ma minoritario in Galles e in Scozia.

[52] In Scozia nel referendum del 18 settembre 2014 il 44,7% dei votanti si è pronunciato per l'indipendenza dal Regno Unito, che è stata respinta dal 55,3%. Nelle elezioni per la Camera dei Comuni del 2015 il Partito nazionalista scozzese, favorevole all'indipendenza, ha conquistato 56 dei 59 seggi in palio, mentre in quelle del 2017 ha ottenuto 35 seggi.

[53] Nel referendum sulla *Brexit* il 62% dei votanti in Scozia e il 55,8% in Irlanda del Nord si sono pronunciati contro l'uscita dalla UE.

[54] Sulle istituzioni della Terza Repubblica v. M. MORABITO, *Histoire constitutionnelle de la France (1789-1958)*, 6ª ed., Paris, 2000, p. 281 ss.

vo soprattutto dei piccoli Comuni rurali conservatori; infine il Capo dello Stato può sciogliere la Camera su parere conforme del Senato.

Ma l'evoluzione concreta della forma di governo va in tutt'altra direzione, essendo marcata fin dall'inizio dal tentativo fallito del primo Presidente Mac Mahon di imporre l'interpretazione dualistica dei testi costituzionali (*supra*, § 7) e dalla famosa dichiarazione con la quale il suo successore Grévy nel 1879 afferma che non entrerà «mai in conflitto con la volontà nazionale». Nasce in questo modo la cosiddetta "Costituzione Grévy" [55], in base alla quale il potere di scioglimento cade in disuso e il Presidente della Repubblica svolge un ruolo estraneo all'indirizzo politico e, quando tenta di affermare una posizione più attiva, come Millerand nel 1924, è costretto a dimettersi dallo "sciopero dei ministeri", vale a dire dal rifiuto della Camera di collaborare con un qualsiasi governo da lui nominato.

Nella determinazione dell'indirizzo politico è il *Parlamento* a svolgere un ruolo preponderante, anche grazie alla funzione esercitata dalle commissioni permanenti, che gli consentono non solo di controllare il Governo, ma anche di intervenire attivamente nell'amministrazione degli affari dei singoli dicasteri. Inoltre, poiché la responsabilità politica del Governo non è giuridicamente disciplinata, si inaugura la prassi per cui è sufficiente un voto negativo del Parlamento, o anche di una sua commissione, su una proposta dell'esecutivo per provocarne le dimissioni. Quanto al Governo, i testi costituzionali non prevedono neppure la figura del Presidente del Consiglio, che si afferma in via di prassi fino ad essere riconosciuta dalla legge finanziaria del 1934; va sottolineata, comunque, la tendenza al rafforzamento dell'esecutivo durante e dopo la prima guerra mondiale, soprattutto grazie al ricorso su autorizzazione del Parlamento ai *décrets-lois*, che possono modificare le leggi vigenti. Tuttavia i governi sono fortemente instabili (in 65 anni se ne formano cento con una durata media di ciascuno inferiore a otto mesi), in quanto derivano da accordi di coalizione tra partiti scarsamente disciplinati e con un ruolo importante dei notabili (donde il fenomeno del "trasformismo" parlamentare, analogo a quello che si verifica in Italia dopo l'unità).

---

[55] L'espressione è di M. PRELOT, *Institutions politiques et droit constitutionnel*, 2ª ed., Paris, 1961, p. 453.

In definitiva l'esperienza francese si basa su una molteplicità di partiti flessibili e sulla supremazia del Parlamento. Perciò è stata definita come un "regime di assemblea" (ma su tale nozione v. *infra*, § 17) o "a parlamentarismo assoluto", nel quale "il Parlamento, divenuto padrone su tutta la linea, domina completamente l'esecutivo" [56].

## 10. *La forma di governo parlamentare razionalizzata dopo la prima guerra mondiale: la Repubblica di Weimar*

All'indomani della prima guerra mondiale in Europa continentale entrano in vigore una serie di Costituzioni repubblicane che adottano la forma di governo parlamentare, ma si propongono allo stesso tempo di "razionalizzare" il suo funzionamento al fine di rafforzare la stabilità dell'Esecutivo, mettendo per iscritto alcune norme relative al rapporto di fiducia e soprattutto stabilendo che il Governo ha l'obbligo di dimettersi solo nell'ipotesi di approvazione di una mozione di sfiducia da parte del Parlamento [57]. Nella maggioranza delle Costituzioni, approvate sull'onda dello sfaldamento dell'Impero austro-ungarico e di quello germanico e del manifestarsi di un forte movimento democratico e repubblicano, si afferma una prevalenza del Parlamento sul Governo ed un ridimensionamento del ruolo del Capo dello Stato, secondo un'impostazione di tipo monistico [58].

Ad un monismo forte si ispira la *Costituzione austriaca* del 1920, elaborata con il contributo determinante di Kelsen [59]. Al centro

---

[56] Cfr. CARRÉ DE MALBERG R., *La loi expréssion de la volonté générale: étude sur le concept de la loi dans la Constitution de 1875*, Paris, 1931, p. 196.

[57] Il termine "razionalizzazione" è di B. MIRKINE-GUETZÉVITCH, *Les nouvelles tendances du droit constitutionnel*, Paris, 1931, p. 14 ss. Sulle principali Costituzioni del periodo v. anche G. BURDEAU, *Il regime parlamentare*, cit., p. 33 ss.

[58] V. le Costituzioni di Austria (1920), Cecoslovacchia (1920), Lituania (1920), Estonia (1920), Polonia (1921), Lettonia (1922), Turchia (1924), Grecia (1925), Spagna (1931).

[59] Un'ipotesi di monismo ancora più accentuato è quello della *Costituzione dell'Estonia* del 1920, la quale elimina la figura del Capo dello Stato, attribuendone le funzioni al Decano dello Stato (equivalente del Primo ministro) eletto e revocabile dal Parlamento.

della forma di governo vi è, infatti, il Parlamento, ed in particolare il Consiglio nazionale, eletto con sistema proporzionale, visto che la seconda Camera, il Consiglio federale, rappresentativa dei *Laender*, può esercitare solo un potere di veto sospensivo sulle deliberazioni dell'altra Camera. Dal Parlamento derivano sia il Governo, eletto dal Consiglio nazionale ed obbligato a dimettersi da un voto di sfiducia, sia il Presidente della Repubblica, eletto dall'Assemblea federale, che riunisce le due Camere, e i cui atti sono sottoposti alla controfirma ministeriale. Il Consiglio nazionale non può essere sciolto, ma decide il proprio autoscioglimento ed elegge una Commissione centrale, che esprime il proprio consenso sui regolamenti governativi, quando la legge lo richieda, e sui provvedimenti di urgenza adottati a Camere sciolte o fuori sessione.

Anche se la prevalenza della Camera elettiva è evidente, sembra eccessivo considerare la forma di governo più "assembleare" di quella delle Terza Repubblica francese o ispirata alla Costituzione giacobina del 1793 [60]. Infatti viene creata per la prima volta una Corte costituzionale, incaricata di controllare la legittimità costituzionale delle leggi, e sono previste diverse ipotesi di referendum e di iniziativa popolare in materia legislativa e costituzionale, istituti che mal si conciliano con la concezione della "sovranità del Parlamento" propria dell'esperienza francese.

Più equilibrato è il monismo stabilito dalla *Costituzione cecoslovacca* del 1920, la quale riconosce maggiori poteri al Senato e al Presidente della Repubblica e prevede una più forte razionalizzazione della mozione di sfiducia, che deve essere presentata da almeno 100 deputati, non può essere discussa prima di otto giorni dalla presentazione e deve essere approvata a maggioranza assoluta della Camera dei deputati.

Altri ordinamenti, invece, adottano un'impostazione *dualistica*, prevedendo accanto al Parlamento un *Presidente* dotato di una più forte legittimazione, derivante dalla sua investitura da parte del popolo o di elettori designati dal popolo, e titolare di maggiori poteri. Ciò si verifica soprattutto in Germania (Costituzione di Weimar del 1919) ed in Finlandia (Costituzione del 1919), ma una tendenza analoga si manifesta anche in altri paesi, spesso in conseguenza del sostanziale fallimento della razionalizzazione di tipo

---

[60] Cfr. C. MORTATI, *Le forme di governo*, cit., p. 196.

assembleare operata in precedenza, con importanti revisioni costituzionali (come quella polacca del 1926 e quella austriaca del 1929) o con l'approvazione di nuove Costituzioni (Lituania 1928).

In ogni caso sia la regolamentazione del voto di sfiducia sia il rafforzamento dell'uno o dell'altro organo costituzionale non riescono a mettere al riparo le istituzioni democratico-parlamentari da gravi crisi di origine economico-sociale e politica, che decretano il fallimento dei tentativi di razionalizzazione e sfociano nella nascita di regimi autoritari.

Tra le Costituzioni razionalizzate del primo dopoguerra merita un'attenzione particolare quella di *Weimar*, che è la prima Costituzione democratica della Germania e costituirà un punto di riferimento sia in positivo sia in negativo per le assemblee costituenti del secondo dopoguerra. Essa entra in vigore nel 1919 sulla base di un *compromesso* che è socio-politico, ideale e istituzionale. Alla base vi è una mediazione tra forze popolari (democratiche, cattoliche e socialiste) e forze conservatrici, che rappresentano l'aristocrazia terriera e l'apparato burocratico-militare. Di conseguenza la forma di governo si fonda su un dualismo di principi, quello della sovranità popolare e quello della autorità e della unità dello Stato, che trovano il proprio riferimento rispettivamente nella Camera elettiva (*Reichstag*) e nel Presidente del *Reich*[61].

La novità più rilevante rispetto al parlamentarismo dualistico ottocentesco è rappresentata dalla previsione di un Presidente eletto dal popolo, ma l'originalità della forma di governo fa sì che essa venga definita in modi diversi: come regime "pluralistico" conciliante vari sottosistemi di governo[62], come regime parlamentare a prevalenza dell'esecutivo[63], come forma di governo semipresiden-

[61] V. F. LANCHESTER, *La forma di governo weimariana rivisitata*, in *Scritti in onore di Egidio Tosato*, I, Milano, 1984, p. 495 ss.; S. CECCANTI, *Un modello storico di "semipresidenzialismo": la Germania di Weimar*, in L. PEGORARO e A. RINELLA (a cura di), *Semipresidenzialismi*, Padova, 1997, p. 267 ss.; P. RIDOLA, *La Costituzione della Repubblica di Weimar come «esperienza» e come «paradigma»*, in ID., *Stato e Costituzione in Germania*, Torino, 2016, p. 27 ss.

[62] Cfr. C. SCHMITT, *Dottrina della costituzione*, cit., p. 448 ss., il quale individua quattro sottosistemi di governo: parlamentare in senso stretto, del Cancelliere, a Gabinetto e presidenziale.

[63] Cfr. G. BURDEAU, *Il regime parlamentare*, cit., p. 356 ss., il quale considera il regime weimariano come una deviazione dalla classica concezione dualistica del parlamentarismo basata sull'equilibrio tra i poteri.

ziale[64]. Si tratta in ogni caso di una forma di governo dualistica, basata su un equilibrio fragile e precario tra forze contrapposte, su un multipartitismo estremo con consistenti partiti antisistema (di destra e di sinistra) e su un sistema fortemente proporzionale per l'elezione del *Reichstag*, che è una delle cause del frazionamento della Camera e dell'instabilità dei governi[65].

Il principio base è quello della forma di governo parlamentare: alla previsione del *rapporto di fiducia* e dell'obbligo dei ministri di dimettersi in caso di espresso voto di sfiducia (art. 54 Cost.) corrisponde il potere del Presidente di sciogliere il *Reichstag*, anche se «solo una volta per lo stesso motivo» (art. 25), previsione che si presta ad essere facilmente aggirata. Tuttavia, poiché l'art. 54 non prevede un termine per l'ottenimento di un voto di fiducia iniziale, si afferma l'interpretazione per cui la fiducia debba essere non espressa, ma solo presunta, il che consente la formazione di governi di minoranza. Il *Parlamento* è costituito, oltre che dalla Camera elettiva, da un Senato (*Reichsrat*), rappresentativo dei governi dei *Laender*, il quale non può far valere la responsabilità politica del Governo, ma ha un potere di veto sulle leggi ordinarie e su quelle di revisione costituzionale, che può determinare il ricorso al referendum popolare.

Nell'ambito del *Governo* il principio monocratico, rappresentato dal Cancelliere e dal riconoscimento a questi di un potere di direttiva politica, ed il principio collegiale, che impone la decisione del Consiglio dei ministri su tutte le questioni non rientranti nella competenza del singolo dicastero, si giustappongono senza che nessuno dei due abbia una chiara prevalenza.

Il *Presidente del Reich* viene eletto a suffragio universale: se nessun candidato ottiene la maggioranza assoluta dei voti, non è previsto un turno di ballottaggio, ma un secondo turno aperto a diverse candidature, nel quale, pertanto, viene eletto chi ottiene la maggioranza relativa. La durata del mandato è di sette anni. Il Capo dello Stato è rieleggibile ed è titolare di notevoli poteri, anche se i suoi atti devono essere controfirmati: tra questi la nomina e la re-

---

[64] Cfr. M. Duverger, *La monarchie républicaine*, Paris, 1974, p. 122 ss.

[65] Considera il sistema proporzionale come ragione fondamentale della crisi della Repubblica di *Weimar*, sottovalutando le altre ragioni economico-sociali, politiche e istituzionali, F. Hermens, *La democrazia rappresentativa*, (1958), trad. it., Firenze, 1968.

voca del Cancelliere e dei ministri, lo scioglimento della Camera dei deputati, il ricorso al referendum su una legge approvata dal *Reichstag* di propria iniziativa o in seguito all'opposizione del Senato. Inoltre, accanto all'indirizzo politico "ordinario", spettante congiuntamente al Governo ed al Parlamento, è previsto un indirizzo politico straordinario o «di riserva» [66], attribuito dall'art. 48 al Presidente, il quale, in caso di minaccia o turbamento rilevanti dell'ordine e della sicurezza pubblica, può adottare ogni misura necessaria, compreso l'intervento militare, e sospendere l'efficacia dei diritti sanciti nella Costituzione. A fronte di questi rilevanti poteri, la previsione di una destituzione popolare del Presidente su iniziativa del *Reichstag* (art. 43 Cost.) risulta di improbabile applicazione, sia perché richiede il voto favorevole di una maggioranza qualificata dei due terzi dell'assemblea, sia perché il rigetto della proposta da parte del corpo elettorale ha come effetto la rielezione del Presidente in carica e lo scioglimento della Camera.

In definitiva nella forma di governo vi è una *duplice componente*: l'una parlamentare-rappresentativa, basata sul rapporto fiduciario tra Camera elettiva e Governo, l'altra presidenziale-plebiscitaria, fondata sul rapporto diretto tra corpo elettorale e Capo dello Stato, il quale, grazie al meccanismo della "fiducia presunta" può nominare governi presidenziali extraparlamentari e far controfirmare dal nuovo Cancelliere il decreto di scioglimento del *Reichstag*.

Nella *prassi*, fino al 1930 prevale la componente parlamentare della forma di governo con la formazione di governi di coalizione espressione di una maggioranza parlamentare, anche se si tratta di governi eterogenei ed instabili (in 14 anni ve ne sono ventuno con una durata media di otto mesi ciascuno). Successivamente emerge la componente presidenziale attraverso il ricorso del Presidente von Hindenburg [67] alle ordinanze di necessità *ex* art. 48 in materia

---

[66] Di "Costituzione di riserva" a proposito del ruolo del Presidente parla R. CAPITANT, *Le rôle politique du Président du Reich*, in *Écrits constitutionnels*, Paris, 1982, p. 444. La nota teoria del Presidente come «custode della Costituzione», che rappresenta l'unità e la continuità dello Stato ed è legittimato ad intervenire quando il pluralismo rende «impossibile un normale funzionamento dello Stato legislatore» è di C. SCHMITT, *Il custode della costituzione*, (1931), trad. it., Milano, 1981, citaz. a p. 240.

[67] Von Hindenburg è il primo ed unico Presidente ad essere eletto a suffragio

economica, finanziaria e sociale ed alla nomina di governi presidenziali minoritari, immediatamente seguita da ripetuti scioglimenti del *Reichstag*, che non intende approvare le misure eccezionali adottate dall'esecutivo. Infine agli inizi del 1933 il Presidente nomina come Cancelliere Hitler, *leader* del partito di maggioranza relativa, segnando con questo atto la fine dell'esperienza di Weimar e l'avvento del regime nazionalsocialista.

## 11. *La razionalizzazione nel secondo dopoguerra: la Quarta Repubblica francese*

Dopo la seconda guerra mondiale vi sono due successive ondate di Costituzioni che si propongono di razionalizzare in modo più penetrante le istituzioni parlamentari e di garantire tanto la democraticità quanto l'efficienza della forma di governo parlamentare. A questi intenti si ispirano le Costituzioni entrate in vigore nell'immediato dopoguerra (Francia 1946, Giappone 1946, Italia 1948, Repubblica federale tedesca 1949, Danimarca 1953) e quelle successive che introducono importanti innovazioni (Svezia 1975, Belgio 1994) o sostituiscono un sistema democratico al precedente regime autoritario (Grecia 1975, Spagna 1978). In pratica le uniche Costituzioni di tipo parlamentare dell'Europa occidentale che risalgono al secolo scorso, continuando ad ispirarsi in teoria ad un parlamentarismo puro non razionalizzato, sono quelle del Lussemburgo (1868), dei Paesi Bassi e della Norvegia (entrambe del 1814, ma ampiamente revisionate rispettivamente nel 1983 e nel 2007).

La nuova razionalizzazione consiste non solo nel disciplinare il rapporto di fiducia nei suoi vari aspetti, attinenti all'investitura del Governo, alla mozione di sfiducia e alla questione di fiducia, al fine di garantire la stabilità dell'Esecutivo, ma anche nel prevedere vari organi di garanzia (come il Capo dello Stato e la Corte costituzionale), chiamati a mediare ed a risolvere i potenziali conflitti tra i poteri dello Stato, in modo da evitare che abbiano effetti di-

universale nel 1925, in quanto in precedenza il Presidente Ebert era stato eletto per tre anni dall'Assemblea costituente e poi rieletto dal *Reichstag* nel 1922 per altri tre anni.

struttivi come quelli prodottisi tra le due guerre mondiali in vari paesi europei. Occorre, però, rilevare che la razionalizzazione non assume dovunque la stessa ampiezza né produce gli stessi effetti, essendo condizionata dal sistema elettorale e dal contesto socio-politico. Particolarmente interessante sotto questo profilo è la considerazione dei diversi esiti che hanno dato le tre esperienze quasi coeve di Francia, Italia e Germania.

In *Francia*, dopo la parentesi rappresentata dal governo dittatoriale di Vichy (1940-44), che collabora con l'occupante tedesco, all'indomani della liberazione viene inaugurata la *Quarta Repubblica* con l'approvazione mediante referendum popolare il 13 ottobre 1946 di una nuova Costituzione, dopo che un precedente progetto di Costituzione era stato respinto dal corpo elettorale nel maggio dello stesso anno [68]. La Costituzione prevede una forma di governo *parlamentare monistica razionalizzata*.

Il *Parlamento* è composto da due Camere, l'Assemblea nazionale, eletta con un sistema proporzionale, ed il Consiglio della Repubblica, che rappresenta le collettività locali, ma si tratta di un bicameralismo imperfetto, in quanto la seconda Camera non esercita il controllo politico nei confronti del Governo e sul terreno legislativo funge da Camera di riflessione. L'*esecutivo* è composto da due organi: il Presidente della Repubblica, il quale è eletto dal Parlamento per sette anni, può essere rieletto una sola volta e, pure se presiede il Consiglio dei ministri, è titolare di poteri ridotti; il Governo, che comprende il Consiglio dei ministri ed il Presidente del Consiglio, al quale i costituenti vorrebbero garantire una posizione autorevole, ispirandosi al modello britannico. Da qui derivano gli elementi di *razionalizzazione* della forma di governo.

Il primo è rappresentato dal procedimento di *formazione del Governo*: l'art. 45 Cost. stabilisce che il Presidente del Consiglio viene prima designato dal Presidente della Repubblica, poi ottiene la fiducia dell'Assemblea nazionale a maggioranza assoluta dei componenti, infine viene nominato dal Capo dello Stato insieme ai ministri da lui scelti. In teoria questo sistema deve garantire un Primo ministro forte grazie alla fiducia ottenuta sulla sua persona e sul programma da lui presentato. In realtà l'Assemblea è notevolmente frammentata, a causa del sistema multipartitico

[68] Sulla Quarta Repubblica v. M. Morabito, *Histoire constitutionnelle*, cit., p. 365 ss.

estremo[69], e le maggioranze di coalizione risultano fragili ed instabili. Nella prassi si verifica che il Presidente del Consiglio, ottenuta la fiducia sulla sua persona, chieda un secondo voto di fiducia sull'intero Governo oppure non riesca a formare una maggioranza o dia vita a compagini deboli, che vengono entro breve tempo sconfitte in Assemblea, con le sue conseguenti dimissioni.

Per far fronte a questa situazione vengono varate due riforme: nel 1951 viene modificata la legge elettorale proporzionale, mediante la previsione che in ogni Dipartimento le liste apparentate le quali ottengano la maggioranza assoluta dei voti conquistino tutti i seggi; nel 1954 viene approvata una revisione dell'art. 45 Cost., secondo la quale il Presidente del Consiglio ed i ministri sono sottoposti congiuntamente al voto di fiducia, per l'ottenimento della quale è sufficiente la maggioranza semplice. Ma tali riforme non producono effetti significativi: basti pensare che nell'arco di 12 anni si hanno ventuno governi con una durata media di ciascuno inferiore ai sette mesi.

Altri meccanismi di razionalizzazione, relativi al rapporto di fiducia, sono previsti dall'art. 49, che disciplina la *questione di fiducia*, la quale può essere posta su una misura specifica dal Presidente del Consiglio dei ministri su delibera dell'organo collegiale e può essere negata solo dalla maggioranza assoluta dell'Assemblea nazionale, e dall'art. 50, che richiede un'analoga maggioranza per l'approvazione di una *mozione di censura*, che obbliga il Governo a dimettersi. Tuttavia l'efficacia pratica di questi congegni sulla stabilità del Governo è limitata, in quanto nella prassi le crisi di governo derivano dai contrasti interni alla maggioranza e da un qualsiasi voto negativo dell'Assemblea, anche se espresso a maggioranza relativa.

Infine l'art. 51, nell'intento di evitarne un uso arbitrario da parte del Governo, stabilisce rigide condizioni per il ricorso allo *scioglimento* dell'Assemblea nazionale, che può essere deliberato in Consiglio dei ministri solo quando nell'arco di 18 mesi si siano a-

---

[69] Basti pensare che il partito elettoralmente più forte è il partito comunista e che l'opposizione di destra è rappresentata da un consistente partito gollista. Dopo la rottura nel 1947 dell'unità nazionale tra cattolici, socialisti e comunisti, al "tripartitismo" succede la "terza forza", rappresentata da cattolici, socialisti, radicali e moderati, che governa fino al 1951, dopo di che la rottura tra cattolici e socialisti rende i governi ancora più deboli e instabili.

vute due crisi di governo parlamentari, vale a dire determinate dal diniego della fiducia o dall'approvazione di una mozione di censura. Che ciò si verifichi è assai difficile e infatti vi è un unico scioglimento governativo nel 1955 [70].

In definitiva la razionalizzazione nella Quarta Repubblica fallisce sia per le forti divisioni politico-sociali, che si riflettono sulla composizione del Parlamento e sull'azione dei governi, sia perché non riesce a costruire un soddisfacente equilibrio tra l'esigenza di autonomia e di stabilità del Governo ed il principio della "sovranità del Parlamento", saldamente radicato nella tradizione parlamentare francese.

## 12. *La forma di governo parlamentare in Italia*

In Italia la decisione di dare vita ad una forma di governo parlamentare viene compiuta all'interno dell'Assemblea costituente il 5 settembre 1946 con l'approvazione nella Seconda Sottocommissione, operante entro la Commissione dei 75 incaricata di approntare il progetto della nuova Costituzione, dell'*ordine del giorno Perassi*, nel quale, tuttavia, viene messo l'accento sulla necessità di adottare «dispositivi costituzionali idonei a tutelare le esigenze di stabilità dell'azione di governo e ad evitare le degenerazioni del parlamentarismo». La scelta della forma di governo parlamentare, così come quella di un sistema elettorale proporzionale per l'elezione del Parlamento, risultano le più congrue rispetto ad un modello costituzionale basato sul compromesso tra diverse forze politico-ideali e sul ruolo determinante attribuito ai partiti di massa al fine di garantire il radicamento del sistema democratico [71].

La forma di governo è *monistica*, *razionalizzata* e *corretta* [72]. Cir-

---

[70] Lo scioglimento viene decretato su iniziativa del Primo ministro Faure, il quale pone la questione di fiducia con l'obbiettivo di essere sconfitto in Assemblea e realizzare così le condizioni per lo scioglimento di questa, riuscendo nel suo intento solo grazie ad un errore di calcolo dell'opposizione che, come avveniva di solito, intendeva battere il Governo ma a maggioranza relativa.

[71] V. V. ONIDA, *Costituzione italiana*, in *Dig. pubbl.*, IV, Torino, 1989, p. 325 ss.

[72] V. la ricostruzione di E. CHELI, *La forma di governo italiana nella prospettiva storica*, in *Rass. parl.*, 1998, p. 291 ss.

ca il primo aspetto, è decisiva la derivazione del *Presidente della Repubblica* dal Parlamento (integrato da un numero ridotto di delegati delle Regioni) e la sua configurazione quale "rappresentante dell'unità nazionale" e come potere a sé (secondo l'opinione della dottrina, fatta propria anche dalla Corte costituzionale) distinto dal potere esecutivo. L'elencazione dei poteri attribuiti al Capo dello Stato risente certo ancora della tradizione monarchica e presenta qualche margine di ambiguità [73], ma un'interpretazione sistematica degli stessi e la considerazione che i suoi atti devono essere controfirmati escludono che egli possa partecipare alla determinazione dell'indirizzo politico.

D'altra parte la rilevanza di alcuni poteri (come la nomina del Governo e lo scioglimento delle Camere) non riduce il Presidente ad una funzione meramente notarile ed in situazioni di crisi politico-istituzionale gli consente di assumere un ruolo crescente di "intermediazione politica" e di condizionamento della politica, talvolta ai limiti dell'ordinamento costituzionale [74]. Tuttavia ciò non deve portare alla sopravvalutazione degli elementi dualistici presenti nel testo costituzionale, in quanto comunque il Presidente non diviene un *leader* né un decisore politico di ultima istanza. In particolare, per quel che riguarda i due poteri più rilevanti, il ricorso allo scioglimento viene condizionato dall'orientamento assunto dalle forze politico-parlamentari e la formazione di "governi tecnici" (come il governo Ciampi nella XI legislatura, il governo Dini nella XII, il governo Monti nella XVI), anche se vede un intervento importante del Capo dello Stato nella loro nascita e nell'individuazione di alcuni temi programmatici, non gli permette di imporre un proprio indirizzo politico né di sostituire la propria "fiducia" a quella delle Camere, trasformandoli in "governi presidenziali".

La razionalizzazione della forma di governo risulta dalla disciplina del rapporto di fiducia, dall'attribuzione al Presidente del

---

[73] V. A. Barbera, C. Fusaro, *Il governo*, cit., p. 117 ss.

[74] Come si è verificato negli ultimi due anni della Presidenza Cossiga (1990/92), il quale si è fatto portavoce di un progetto mirante a delegittimare la Costituzione vigente e a favorire un cambiamento della forma di governo. Sul Presidente della Repubblica v. A. Baldassarre e C. Mezzanotte, *Gli uomini del Quirinale. Da De Nicola a Pertini*, Roma-Bari, 1985 e M. Luciani, M. Volpi (a cura di), *Il Presidente della Repubblica*, Bologna, 1997.

Consiglio di una funzione di direzione e di coordinamento dell'attività del Governo, dalla previsione di atti legislativi di competenza dell'esecutivo. Tuttavia si tratta di una *razionalizzazione debole*, che non adotta adeguati meccanismi di garanzia della stabilità del Governo. Viene, quindi, a prevalere la natura *corretta* della forma di governo, consistente nella previsione di un sistema di limiti e di garanzie nei confronti del potere della maggioranza[75] (quali il decentramento regionale, il controllo sulla legittimità costituzionale delle leggi, il referendum abrogativo), anche se gli istituti di garanzia vengono attuati con notevole ritardo a causa dell'azione di freno svolta dalla maggioranza centrista negli ani immediatamente successivi all'entrata in vigore della Costituzione[76].

In definitiva la forma di governo risulta flessibile e *aperta* ad esiti diversi, dipendenti dal ruolo dei partiti e dall'evoluzione del sistema politico. Il configurarsi di questo come un sistema a multipartitismo estremo e polarizzato è determinante nel caratterizzare in senso *non maggioritario* il suo funzionamento. Quindi, la forma di governo ha il grande merito di realizzare l'obiettivo storico di garantire la convivenza tra forze divise ed il radicamento della democrazia pluralistica, ma il suo funzionamento manifesta alcuni limiti[77]: l'instabilità e l'eterogeneità dei governi (di coalizione tra più partiti), la debolezza del Presidente del Consiglio, ma anche dell'organo collegiale del Governo, a vantaggio dell'autonomia dei singoli ministri, l'inefficienza del raccordo Parlamento-Governo e l'indebolimento dello stesso Parlamento, la cui teorica "centralità" viene progressivamente erosa dall'intervento decisivo dei vertici di partito, dai problemi provocati dall'esistenza di due Camere titolari delle stesse funzioni, dalla crisi della legge (determinata anche dal numero abnorme di leggi, approvate soprattutto nelle commissioni legislative) e dal ricorso crescente da parte dell'esecutivo ad atti normativi che svuotano in gran parte la funzione legislativa delle Camere.

---

[75] Come aveva sottolineato V. CRISAFULLI, *Aspetti problematici del sistema parlamentare vigente in Italia*, in *Studi in onore di Emilio Crosa*, I, Milano, 1960, p. 652 ss.

[76] Per la quale fin dagli anni '50 viene coniato il termine di "ostruzionismo di maggioranza"; cfr. P. CALAMANDREI, *L'ostruzionismo di maggioranza*, in *Il Ponte*, 1953, p. 129 ss.

[77] V. E. CHELI, *La forma di governo italiana*, cit., p. 297.

Inoltre l'esistenza per lungo tempo della *conventio ad excludendum*, cioè della regola non scritta che esclude dal Governo il maggior partito di opposizione, il Partito comunista, ritenuto "antisistema", ed il mancato realizzarsi dell'alternanza alla guida dell'esecutivo, oltre ad accentuare i limiti del parlamentarismo non maggioritario, determinano la tendenza dei partiti di governo ad occupare le istituzioni e, a partire dagli anni '70, la frequente confusione di ruoli tra maggioranza e opposizione.

All'inizio degli anni '90 si produce una *crisi del sistema politico*, determinata da fattori sia internazionali (il crollo dell'URSS e del blocco comunista) sia interni (l'emergere del sistema di potere basato sull'occupazione delle istituzioni e sul ricorso sistematico a forme di finanziamento illegale e di corruzione e la crisi dei tre maggiori partiti di massa, la Democrazia Cristiana, il Partito comunista e il Partito socialista), con il conseguente affermarsi di nuovi partiti e di nuovi schieramenti politici.

Da qui prende avvio una *nuova fase della Repubblica*, inaugurata dalla riforma dei sistemi elettorali di Camera e Senato del 1993, i quali vengono trasformati in sistemi maggioritari a turno unico per tre quarti dei seggi e proporzionali per il quarto restante. Di conseguenza il sistema dei partiti tende verso una *bipolarizzazione* tra centro-destra e centro-sinistra, evidente soprattutto nelle elezioni del 1996 e del 2001. Nel 2005 il sistema elettorale viene nuovamente cambiato dalla maggioranza di centro-destra con l'adozione di una formula proporzionale per liste concorrenti bloccate (senza voto di preferenza), corretta da esigue clausole di sbarramento e da un premio di maggioranza alla coalizione che ottenga più voti (pari al 54% dei seggi alla Camera, al 55% al Senato, dove viene irragionevolmente attribuito all'interno di ogni Regione). Le successive elezioni del 2006 rafforzano la tendenza bipolare. Ma si tratta di un *bipolarismo imperfetto* per varie ragioni [78]. Innanzitutto l'aggregazione all'interno delle due coalizioni è determinata, più che dall'accordo effettivo su un programma comune, da convenienze elettorali e dall'intento di sconfiggere la coalizione avversaria. In secondo luogo fa difetto la condivisione di momenti essenziali della storia patria e di comuni principi e valori di riferimento, il che impedisce il riconoscimento reciproco della legittimazione a go-

---

[78] V. V. LIPPOLIS, G. PITRUZZELLA, *Il bipolarismo conflittuale. Il regime politico della Seconda Repubblica*, Soveria Mannelli, 2007.

vernare. Infine non si verifica una consistente riduzione del numero dei partiti rappresentati, soprattutto perché i partiti minori possono sfruttare il loro peso, ridotto ma decisivo per la conquista dei seggi nei collegi uninominali con il sistema maggioritario in vigore fino al 2005 e del premio di maggioranza con il sistema elettorale del 2005 e condizionare i partiti maggiori della coalizione. Quindi fino al 2008 le coalizioni sono costituite da un numero consistente di partiti e manifestano al loro interno forti elementi di eterogeneità.

Le elezioni del 2008 danno vita ad una semplificazione del sistema politico, che viene ad essere costituito da due partiti nettamente più forti all'interno del centro-destra (il Popolo della libertà) e del centro-sinistra (il Partito democratico), riducendo a cinque il numero dei partiti rappresentati in Parlamento. Ma si tratta anche qui di un *bipartitismo imperfetto* per varie ragioni: infatti ciascuno dei due partiti si allea con altri partiti (il Pdl con la Lega Nord, che è decisiva per la sopravvivenza del Governo, il Pd con l'Italia dei Valori); vi è un partito di centro autonomo (l'Unione dei democratici cristiani); tra le due coalizioni vi è una sorta di "guerra civile fredda", che impedisce il confronto e la legittimazione reciproca; infine emergono importanti divergenze interne ai due maggiori partiti che sfociano anche in scissioni (l'ala di Fini nel PDL, quella di Rutelli nel PD). La debole coesione della maggioranza è dimostrata sia dalla crisi del secondo governo Prodi (gennaio 2008), sia dalla crisi del quarto governo Berlusconi (novembre 2011), il quale poteva contare all'inizio della legislatura su un'amplissima maggioranza parlamentare.

Le elezioni del 2013 sanciscono la crisi del bipolarismo, con l'ingresso in Parlamento di tre poli quasi equivalenti (oltre a quelli di centro-sinistra e di centro-destra, il Movimento 5 Stelle, che raccoglie la forte protesta antipartitica esistente nel paese), ai quali si aggiunge un quarto polo di ridotta dimensione (Scelta civica) e con i due partiti maggiori che ottengono insieme circa il 50% dei voti. L'incapacità delle due principali coalizioni di assumere una responsabilità di governo, già rivelatasi a fine 2011 con la formazione del governo tecnico Monti, si manifesta dopo le elezioni sia con la rielezione, per la prima volta nella storia repubblicana, del Presidente uscente Napolitano (aprile 2013), sia nella successiva formazione del governo Letta, fondato su una larga coalizione tra PD, PDL e Scelta civica. Nel novembre 2013 Forza Italia, nata dalla maggioranza del PDL, abbandona il governo, mentre la minoranza, che costituisce il Nuovo centro destra, continua a sostenerlo. Nel febbraio 2014 viene costituito il governo Renzi, presieduto dal segretario del PD, eletto alla carica con primarie aperte agli elettori, e che comprende anche il Nuovo centro destra e Scelta civica.

Appare quindi chiara la crisi della cosiddetta "Seconda Repubblica", termine assai discutibile, in quanto dal 1993 al 2013 non è stata adottata una nuova Costituzione. Il bilancio di questi venti anni è complessivamente negativo[79]. Da un lato il funzionamento della forma di governo è stato solo *tendenzialmente maggioritario*. Aspetti di tipo maggioritario sono rappresentati dal fatto che le elezioni hanno potuto dare una indicazione di governo, anche se non sempre con una chiara maggioranza in entrambe le Camere, dalla nuova configurazione delle consultazioni presidenziali all'indomani delle elezioni (condotte in varie occasioni per rappresentanze di coalizione e non dei singoli partiti che ne facevano parte), dalla nomina come Primo ministro del *leader* proposto dalla coalizione vincente, dalla maggiore rapidità nella formazione dei governi. Tuttavia non si è prodotta una apprezzabile stabilità del Governo (dal 1994 al 2016 vi sono stati tredici governi), la cui efficienza è stata pregiudicata dalla eterogeneità delle coalizioni di maggioranza.

D'altro lato il funzionamento della forma di governo è risultato per vari aspetti *ipermaggioritario*, in quanto squilibrato a favore della maggioranza. Ciò è derivato, innanzitutto, dal mancato adeguamento dei *quorum* di garanzia (rimanendo sufficiente la maggioranza assoluta per eleggere il Presidente della Repubblica, modificare i regolamenti parlamentari, revisionare la Costituzione), adeguamento reso necessario dall'adozione di sistemi elettorali che attribuivano una forte maggioranza in seggi ad una coalizione che non ha ottenuto la maggioranza assoluta dei voti. Inoltre non è stato adottato uno "statuto dell'opposizione", che riconoscesse a questa adeguati poteri e diritti. In secondo luogo si è verificato un costante rafforzamento dei poteri del Governo ed una corrispondente svalutazione del ruolo del Parlamento, sia in virtù delle riforme dei regolamenti parlamentari degli anni '80 e '90, che con-

---

[79] Sul ventennio v. M. Volpi (a cura di), *Istituzioni e sistema politico in Italia: bilancio di un ventennio*, Bologna, 2015; S. Sicardi, M. Cavino, L. Imarisio (a cura di), *Vent'anni di Costituzione (1993-2013). Dibattiti e riforme nell'Italia tra due secoli*, Bologna, 2015.

sentono all'esecutivo di controllare l'agenda parlamentare e di limitare gli spazi della discussione, sia per il ricorso sempre più massiccio alla delegazione legislativa, ai decreti-legge (spesso stravolti in sede di conversione da un maxiemendamento governativo) e alla questione di fiducia. [80].

A oggi non è entrata in vigore nessuna revisione costituzionale relativa alla forma di governo, i cui problemi attuali di funzionamento dipendono in grande parte dal sistema politico [81]. In particolare è naufragato di fronte alla Camera dei deputati il progetto di riforma dell'intera parte seconda della Costituzione, varato nel novembre 1997 dalla Commissione bicamerale per le riforme costituzionali istituita con la legge cost. n. 1 del 1997, il quale proponeva l'adozione di una forma di governo a "semipresidenzialismo temperato", che è stata oggetto di critiche serrate da parte di vari costituzionalisti [82]. Un disegno di legge governativo di ampia revisione della seconda parte della Costituzione, approvato dalla maggioranza di centro-destra alla fine del 2005, proponeva l'adozione di una forma di governo basata sull'elezione di fatto diretta del Primo ministro, sull'abolizione del voto di fiducia iniziale, sull'attribuzione al *Premier* dei poteri di nomina e di revoca dei ministri, di determinazione della politica generale del Governo ed infine di scioglimento anticipato della Camera dei deputati, che veniva decretato automaticamente anche quando votasse la sfiducia al Primo ministro, dando vita ad un'ipotesi di «premierato assoluto» che avrebbe intaccato gli equilibri tra i poteri e quindi la stessa forma di Stato [83]. Ma nel referendum costituzionale del 25-26 giugno 2006 il 61,32% dei votanti ha respinto il progetto.

---

[80] Per un bilancio complessivo v. G. FERRARA, *La posizione attuale del Governo nell'ordinamento costituzionale e le proposte di riforma. Riflessioni sul decennio 1993-2003 della storia costituzionale italiana*, in *Rass. parl.*, 2004, p 89 ss.

[81] Per la tesi secondo la quale le modificazioni già verificatesi non richiedevano una revisione costituzionale v. V. ONIDA, *Il "mito" delle riforme costituzionali*, in *Il Mulino*, 2004, p. 15 ss.

[82] Sulle quali v. M. VOLPI, *Forma di governo e revisione*, cit., p. 99 ss.

[83] L'espressione è di L. ELIA, *Il Premierato assoluto*, in *La Costituzione aggredita. Forma di governo e devolution al tempo della destra*, Bologna, 2005, p. 61 ss. V. in senso fortemente critico ASTRID, F. BASSANINI (a cura di), *Costituzione una riforma sbagliata. Il parere di sessantatré costituzionalisti*, Firenze, 2004. In senso favorevole, anche se con qualche distinguo, v. G. PITRUZZELLA, *Il Governo del Premier*, in Fondazione Magna Carta, *La Costituzione promessa. Governo del Premier e fede-*

All'inizio del 2014 viene stipulato un patto tra il leader del Pd e quello di Forza Italia che stabilisce le linee di una nuova legge elettorale, anche in conseguenza della sentenza n. 1 dello stesso anno, con la quale la Corte costituzionale dichiara l'illegittimità costituzionale di varie previsioni della legge vigente dal 2005 [84], e di una ampia revisione della seconda parte della Costituzione. Nel maggio del 2015 viene approvata la nuova legge elettorale n. 52, cd. *Italicum*, valida per la sola Camera, che modifica quella precedente, prevedendo che il premio di maggioranza del 54% dei seggi sia attribuito ad un'unica lista che abbia superato il 40% dei voti al primo turno o che, qualora nessuna lista raggiunga tale percentuale, risulti prima al turno di ballottaggio tra le due liste più votate, e stabilendo che i capilista in cento circoscrizioni elettorali siano bloccati e quindi non eleggibili mediante le preferenze. Il 12 aprile 2016 viene approvata dal Parlamento la legge costituzionale presentata dal Governo, la quale in particolare propone di trasformare il Senato in Camera rappresentativa delle istituzioni territoriali non eletta dal corpo elettorale e di riformare di nuovo il titolo V della seconda parte, relativo alle Regioni e alle autonomie locali, ampiamente revisionato nel 1999 e nel 2001. Anche se il testo non riguarda direttamente la forma di governo, dal combinato disposto con la nuova legge elettorale deriva l'attribuzione di un potere determinante al "capo della forza politica" plebiscitato dal ballottaggio, che pregiudicherebbe due elementi della forma di governo parlamentare: la derivazione del Governo dal Parlamento e la flessibilità, che consente la sostituzione del Primo ministro nel corso della legislatura. Ma il referendum del 4 dicembre 2016 boccia la riforma con il 59,1% dei voti, determinando le dimissioni di Renzi e la formazione del governo Gentiloni, sostenuto dalla stessa maggioranza di quello precedente. In seguito con la sentenza n. 35 del 2017 la Corte costituzionale ritiene parzialmente illegittimo l'*Italicum*, censurando il ballottaggio per l'eccessiva compressione dei principi di rappresentatività e di eguaglianza del voto e la libera scelta del col-

---

*ralismo alla prova della riforma*, Soveria Mannelli, 2004, p. 5 ss.

[84] La Corte ha bocciato il premio di maggioranza sia alla Camera che al Senato per violazione dei «valori costituzionalmente protetti» della rappresentatività del Parlamento e dell'eguaglianza del voto, e le liste bloccate in ampie circoscrizioni per violazione della libertà del voto degli elettori.

legio da parte del capolista plurieletto.

Dopo vari tentativi infruttuosi viene approvata una nuova legge elettorale, la n. 165 del 2017, cosiddetto *Rosatellum-bis*, la quale prevede per entrambe le Camere l'attribuzione di quasi i due terzi dei seggi a liste di candidati bloccate con metodo proporzionale (e clausola di sbarramento del 3%) e della parte restante in collegi uninominali con sistema maggioritario a turno unico. Le elezioni del 4 marzo 2018 non solo confermano la crisi del bipolarismo, penalizzando i due partiti che ne costituivano l'ossatura (PD e Forza Italia insieme ottengono meno del 33% dei consensi), ma rafforzano il Movimento 5 Stelle (che supera il 32% dei voti) e la Lega (che con più del 17% dei voti è la prima forza politica del centro-destra). Ne segue dopo quasi tre mesi di trattative la formazione del governo Conte, basato su un "contratto di coalizione" tra M5S e Lega che nulla prevede in materia di forma di governo.

In definitiva, tra le forme di governo parlamentari razionalizzate dell'immediato secondo dopoguerra quella italiana fino all'inizio degli anni '90 si è collocata per certi aspetti vicino all'esperienza della Quarta Repubblica francese, dalla quale, tuttavia, si è distinta sia per fattori politici (come il ruolo essenziale giocato da un partito *pivot* come la DC) sia per fattori giuridico-istituzionali (la solidità dell'impianto costituzionale complessivo, pur se bisognoso di alcuni puntuali aggiornamenti, e il ruolo importante svolto dagli organi e dagli istituti di garanzia). Ha fatto seguito una fase di bipolarismo anomalo che non ha garantito la stabilità di governo e ha contribuito a depotenziare il ruolo del Parlamento. La crisi del bipolarismo sancita dalle ultime due elezioni del 2013 e soprattutto del 2018 ha prodotto nelle XVII legislatura un ruolo crescente del Presidente della Repubblica nella soluzione delle crisi e nella XVIII ha determinato l'apertura di una nuova fase dagli esiti fortemente incerti.

L'evoluzione futura potrebbe andare in direzione di una forma di governo parlamentare più fortemente razionalizzata oppure di un sistema presidenzialistico squilibrato ispirato al modello semipresidenziale francese.

## 13. *La Repubblica federale tedesca*

Nel 1949 la "Legge fondamentale" (*Grundgesetz*) di Bonn [85], così qualificata in attesa della riunificazione del popolo tedesco, ma che dal dicembre 1990 è divenuta la Costituzione della Germania unificata [86], adotta una forma di governo parlamentare *razionalizzata*, che garantisce al Cancelliere (che è il Primo ministro) una posizione importante, tanto che viene da alcuni definita come *Kanzlerdemokratie* [87].

Gli artt. 63-64, che disciplinano la *formazione del Governo*, prevedono l'elezione diretta del Cancelliere da parte della Camera dei deputati (*Bundestag*). L'assemblea può eleggere a maggioranza assoluta il candidato proposto dal Presidente federale oppure, se questo non viene eletto, una persona diversa. In caso di esito negativo si procede ad una terza votazione, nella quale risulta eletto chi ottiene più voti: se si tratta della maggioranza assoluta, il Presidente è tenuto a nominarlo Cancelliere; se la maggioranza è solo relativa, il Capo dello Stato può optare tra la nomina e lo scioglimento del *Bundestag*. Spetta al Cancelliere proporre la nomina e la revoca, dei ministri al Presidente federale. Quindi egli può contare su una maggioranza parlamentare che si esprime sulla sua persona ed è in una posizione di preminenza rispetto ai ministri da lui scelti, anche grazie al potere di determinare le direttive politiche generali (art. 65) e a quello di organizzazione, relativo alla creazione dei ministeri e alla distribuzione delle competenze tra gli stessi. Va sottolineato che fino ad oggi tutti i Cancellieri (otto in tutto)

---

[85] La Legge fondamentale viene approvata dal Consiglio Parlamentare, composto da deputarti eletti dai Parlamenti dei *Laender* e costituito su decisione presa nella Conferenza di Londra del giugno 1948 dai governi alleati occupanti.

[86] La riunificazione della Germania avviene con l'adesione alla RFT dei cinque *Laender*, ricostituiti nel territorio della ex Repubblica democratica tedesca, utilizzando la previsione contenuta nell'art. 23 della Legge fondamentale, anziché quella dell'art 146, che avrebbe richiesto una nuova Costituzione da sottoporre all'approvazione dell'intero popolo tedesco. Di conseguenza il *Grundgesetz* ha subito modificazioni minime, come quella relativa alla composizione del Senato.

[87] Sulla forma di governo v. K. VON BEYME, *Das politische System des Bundesrepublik Deutschland*, 11ª ed., Wiesbaden, 2010. Sul ruolo del Cancelliere v. J. AMPHOUX, *Le Chancelier fédéral dans le régime constitutionnel de la République Fédérale d'Allemagne*, Paris, 1962 e S. FILIPPONE THAULERO, *Il ruolo del Cancelliere federale secondo la Legge Fondamentale*, Torino, 1994.

sono stati eletti a maggioranza assoluta, rendendo teorica la possibilità della nomina di un governo di minoranza.

La posizione del Cancelliere e la stabilità del Governo sono rafforzate da vari meccanismi di razionalizzazione. Il primo e più noto è quello della *mozione di sfiducia costruttiva* (art. 67 GG), in base al quale il *Bundestag* può votare la sfiducia al Cancelliere solo se ne elegge contestualmente uno a maggioranza assoluta, dovendo intercorrere tra presentazione della mozione ed elezione almeno 48 ore. I vantaggi di tale congegno consistono non solo nell'evitare i "tempi morti" delle crisi di governo, ma anche nel rafforzare la stabilità dell'esecutivo in carica, in quanto questo può cadere solamente quando nella Camera si formi una nuova maggioranza in grado di eleggere un altro Cancelliere. E infatti solo in due casi (nel 1972 e nel 1982) viene votata una mozione di sfiducia costruttiva, che nel primo non raggiunge la maggioranza assoluta, mentre nel secondo è approvata grazie al cambiamento di alleanza deciso dai liberali, i quali escono dal governo presieduto dal socialdemocratico Schmidt, per sostenere l'elezione a Cancelliere del democristiano Kohl.

Il secondo importante fattore di razionalizzazione è rappresentato dalla *questione di fiducia*, che può essere posta dal Cancelliere in astratto o su un progetto di legge governativo e deve ottenere l'approvazione della maggioranza assoluta del *Bundestag* (art. 68 GG). Qualora ciò non si verifichi, se la Camera non elegge a maggioranza assoluta un nuovo Cancelliere entro ventuno giorni, il Presidente può procedere al suo scioglimento su proposta del Cancelliere oppure può dichiarare lo "stato di emergenza legislativa". Anche il ricorso alla questione di fiducia è molto raro; essa viene posta solo cinque volte: nel 1972 da Brandt, nel febbraio 1982 da Schmidt, nel dicembre 1982 da Kohl, nel 2001 e nel 2005 da Schröder. Tuttavia, mentre nel febbraio 1982 e nel 2001 corrisponde alla sua funzione precipua di ricompattare la maggioranza, negli altri tre casi viene utilizzata al fine di ottenere un voto negativo del *Bundestag*, anche grazie all'astensione dei deputati della maggioranza, che legittimi il Cancelliere a chiederne lo scioglimento, prontamente decretato dal Presidente federale e ritenuto non in contrasto con la Costituzione dal Tribunale costituzionale federale [88].

[88] In particolare nel dicembre 1982 il Cancelliere Kohl, il quale, a differenza del suo predecessore Brandt nel 1972, gode di una solida maggioranza parlamentare,

Un terzo congegno di razionalizzazione consiste nel ricorso allo *stato di emergenza legislativa*, che può essere dichiarata dal Presidente, su richiesta del Governo e con l'assenso del Senato (*Bundesrat*), quando il *Bundestag* respinga un progetto di legge del quale il Governo abbia dichiarato l'urgenza o nell'ipotesi di mancata approvazione della questione di fiducia, collegata o meno ad un disegno di legge (art. 81 GG). In questa ipotesi, qualora il progetto venga nuovamente respinto dalla Camera, diventa legge con l'assenso del solo Senato e nell'arco di sei mesi ogni altro progetto di legge respinto dal *Bundestag* può essere approvato con le stesse modalità. In pratica questo istituto consente ad un Cancelliere divenuto "di minoranza" di governare con l'appoggio del Presidente e del Senato per un periodo limitato di tempo, dopo il quale non potrà che dimettersi dalla carica. Tuttavia tale ipotesi fino ad oggi non si è mai verificata.

L'ultimo fattore di razionalizzazione riguarda le rigide condizioni alle quali è subordinato lo *scioglimento del Bundestag* da parte del Presidente federale. La Costituzione prevede due ipotesi: l'elezione di un Cancelliere a maggioranza solo relativa e la mancata

---

eletto in seguito all'approvazione di una mozione di sfiducia costruttiva, decide di andare a nuove elezioni per fare legittimare dal corpo elettorale la nuova alleanza tra democristiani e liberali e quindi pone la questione di fiducia, che viene respinta grazie all'astensione dei deputati della maggioranza, e nel gennaio 1983 ottiene dal Presidente il decreto di scioglimento del *Bundestag*. Quattro deputati impugnano tale decreto di fronte al Tribunale costituzionale, sostenendo che non ricorrevano gli estremi per lo scioglimento. Il Tribunale a maggioranza respinge il ricorso con la sentenza del 16 febbraio 1983, ritenendo che il Cancelliere non avesse la necessità di una legittimazione popolare, ma che il suo governo fosse a termine, essendo stato creato esplicitamente per attuare un programma di emergenza, e quindi essendo privo della garanzia del sostegno della maggioranza del *Bundestag* fino alla fine della legislatura; v. sul punto D. SHEFOLD, *Sviluppi attuali del sistema parlamentare nella Repubblica Federale di Germania*, in *Giur. cost.*, 1987, p. 380 ss. Nel luglio 2005 il *Bundestag*, con il voto contrario dei deputati della maggioranza, nega la fiducia posta dal Cancelliere Schröder, intenzionato a ricorrere a nuove elezioni in seguito all'esito sfavorevole alla coalizione di governo nelle ultime undici elezioni regionali. Anche in questo caso il Presidente decreta lo scioglimento dell'assemblea e il ricorso di due deputati viene respinto dal Tribunale costituzionale, il quale ritiene a maggioranza che nel caso concreto il giudizio del Cancelliere circa l'insussistenza dei requisiti necessari a garantire l'efficacia dell'azione del Governo non sia "manifestamente irragionevole": v. F. PALERMO, *La forma di governo tedesca tra miti e realtà: la sentenza del Tribunale costituzionale federale sullo scioglimento anticipato del* Bundestag, in *Dir. pubbl. comp. eur.*, 2006, p. 213 ss.

approvazione di una questione di fiducia. Gli unici tre casi di scioglimento anticipato (1972, 1983 e 2005) derivano dal verificarsi della seconda ipotesi: il Cancelliere pone la questione di fiducia con l'esplicito obiettivo di ottenere un voto negativo per poter chiedere le elezioni anticipate. Questa prassi rende la proposta di scioglimento meno condizionata di quanto la Legge fondamentale avrebbe voluto, ma non per questo totalmente libera.

Non possono esservi dubbi sulla natura *monistica* della forma di governo, che si incentra sul rapporto di fiducia tra *Bundestag* e Cancelliere. A questo è estraneo il *Bundesrat*, composto da delegati designati dai governi dei *Laender*, il quale si trova in una posizione paritaria con la Camera solo in materia di revisione costituzionale e per l'approvazione delle leggi di interesse dei *Laender*. D'altra parte il *Presidente federale* non è titolare di un "potere di riserva" paragonabile a quello del suo predecessore weimariano [89]. Intanto egli non è eletto dal popolo, ma dall'Assemblea federale, costituita dai deputati e da un numero eguale di membri eletti dai Parlamenti dei *Laender*. Per quel che riguarda l'esercizio dei suoi poteri, finché nel *Bundestag* si manifesta una chiara maggioranza, il Presidente non ha nessuna discrezionalità: la designazione del candidato-Cancelliere avviene sulla base delle indicazioni fornite dai partiti parlamentari; il potere di scioglimento è circoscritto e, nell'ipotesi prevista dall'art. 68, il Presidente può agire solo su proposta del Cancelliere. Solo nell'eventualità, fin qui mai verificatasi, di inesistenza di una maggioranza politica, il Presidente ha qualche spazio, potendo optare tra la nomina di un Cancelliere di minoranza e lo scioglimento della Camera (ed in questo caso il suo decreto non richiede la controfirma) e avendo la possibilità di dichiarare lo stato di emergenza legislativa. Si tratta, tuttavia, di ipotesi-limite, circondate da una serie di garanzie procedurali e temporali e nelle quali comunque a governare non è il Presidente ma il Cancelliere, con il sostegno della maggioranza relativa del *Bundestag* o con l'assenso del *Bundesrat*.

In definitiva la forma di governo parlamentare in Germania ha avuto fino ad oggi un funzionamento di tipo *maggioritario*, reso possibile sia dai meccanismi di razionalizzazione citati sia dalla natura del sistema elettorale e del sistema dei partiti. Il primo è un

---

[89] Cfr. V. GÖTZ, *L'esperienza tedesca: modello costituzionale e prassi*, in S. GAMBINO (a cura di), *Democrazia*, cit., p. 382.

sistema proporzionale, che prevede correttivi di tipo selettivo, come la clausola di sbarramento che esclude dal *Bundestag* i partiti che ottengano meno del 5% dei voti. Il secondo è a multipartitismo temperato con un peso determinante delle due maggiori forze politiche (l'unione tra cristiano-democratici e cristiano-sociali e il partito socialdemocratico), ciascuna delle quali, non ottenendo di regola la maggioranza assoluta dei seggi, costituisce governi di coalizione con un partito minore, rivendicando la carica di Cancelliere[90]. In alcuni casi sono stati costituiti governi di "grande coalizione" tra le due maggiori forze politiche (nel 1966 con il governo Kiesinger, nel 2005, 2013 e 2018 con il primo, il terzo e il quarto governo Merkel)[91]. Va sottolineato, inoltre, che progressivamente si è affermata la prassi degli "accordi di coalizione", stipulati tra i partiti che intendono dare vita al Governo[92]. Non esiste, pertanto, nessuna regola non scritta che imponga, come nel Regno Unito, la designazione e l'elezione come Cancelliere del *leader* della forza politica di maggioranza relativa; ad essere eletto è il *leader* di quella tra le due maggiori forze politiche che appare in grado di formare un governo di coalizione. In secondo luogo non è affatto escluso che nel corso del mandato il Cancelliere possa essere sostituito nell'ambito del partito di maggioranza (come è accaduto ad Adenauer nel 1962 e ad Erhard nel 1966) o in seguito all'approvazione di una mozione di sfiducia costruttiva, conseguente ad un cambio di alleanza da parte del partito minore della coalizione (come si è verificato nel 1982 con il già ricordato passaggio dal governo Schmidt al governo Kohl). Il ruolo determinante dei partiti nel funzionamento della forma di governo viene a controbilanciare quello personale del Cancelliere, tanto che alcuni presentano quel-

---

[90] Solo nelle elezioni del 1957 il partito democristiano conquistò la maggioranza assoluta dei seggi nel *Bundestag*, ma preferì comunque dare vita ad un governo di coalizione con un piccolo partito, la *Deutsche Partei*.

[91] Fino al 1966 si formano governi imperniati sul partito democristiano alleato al partito liberale e a piccoli partiti conservatori; dal 1966 al 1969 democristiani e socialdemocratici danno vita alla *Grosse Koalition*, dal 1969 al 1982 il Governo è formato da socialdemocratici e liberali, dal 1982 al 1998 da democristiani e liberali, dal 1998 al 2005 da socialdemocratici e verdi, dal 2005 da una grande coalizione tra democristiani e socialdemocratici, dal 2009 al 2013 da democristiani e liberali, nel 2013 e dopo il 2018 da una nuova grande coalizione.

[92] V. A. DE PETRIS, Sunt pacta politica etiam servanda? *Gli accordi di coalizione nella forma di governo tedesca*, in *Dir. pubbl. comp. eur.*, 2014, p. 761 ss.

la tedesca come una "democrazia di coalizione" [93], la quale, a differenza di quel che si è verificato nella Quarta Repubblica francese e in Italia, ha saputo garantire una significativa stabilità istituzionale. Tuttavia le ultime elezioni svoltesi nel 2017 hanno determinato un calo significativo delle due maggiori forze politiche (dal 67,2% al 53,4% dei voti) e l'ingresso nel *Bundestag* di quattro partiti di media consistenza tra i quali il partito di estrema destra e antisistema *Alternative für Deutschland*. Di conseguenza il funzionamento maggioritario della forma di governo si è attenuato e la formazione del Governo è diventata più complessa, sfociando in un accordo di larga coalizione solo quasi sei mesi dopo lo svolgimento delle elezioni.

## 14. *Le tendenze del parlamentarismo contemporaneo*

La forma di governo parlamentare è adottata nella maggioranza degli Stati democratici. Tre tendenze di fondo ne caratterizzano l'evoluzione: il monismo, la razionalizzazione forte dei rapporti Parlamento-Governo, il rafforzamento del Governo e del Primo ministro [94].

La *tendenza monistica* si manifesta nella centralità del rapporto tra maggioranza parlamentare e Governo, mentre il Capo dello Stato viene considerato estraneo al gioco politico ed è collocato in una posizione di imparzialità. Qui occorre distinguere a seconda che il monismo sia *di diritto* o *di fatto*.

La prima ipotesi si realizza nelle *Repubbliche parlamentari*, nel-

---

[93] Cfr. V. GÖTZ, *L'esperienza tedesca*, in L. MEZZETTI, V. PIERGIGLI (a cura di), *Presidenzialismi, semipresidenzialismi, parlamentarismi: modelli comparati e riforme istituzionali in Italia*, Torino, 1997, p. 51 ss.

[94] Sul parlamentarismo contemporaneo v. J.C. COLLIARD, *Les régimes parlementaires contemporains*, Paris, 1978; S. CECCANTI, *La forma di governo parlamentare in trasformazione*, Bologna, 1997, p. 137 ss.; P. LAUVAUX, *Le parlementarisme*, cit., p. 29 ss.; D. TURPIN, *Le régime parlementaire*, Paris, 1997, p. 41 ss. Sulle Costituzioni degli anni '70 v. A. PENSOVECCHIO LI BASSI, *Gli organi di governo nelle Costituzioni europee degli anni 1975-1978*, Torino, 1988. Sulle forme di governo degli ordinamenti del Nord Europa (parlamentare di Danimarca, Norvegia e Svezia, semipresidenziale di Finlandia e Islanda) v. F. DURANTI, *Gli ordinamenti costituzionali nordici. Profili di diritto pubblico comparato*, Torino, 2009, p. 73 ss.

le quali il Presidente è eletto dal Parlamento (Albania, Grecia, Kosovo, Israele, Italia) o da un'assemblea paritetica di deputati e di delegati degli Stati membri (Germania, India). L'unica incertezza riguarda la forma di governo della Grecia, in quanto il testo originario della Costituzione del 1975 riconosceva al Presidente eletto dal Parlamento notevoli poteri non soggetti a controfirma (tra i quali la nomina e la revoca del Governo e lo scioglimento del Parlamento), ma prima la prassi, poi la revisione del 1986 hanno fugato ogni dubbio ridimensionando i poteri del Capo dello Stato [95]. Tra le monarchie parlamentari un monismo ancora più estremo si realizza in *Giappone*, dove la Costituzione del 1946, in gran parte imposta dalle potenze alleate, qualifica l'Imperatore come «simbolo dello Stato e dell'unità del popolo» (art. 1) e precisa che «non ha in nessun caso poteri di governo» (art. 4), sottoponendo tutti i suoi atti all'approvazione del Governo (art. 3), e soprattutto in *Svezia*, dove la Costituzione del 1975 lo definisce come "Capo dello Stato" (art. 5), sottraendogli tutti i poteri più significativi, come la nomina del Governo, attribuita al Presidente del Parlamento, e lo scioglimento dell'assemblea, che è di competenza del Governo [96]. In *Spagna* si può parlare di "monismo attenuato", in quanto il Re, definito «simbolo della ... unità e stabilità» dello Stato (art. 56 Cost. 1978), è titolare di poteri significativi, ma li esercita con atti controfirmati (dai ministri o dal Presidente del Congresso) ed è considerato estraneo al potere esecutivo [97].

Nelle *altre monarchie parlamentari* [98] vi è un dualismo di diritto, ma un monismo di fatto. Sulla carta il Re è parte integrante del potere esecutivo e titolare di prerogative. Rientrano in tale ipotesi

---

[95] Sulla forma di governo della Grecia v. A. PANTÉLIS, *Les grands problèmes de la nouvelle Constitution hellénique*, Paris, 1979, p. 225 ss. e V. PERIFINAKI ROTOLO, *L'evoluzione della forma di governo in Grecia (1975-1986)*, Padova, 1986.

[96] Sulla forma di governo svedese v. S. CECCANTI, *L'esperienza svedese tra monismo radicale del testo costituzionale e bipolarismo asimmetrico del sistema dei partiti, ovvero un neoparlamentarismo alternante?*, in S. GAMBINO (a cura di), *Democrazia*, cit., p. 537 ss.

[97] Sulla forma di governo spagnola v. G. RUIZ-RICO RUIZ, *La forma di governo in Spagna: elementi presidenzialisti nella forma di governo parlamentare*, in L. MEZZETTI, V. PIERGIGLI (a cura di), *Presidenzialismi*, cit., p. 63 ss., il quale sottolinea il ruolo predominante del Presidente del Governo.

[98] Sulle forme di governo delle monarchie parlamentari europee v. il testo classico di R. FUSILIER, *Les monarchies parlementaires*, Paris, 1960.

le monarchie scandinave diverse dalla Svezia e i paesi anglosassoni (Regno Unito, ma anche Australia, Canada, Nuova Zelanda, i quali teoricamente riconoscono come Capo dello Stato il monarca del Regno Unito e sono presieduti da un Governatore generale nominato dal Re inglese su parere del Governo)[99]. Ma di fatto il Re, sull'esempio inglese, viene ad essere confinato ad un ruolo simbolico e formale[100] ed anzi ha un'incidenza mediamente inferiore a quella dei Presidenti, i quali possono rivendicare una natura rappresentativa e hanno talvolta utilizzato con una certa libertà il "potere di esternazione" in materia politica, cosa che i Monarchi si guardano bene dal fare per non correre il rischio di mettere in discussione la Corona. In Australia, Canada e Nuova Zelanda il parere del Governo sulla persona del Governatore è politicamente vincolante; questi viene scelto tra i cittadini del paese e non svolge alcun ruolo politico, se non in via del tutto eccezionale[101].

La *seconda tendenza* del parlamentarismo contemporaneo è rappresentata dalla *razionalizzazione* dei rapporti Parlamento-Governo. La forma di governo parlamentare "classica" non razionalizzata continua a sussistere nel Regno Unito, nei paesi anglosassoni (Australia, Canada, Nuova Zelanda), in Lussemburgo e nei Paesi Bassi. Una razionalizzazione moderata vi è in Italia, in Danimarca con la Costituzione del 1953 e in Norvegia a seguito della revisione costituzionale del 2007. Una razionalizzazione significativa ma con alcuni limiti è riscontrabile in Belgio con la Costituzione del

---

[99] In Australia un referendum popolare svoltosi nel novembre 1999 ha bocciato con il 54,2% dei voti la proposta di abolire la monarchia per dare vita ad una Repubblica parlamentare. Sulla forma di governo in Australia, Canada e Nuova Zelanda v. P.C. OLIVER, *The Constitution of Independence: The Development of Constitutional Theory in Australia, Canada and New Zealand*, Oxford, 2005.

[100] Circa la natura formale dei poteri della Corona è significativa la vicenda verificatasi in Belgio nel marzo 1990, quando il Re Baldovino, ritenendo per ragioni etiche di non poter sanzionare la legge sull'interruzione della gravidanza, non rifiuta la sanzione, ma viene dichiarato per due giorni nell'"impossibilità di regnare" dal Governo, il quale provvede a sanzionare e a promulgare la legge.

[101] Rientrano nell'eccezione le decisioni con le quali nel 1975 il Governatore dell'Australia Kerr revoca dalla carica il Primo ministro laburista, che ha la maggioranza alla Camera dei deputati, sostituendolo con il *leader* del partito conservatore, e poi procede allo scioglimento della Camera. Tali decisioni sono oggetto di aspre critiche, anche se vengono avallate dal voto popolare che dà la maggioranza ai conservatori, e comunque non assumono valore di precedente.

1994[102]. In tutti gli altri ordinamenti vi è una razionalizzazione forte mediante norme che disciplinano la formazione del Governo, il rapporto di fiducia e lo scioglimento del Parlamento.

In sintesi vari ordinamenti prevedono l'investitura parlamentare del solo Primo ministro (Albania, Estonia, Germania, Giappone, Spagna, Svezia e Ungheria). Il voto di fiducia iniziale all'intero Governo è raro (essendo previsto in Grecia, Kosovo, Lettonia, Italia e, in via consuetudinaria, in Belgio). Nella maggioranza delle monarchie parlamentari il Governo entra in funzione con la nomina del Re e quindi la fiducia del Parlamento è presunta. In alcune Costituzioni il procedimento di formazione del Governo è molto complesso e dettagliato, il che riduce ulteriormente il ruolo del Capo dello Stato[103]. Al di là delle modalità di investitura, di solito il Primo ministro svolge un ruolo preminente nell'ambito dell'esecutivo, in quanto sceglie i ministri, può farli revocare e dirige la politica del Governo[104].

La *mozione di sfiducia* è regolamentata in modo da rafforzare la stabilità del Governo e da evitare che questo sia messo in crisi da un qualsiasi voto negativo del Parlamento[105]. Le condizioni più frequentemente richieste sono la necessità di un numero minimo di firmatari, la decorrenza di un termine tra la presentazione e la votazione e l'approvazione della mozione a maggioranza assoluta. Particolare fortuna ha avuto l'istituto della mozione di sfiducia costruttiva originario della Germania, che è stato adottato anche in Belgio, Israele, Spagna e Ungheria e, tra gli ordinamenti semipre-

---

[102] Sulla forma di governo in Belgio v. G. GUIGLIA, *La forma di governo parlamentare belga: tradizione e rinnovamento a confronto*, in F. DELPÉRÉE (raccolta di scritti coordinata da), *L'ordinamento federale belga*, Torino, 1996, p. 11 ss.

[103] Ciò si verifica in particolare in Grecia, dove il Presidente deve nominare Primo ministro il *leader* del partito che ha la maggioranza assoluta dei seggi o, in mancanza di questo, conferire mandati esplorativi in ordine di successione al capo del partito di maggioranza relativa, del secondo partito, del terzo partito e, qualora tutti i tentativi falliscano, ad una personalità designata dai partiti o istituzionale, incaricata di formare un governo di garanzia per andare a nuove elezioni (art. 37 Cost.).

[104] Sull'evoluzione storica del ruolo del Primo ministro v. C. ZILEMENOS, *Naissance et évolution de la fonction de Premier ministre dans le régime parlementaire*, Paris, 1976.

[105] V. per un quadro generale M. SANCHEZ DE DIOS, *La moción de censura (Un estudio comparado)*, Madrid, 1992.

sidenziali, in Polonia e Slovenia. Il Governo ha a sua volta la possibilità di ricorrere alla *questione di fiducia*, sulla base di una disposizione costituzionale (Estonia, Germania, Grecia, Spagna, Ungheria) o di una previsione contenuta nei regolamenti parlamentari (Italia) o in via di prassi (Belgio e Svezia), che può essere posta in astratto o su una sua proposta [106].

Infine, per quel che riguarda lo *scioglimento del Parlamento* [107], la titolarità formale del potere spetta quasi sempre al Capo dello Stato (tranne che in Svezia, dove il potere di "indire elezioni anticipate" è attribuito al Governo), mentre la titolarità sostanziale, è del Governo e del Primo ministro tramite la proposta e/o la controfirma, oppure è un potere condiviso (Italia) o spettante al solo Capo dello Stato (Germania nell'ipotesi di elezione di un Cancelliere a maggioranza relativa, e Lettonia) o viene attribuito allo stesso Parlamento (Kosovo, Regno Unito dal 2011, Ungheria). Nella maggioranza degli ordinamenti parlamentari vi è un ruolo prevalente del Primo ministro [108], anche se in alcuni casi (Spagna e Svezia) è prevista una delibera dell'organo collegiale di governo, che non è giuridicamente vincolante, ma costituisce un presupposto politico importante perché il Primo ministro possa ricorrere allo scioglimento, valendosi del vincolo di solidarietà esistente nella maggioranza.

Va sottolineata, poi, la tendenza presente in numerosi ordinamenti a disciplinare le *cause giustificative* dello scioglimento. Varie Costituzioni fanno esplicito riferimento all'incapacità del Parlamento di formare un governo [109], alla crisi di governo provocata dal rigetto della fiducia [110] o dall'approvazione di una mozione di sfiducia [111], alla incapacità del Parlamento di eleggere il Presiden-

---

[106] Per un quadro comparativo v. la prima parte di M. OLIVETTI, *La questione di fiducia nel sistema parlamentare italiano*, Milano, 1996, p. 3 ss.

[107] V. per un quadro ampio P. LAUVAUX, *La dissolution des assemblées parlementaires*, Paris, 1983 e M. VOLPI, *Lo scioglimento anticipato del Parlamento e la classificazione dei regimi contemporanei*, Rimini, 1983.

[108] V A. BARBERA, *Tendenze nello scioglimento delle assemblee parlamentari*, in *Rass. parl.*, 1996, p. 233 ss.

[109] In Albania, Estonia, Grecia, Kosovo, Polonia, Romania, Spagna, Svezia, Ungheria.

[110] In Germania.

[111] In Belgio, Grecia, Regno Unito (a meno che la Camera dei Comuni dia la fiducia a un nuovo Governo entro quattordici giorni) e Svezia.

te[112] o di approvare il bilancio[113]. In tutti questi casi si configura un'ipotesi di *scioglimento funzionale*. Laddove la Costituzione nulla prevede in proposito, si è avuta nei fatti o la prevalenza di uno scioglimento funzionale, derivante dall'impossibilità per il Parlamento di dare vita ad un nuovo governo, come si è verificato in Italia, dove quasi sempre la fine anticipata della legislatura è derivata da un accordo fra tutti i maggiori partiti, oppure uno *scioglimento maggioritario*, prevalente negli ordinamenti anglosassoni ma anche in vari paesi europeo-continentali, nei quali è il Primo ministro a scegliere il momento più favorevole alla maggioranza per andare a nuove elezioni o, più raramente, per sottoporre al corpo elettorale un'importante questione politica. Quindi si tratta di uno scioglimento che ha come presupposto il consenso della maggioranza, per cui il Primo ministro non può farne uso contro la sua stessa maggioranza. È vero che talvolta lo scioglimento viene utilizzato anche come arma deterrente, vale a dire come minaccia per garantire l'appoggio al Governo di piccoli partiti (come si è verificato in Spagna ed in Svezia), ma anche in questi casi la deterrenza può funzionare solo se il Primo ministro ha dietro di sé una parte consistente della maggioranza e in un contesto politico nel quale è prevedibile che la sua *leadership* esca confermata dal risultato elettorale.

La terza tendenza del parlamentarismo contemporaneo è quella al *rafforzamento del Governo* e soprattutto *del Primo ministro*, che dà vita ad un processo di *presidenzializzazione* della forma di governo, consistente nell'adozione da parte dei Primi ministri di comportamenti e di metodi di esercizio del potere analoghi a quelli della Presidenza statunitense[114]. A ciò contribuiscono alcuni dei meccanismi di razionalizzazione indicati, ma soprattutto il declino dei partiti di massa, la personalizzazione della politica e l'influenza importante dei *media* per la conquista e il mantenimento del consenso popolare. Tuttavia tale tendenza non va assolutizzata, in

---

[112] In Albania e Kosovo.

[113] In Estonia e Ungheria.

[114] Sul fenomeno della presidenzializzazione v. T. POGUNTKE and P. WEBB, *The Presidentialization of Politics. A Comparative Study of Modern Democracies*, Oxford, 2005; L. ELIA, *La presidenzializzazione della politica*, in *Teoria politica*, 2006, n. 1; A. DI GIOVINE e A. MASTROMARINO (a cura di), *La presidenzializzazione degli esecutivi nelle democrazie contemporanee*, Torino, 2007.

quanto esistono contrappesi di natura istituzionale e politica, quali la dislocazione di quote di potere verso le autonomie territoriali e gli organismi sovranazionali e la necessità per un *leader* di mantenere la fiducia del partito o della coalizione che lo sostiene.

Negli Stati europei ex socialisti che adottano una forma di governo parlamentare razionalizzata (Albania, Estonia, Kosovo, Lettonia, Ungheria), si manifestano due linee di tendenza prevalenti. La prima assegna al Parlamento una posizione teoricamente centrale, sia per l'influenza derivante dall'impostazione assembleare proclamata nelle antiche Costituzioni socialiste, sia per il ruolo importante svolto dall'organo parlamentare nel superamento del vecchio regime. Tale centralità si esprime soprattutto su tre terreni: nel monocameralismo; nella previsione che il Primo ministro o il Governo debbano avere un voto di investitura del Parlamento e possano essere sfiduciati in qualsiasi momento; nella stretta regolamentazione dello scioglimento. La seconda linea di tendenza consiste nella razionalizzazione del rapporto di fiducia e in particolare nella regolamentazione della mozione di sfiducia che deve essere approvata dall'organo parlamentare a maggioranza assoluta.

## 15. *L'influenza del sistema dei partiti sul funzionamento della forma di governo parlamentare*

Sul funzionamento della forma di governo gioca un ruolo importante *la natura del sistema dei partiti*, che consente di operare una *sottoclassificazione* delle forme di governo parlamentari. In particolare nel 1970 Elia ha proposto una tripartizione [115]: la forma di governo parlamentare *a bipartitismo rigido*, tipica del Regno Unito e caratterizzata dall'elezione popolare di fatto del Primo ministro e dalla prevalenza di questi sul Governo e del Governo sul Parlamento; quella *a multipartitismo temperato*, contrassegnata dall'assenza sia di un'investitura popolare del Primo ministro sia di una forte instabilità governativa e comprendente due diverse situazioni, a seconda che i partiti concludano alleanze stabili e bipolari (Ger-

[115] Cfr. L. ELIA, *Governo*, cit., p. 645 ss.

mania, Svezia) o diano vita a governi di ampia coalizione (Belgio, Paesi Bassi); quella *a multipartitismo estremo*, caratterizzata dalla instabilità dei governi e dalla debolezza del Primo ministro e comprendente i paesi in cui esistono forti partiti antisistema e coalizioni di governo eterogenee (Repubblica di Weimar, Quarta Repubblica francese, Italia).

Nel 1978 Colliard ha distinto le forme di governo parlamentari in *stabilizzate* e *non stabilizzate*, a seconda della stabilità o meno della maggioranza e del sottostante sistema dei partiti ed ha rilevato la tendenza di gran parte dei "regimi" contemporanei a collocarsi nella prima categoria [116].

In seguito alla più recente evoluzione dei paesi democratici, appare determinante il criterio del carattere *bipolare* o *multipolare* del sistema dei partiti, e delle conseguenze che ciò comporta in termini di possibilità o meno per il corpo elettorale di dare vita ad una maggioranza parlamentare dalla quale possa scaturire un Governo stabile [117]. Sotto questo punto di vista si possono distinguere le forme di governo parlamentari contemporanee in due *sottotipi*: maggioritarie e non maggioritarie.

La distinzione riprende quella formulata in sede politologica tra *democrazie maggioritarie* e *democrazie consensuali* [118]. Le prime, che si rifanno al "modello *Westminster*", tipico dell'esperienza inglese, si affermano in società omogenee e si basano sul ruolo determinante della maggioranza e del potere esecutivo. Le seconde sono, invece, tipiche delle società eterogenee, attraversate da forti differenziazioni sociali, etniche, religiose, e si fondano sul coinvolgimento delle minoranze nell'adozione delle decisioni fondamentali o nella stessa partecipazione al Governo (come è avvenuto soprattutto in Austria, Belgio, Paesi Bassi e Svizzera). È importante sottolineare che non esiste un modello superiore all'altro indipendentemente dal contesto. Infatti, se una democrazia maggioritaria favorisce la stabilità del Governo e la chiara attribuzione della responsabilità, può sfociare, in situazioni conflittuali e, qualora risultino insufficienti i contrappesi al potere della maggioranza, in

---

[116] Cfr. J.C. COLLIARD, *Les régimes parlementaires*, cit., p. 278 ss.

[117] Questa è l'accezione data da Mortati al termine "regime maggioritario"; cfr. C. MORTATI, *Istituzioni di diritto pubblico*, cit., p. 407 ss.

[118] Cfr. A. LIJPHART, *Le democrazie contemporanee*, (2012), trad. it., 2ª ed., Bologna, 2014.

un "maggioritario esasperato", caratterizzato da una «democrazia avversariale», nella quale la maggioranza che ha vinto le elezioni si propone di smantellare le decisioni adottate dalla maggioranza precedente [119]. Inoltre in contesti frammentati il modello consensuale garantisce una migliore «qualità della democrazia e della rappresentanza» [120]. Infine in situazioni di crisi nelle quali un partito o una coalizione non riesce a formare una maggioranza, può risultare indispensabile la formazione di governi di larga coalizione tra partiti di opposto orientamento politico anche in un contesto di tipo bipartitico o bipolare.

La *forma di governo parlamentare maggioritaria* è caratterizzata da sistemi politici bipartitici o bipolari e si afferma nelle società democratiche nelle quali non vi sono profonde fratture etniche o ideologiche e vi è un nucleo essenziale di valori condivisi. L'esistenza di una maggioranza che emerge dalle elezioni, anche grazie all'adozione di *sistemi elettorali selettivi* (maggioritari o, in prevalenza, proporzionali corretti), e la distinzione tra questa e l'opposizione hanno come conseguenze la formazione di governi stabili, di regola di legislatura, formati da un partito o da una coalizione omogenea, un ruolo direttivo del Governo nel funzionamento del Parlamento, la preminenza del Primo ministro, l'alternanza alla guida dell'Esecutivo ed il riconoscimento di uno statuto costituzionale dell'opposizione. Questo modello, tipico in passato del Regno Unito, si è affermato, oltre che nei paesi anglosassoni, in vari paesi europei (soprattutto in Germania, Grecia, Spagna e Svezia, ma una tendenza analoga si è manifestata anche in Danimarca e in Norvegia).

La *forma di governo parlamentare non maggioritaria* è caratterizzata da sistemi politici multipartitici e multipolari ed è di regola favorita da *sistemi elettorali non selettivi* (fortemente proporzionali). Essa si afferma nelle società eterogenee, che comprendono sia alcune "democrazie consensuali", nelle quali le fratture etniche e/o religiose sono superate dal ricorso al principio di concordanza fra tutte le principali forze politiche e dalla frequente formazione di governi di larga coalizione (Belgio, Lussemburgo e Paesi Bassi), sia le democrazie, nelle quali vi sono fratture politico-ideologiche e forti partiti antisistema (Quarta Repubblica francese ed Italia fino

[119] Cfr. L. MORLINO, *Democrazie*, cit., p. 273.

[120] Cfr. A. LIJPHART, *Le democrazie*, cit., p. 305 ss.

all'inizio degli anni '90). In questi casi i governi sono di coalizione tra più partiti e di durata non coincidente con la legislatura, il Primo ministro svolge una funzione più di mediazione che di direzione politica, le decisioni parlamentari scaturiscono dal dialogo e della negoziazione tra i partiti, non vi è alternanza al Governo né un chiaro statuto dell'opposizione.

Il modello non maggioritario, se è risultato recessivo nei paesi che conoscevano profonde divisioni politico-ideologiche, a causa della progressiva omogeneizzazione delle società democratiche, può comunque essere il più adeguato per le democrazie consensuali. Inoltre potrebbe estendersi a vari paesi europei a causa dell'emergere al loro interno di nuove fratture (fra ricchi e poveri, garantiti e precari, territori sviluppati e arretrati, grandi centri urbani e periferie) e dell'entrata in crisi negli ultimi anni dell'assetto bipartitico o bipolare del sistema politico, con la diminuzione del peso elettorale dei due maggiori partiti o coalizioni, a vantaggio di un tripolarismo, che vede l'emergere di terze forze radicali o populiste. Tali sviluppi pongono gravi difficoltà al funzionamento maggioritario della forma di governo e impongono la ricerca di soluzioni fondate sul confronto e sul compromesso democratico. Più in generale essi producono varie conseguenze sul funzionamento delle forme di governo parlamentari: l'ampliamento dei tempi richiesti per la formazione del Governo dopo le elezioni, come si è verificato tra il 2010 e il 2018 nell'ordine in Belgio, Spagna, Paesi Bassi, Germania e Italia, la costituzione di governi di minoranza (Spagna e Regno Unito) o sostenuti da un'esigua maggioranza parlamentare (Paesi Bassi e Germania), l'aumento della instabilità che determina una minore durata dell'esecutivo o si manifesta in forti divisioni interne alla maggioranza.

## 16. *Forma di governo presidenziale e presidenzialismo*

La forma di governo presidenziale è caratterizzata dall'esistenza di un *potere esecutivo monocratico*, affidato ad un Presidente della Repubblica diretta espressione della volontà popolare, e da una *separazione rigida tra i poteri*, garantita dall'inesistenza del rapporto di fiducia e del potere di scioglimento del Parlamento.

Tra gli ordinamenti democratici consolidati l'unico che ha adottato con continuità tale forma di governo è stato quello degli Stati Uniti d'America. Il modello nordamericano è stato imitato soprattutto in America latina, ma anche in Asia (Corea del Sud e Filippine) ed in Africa (Namibia e Nigeria). Tuttavia nella maggioranza dei casi, a causa della diversità del contesto sociale e politico rispetto a quello originario, la recezione del modello ha dato vita ad un'attuazione degenerativa, definita spesso come *"regime presidenzialista"*, basata sulla netta preminenza del Presidente, sulla debolezza del Parlamento e del sistema dei partiti e su un rilevante ruolo politico dell'esercito. In particolare in America latina la forma di governo presidenziale è stata attuata con varie "deviazioni" rispetto al suo schema teorico, quali l'attribuzione al Presidente dell'iniziativa legislativa, che è generalizzata, mentre la previsione del potere presidenziale di scioglimento del Parlamento e della censura parlamentare nei confronti dei ministri è più limitata (Argentina, Uruguay e Venezuela). Questa situazione ha determinato assetti di governo instabili, che sono spesso sfociati in forme di «cesarismo rappresentativo» e di «presidenzialismo autoritario» o in «sistemi a preponderanza presidenziale» [121].

Una tendenza presidenzialistica si è verificata anche nella *Federazione russa* e nella maggioranza degli Stati aderenti alla Comunità di Stati Indipendenti, i quali hanno recepito il modello russo disciplinato dalla Costituzione del 1993. Si tratta di un modello dualistico, che prevede al vertice dello Stato un Presidente eletto dal popolo, il quale, oltre a essere Capo dello Stato, «determina le direttive fondamentali della politica interna ed estera del paese» (art. 80, c. 3) ed è titolare di poteri forti non soggetti a controfirma: di iniziativa legislativa, di veto sulle leggi, superabile solo con la maggioranza dei due terzi delle Camere, di ricorso a decreti (*ukaze*) e ordinanze, mediante i quali legifera in tutte le materie non coperte da una disciplina legislativa, di comando delle Forze armate, di dichiarazione dello stato di emergenza, di ricorso al referendum.

Il Governo è doppiamente responsabile verso il Presidente, che lo può revocare, e verso la *Duma* (che è la Camera rappresentativa dell'intera nazione), la quale può votare la sfiducia a maggioranza

---

[121] V. H. NOGUEIRA, *I regimi presidenziali dell'America latina*, in *Quad. cost.*, 1988, p. 491 ss. e G. GUIDI, *I sistemi a preponderanza presidenziale. Argentina, Messico, Venezuela*, Rimini, 2000.

assoluta, ma il Presidente può esprimere il suo dissenso e, qualora entro tre mesi la *Duma* voti nuovamente la sfiducia, può optare tra l'accettazione delle dimissioni del Governo e lo scioglimento dell'Assemblea. Il Presidente del Governo è nominato dal Capo dello Stato con l'assenso della *Duma*, ma, se questa respinge per tre volte la candidatura proposta, il Presidente della Federazione procede al suo scioglimento.

In definitiva vi è nella costituzione un netto squilibrio a vantaggio del Presidente che non trova eguali in alcuna forma di governo occidentale. Appare quindi condivisibile la tesi che definisce quello russo come «un modello di "preminenza presidenziale", inquadrabile in un tipo post-socialista, o meglio post-sovietico», che è il frutto congiunto della tradizione zarista, di quella socialista e dell'imitazione di modelli occidentali [122].

Tuttavia l'esistenza di situazioni nelle quali il presidenzialismo ha operato a lungo in condizioni di relativa democraticità (soprattutto Costa Rica e Venezuela) e l'ultima ondata di democratizzazione in vari paesi in via di sviluppo ed ex socialisti ha spinto la dottrina, soprattutto politologica, a costruire un modello presidenziale che tenesse conto delle diverse esperienze.

L'opera più organica in materia è quella di Shugart e Carey [123], i quali ritengono la forma di governo presidenziale preferibile, in quanto, prevedendo due poteri con una legittimazione elettorale separata, sarebbe in grado di combinare efficienza e rappresentatività e di garantire la responsabilità e la identificabilità della persona posta al vertice del potere esecutivo e l'esistenza di controlli reciproci fra Presidente e Parlamento. I due autori considerano quella nordamericana come una tra le diverse esperienze e qualificano il semipresidenzialismo come un sottotipo della forma di governo presidenziale. Tuttavia pare difficile negare che gli Stati Uniti abbiano costituito un modello di riferimento o siano quantomeno l'esperienza più importante. Inoltre l'inglobamento dei regimi semipresidenziali corre il rischio di rendere troppo ampia la

---

[122] Cfr. M. Ganino, *Dallo Zar al Presidente. Ricostruzione del modello di governo della Russia fra trasformazioni costituzionali e continuità*, Milano, 1999, p. 170 e M. Ganino, A. Di Gregorio, C. Filippini (a cura di), *La Costituzione della Russia a dieci anni dalla sua adozione*, Milano, 2005.

[123] V. M.S. Shugart, J.M. Carey, *Presidenti e assemblee*, (1992), trad. it., Bologna, 1995.

categoria del presidenzialismo, rimettendone in discussione le caratteristiche di fondo. Infine i due autori costruiscono uno schema ideale di governo presidenziale fondato su tre elementi: l'elezione a maggioranza relativa di un Presidente titolare di poteri legislativi limitati, l'elezione del Parlamento con sistema proporzionale di lista, la simultaneità delle due elezioni [124]. Ma dall'analisi delle esperienze concrete si evince che l'elezione del Presidente in un turno unico a maggioranza semplice anziché con il doppio turno ricorre solo nella metà delle esperienze "presidenziali", mentre l'elezione del Parlamento con la proporzionale, se rende difficile coagulare un'opposizione antipresidenziale, impedisce anche che si crei una maggioranza filo-presidenziale e quindi facilita il fenomeno del "governo diviso", vale a dire della dissociazione politica tra la maggioranza che ha eletto il Presidente e la maggioranza parlamentare, che è la più forte fonte di instabilità e di crisi dei sistemi presidenziali.

Altri autori, invece, mettono l'accento sui difetti del presidenzialismo, che ravvisano nel carattere squilibrato della forma di governo, nella quale un Presidente forte porta ad un sistema «troppo maggioritario» ed un Presidente debole produce «conflitti, frustrazioni e situazioni di stallo» [125], nella conflittualità latente, non risolubile con meccanismi costituzionali, insita nella possibilità del "governo diviso" [126], nella personalizzazione eccessiva del potere intorno ad un unico *leader*, che può essere anche un *outsider* improvvisato il quale utilizza abilmente i mezzi di comunicazione di massa [127], nell'affermazione di una «democrazia di delega», nella quale il Presidente plebiscitato dal popolo è libero di gestire il potere senza freni [128].

Al di là delle diverse opinioni, resta il fatto che il rendimento

---

[124] *Ibidem*, p. 319.

[125] Cfr. A. LIJPHART, *Presidenzialismo e democrazia maggioritaria: osservazioni teoriche*, in J.J. LINZ, A. VALENZUELA (a cura di), *Il fallimento del presidenzialismo*, (1994), trad. it., Bologna, 1995, p. 179.

[126] Cfr. J.J. LINZ, *Democrazia presidenziale o democrazia parlamentare: vi è differenza?*, in J.J. LINZ, A. VALENZUELA, *Il fallimento*, cit., p. 27 ss.

[127] Cfr. G. SARTORI, *Ingegneria costituzionale comparata. Strutture, incentivi ed esiti*, (1994), trad. it., 6ª ed., Bologna, 2013, pp. 148-149.

[128] Cfr. A. STEPAN, C. SKACH, *Presidenzialismo e parlamentarismo in una prospettiva comparata*, in J.J. LINZ, A. VALENZUELA, *Il fallimento*, cit., p. 224 ss.

della forma di governo presidenziale è stato piuttosto negativo nei paesi in via di sviluppo, mentre è stato più soddisfacente negli Stati Uniti d'America, che rappresentano la realizzazione più fedele di tale modello.

## 17. *Gli Stati Uniti d'America*

L'ordinamento degli Stati Uniti, fondato sulla Costituzione del 1787, che è la più antica tra quelle vigenti, è il frutto progressivo di condizioni storiche, sociali e politiche del tutto peculiari. I "Padri fondatori" del sistema costituzionale, che nella Convenzione di Filadelfia rappresentano i tredici Stati facenti parte della preesistente Confederazione, hanno come punto di riferimento la monarchia costituzionale inglese e quindi adottano una forma di governo *dualistica*, nella quale, però, il dualismo non è di origine sociale e ad esecutivo monarchico, ma esclusivamente istituzionale e deriva dal compromesso tra federalisti e antifederalisti, che si esprime nella diversa derivazione delle due Camere e in un esecutivo monocratico repubblicano soggetto a limiti e controlli [129].

Il *potere legislativo* viene attribuito al *Congresso*, costituito da due Camere: la Camera dei rappresentanti, eletta per due anni dall'intero corpo elettorale con una ripartizione dei 435 seggi proporzionale alla popolazione degli Stati membri, ed il Senato, eletto ogni sei anni, ma rinnovato per un terzo ogni biennio, e composto da 100 membri (due per ogni Stato), eletti in origine dai Parlamenti dei singoli Stati e dal 1913 (XVII emendamento) dai rispettivi corpi elettorali.

Il *potere esecutivo* viene affidato ad un Presidente, che è anche Capo dello Stato, il quale ha una derivazione popolare e dura in carica per un mandato di quattro anni, rinnovabile una sola volta (XXII emendamento, introdotto nel 1951 dopo i quattro mandati consecutivi, dal 1933 al 1945, del Presidente Franklin D. Roose-

---

[129] La Costituzione entra in vigore nel marzo 1789 dopo la ratifica di nove Stati su tredici. Un ruolo importante viene svolto da A. Hamilton, J. Madison e J. Jay, i quali per propagandare la ratifica pubblicano tra il 1787 e il 1788, sotto lo pseudonimo di *Publius*, i *Federalist Papers*, cioè una serie di articoli poi raccolti in due volumi; cfr. M. D'Addio, G. Negri (a cura di), *Il Federalista*, Bologna, 1998.

velt). L'*elezione presidenziale* è formalmente di secondo grado ed avviene in base ad un procedimento complesso articolato in due fasi.

La *prima fase*, non disciplinata dalla Costituzione, sfocia nella designazione dei candidati alla Presidenza ed alla Vice-presidenza nelle Convenzioni nazionali del partito democratico e di quello repubblicano. Mentre fino all'inizio del secolo scorso la scelta dei delegati a tali Convenzioni avveniva ad opera di assemblee di partito (*caucus* o *conventions*), in seguito nella maggioranza degli Stati (attualmente in più dei due terzi) è stata affidata direttamente al corpo elettorale con il metodo delle *primarie*, disciplinate dalle leggi statali, in base al quale i delegati sono eletti dagli elettori simpatizzanti del relativo partito (primarie *chiuse*) o da qualsiasi elettore (primarie *aperte*). Nel 1970 vi è stata una riforma, volta a restituire ai partiti una maggiore influenza sul processo di designazione dei candidati, che ha previsto la scelta dei delegati in base a liste composte da rappresentanti dei partiti e da eletti a livello locale e la partecipazione alle Convenzioni nazionali di "superdelegati", nominati dai vertici dei partiti tra parlamentari, governatori e loro importanti esponenti, che non sono vincolati a votare per un candidato [130].

La *seconda fase*, disciplinata dall'art. II, sez. 1, Cost. e dal XII emendamento del 1804, prevede in ogni Stato ai primi di novembre l'elezione, attribuita dai singoli Stati in origine ai rispettivi Parlamenti, poi al corpo elettorale, degli *elettori presidenziali*, in numero pari ai deputati ed ai senatori attribuiti a ciascuno per un totale di 538 [131]. Ai primi di dicembre questi votano a scrutinio segreto per Presidente e Vice-presidente e all'inizio di gennaio il Presidente del Senato effettua lo spoglio di fronte alle Camere riunite e proclama eletti i candidati che ottengono la maggioranza assoluta dei voti (pari a 270); infine il 20 gennaio il Presidente prende ufficialmente possesso della carica. Qualora nessun candidato raggiunga la maggioranza prescritta, la Camera elegge il Presidente fra i tre candidati più votati con il voto favorevole della maggioranza degli Stati

[130] Attualmente i superdelegati sono circa il 6% per il partito repubblicano e un po' meno del 20% per quello democratico.

[131] Il totale degli elettori presidenziali corrisponde al numero dei deputati (435) più il numero dei senatori (100) più 3 voti attribuiti al Distretto di Columbia che è sede della capitale Washington.

(in tal caso la rappresentanza di ogni Stato dispone di un solo voto), mentre il Senato elegge il Vice-presidente fra i due candidati più votati. Quindi in origine i Padri fondatori pensavano che l'elezione dovesse avvenire da parte di un collegio di notabili locali ed in via subordinata dovesse subentrare il Congresso. Ma di fatto l'elezione del Presidente si è trasformata in *elezione diretta* per un insieme di ragioni: l'attribuzione della scelta degli elettori presidenziali al corpo elettorale; l'affermarsi del sistema bipartitico, che ha reso politicamente vincolante il mandato degli elettori presidenziali e irrilevante il voto ottenuto da candidati indipendenti [132]; il sistema maggioritario di lista, in base al quale il partito che ottiene più voti conquista tutti gli elettori dello Stato (con le uniche eccezioni del Maine e del Nebraska) [133].

Tuttavia il mantenimento del meccanismo indiretto di elezione popolare produce vari inconvenienti [134]. Innanzitutto il voto dei cittadini ha un valore diseguale, risultando di maggior peso il voto degli elettori dei piccoli Stati, ai quali sono comunque garantiti due grandi elettori in corrispondenza del numero dei senatori. In secondo luogo la competizione elettorale non coinvolge gli Stati che sono di sicuro appannaggio dell'uno o dell'altro candidato, ma solo gli altri, ed in particolare quelli che attribuiscono il più alto numero di grandi elettori, i cosiddetti "mega Stati", ai quali sono assegnati quasi la metà dei grandi elettori [135]. Infine e soprattutto può verificarsi che venga eletto il candidato che ha ottenuto un numero inferiore di voti popolari, come si è verificato per quattro volte [136]. Infine l'autonomia attribuita ad ogni Stato ed anche alle

---

[132] Il risultato più significativo fu quello ottenuto nel 1992 da Ross Perot, che ottenne il 18,9% del voto popolare, ma non ebbe alcun grande elettore, anche se favorì la vittoria del democratico Clinton contro il repubblicano G. Bush.

[133] Ciò spiega perché gli unici due casi di elezione parlamentare del Presidente risalgano al XIX secolo (Jefferson nel 1800 e Adams nel 1825).

[134] Sui difetti del "collegio elettorale", com'è qualificato il sistema di elezione indiretta del Presidente, e sulla necessità di approntare soluzioni legislative e politiche, data la problematicità del ricorso ad un emendamento costituzionale, v. R.W. BENNETT, *Chi elegge il Presidente degli Stati Uniti? Il problema del collegio elettorale*, (2006), trad. it., Milano, 2009.

[135] I sette Stati decisivi con più di 11 milioni di abitanti sono nell'ordine: California, Texas, New York, Florida, Illinois, Pennsylvania, Ohio.

[136] Quattro candidati repubblicani hanno ottenuto la Presidenza con meno voti

Contee circa le modalità di espressione e di conteggio dei voti popolari può produrre gravi contenziosi giudiziari e dubbi sull'effettiva legittimazione del candidato eletto, come è avvenuto nelle elezioni del 2000[137]. Comunque le elezioni presidenziali, anche se per l'alto costo della campagna elettorale tendono a privilegiare i candidati sostenuti da forti gruppi di pressione, possono produrre novità significative grazie alla mobilità del corpo elettorale. Così con l'elezione nel 2008 del Presidente Barack Obama, candidato per il patito democratico, si è insediata per la prima volta alla Casa Bianca una personalità di colore, che ha ottenuto un grande successo elettorale sulla base di un programma innovativo degli indirizzi da seguire nella politica estera, nell'azione di contrasto al terrorismo internazionale e della politica economico-sociale. Tuttavia anche il nuovo Presidente, che è stato rieletto nel 2012, ha dovuto negoziare le sue politiche con il Congresso, che dal 2010 ha avuto alla Camera una maggioranza repubblicana, ridimensionando i suoi originari orientamenti. All'opposto le elezioni del 2016 hanno attribuito la presidenza a Donald Trump, ricco magnate candidato per il partito repubblicano, che ha inaugurato una politica volta a smantellare le riforme di Obama (come quella sanitaria), ispirata a una concezione nazionalista e protezionista e incentrata sulla lotta contro l'immigrazione.

Intorno al Presidente vi è una *struttura esecutiva* che può essere descritta come un insieme di cerchi concentrici[138]. Nel primo di questi vi sono i suoi più stretti collaboratori, che costituiscono

---

popolari del proprio concorrente democratico: Hayes (1876), Harrison (1888), D.W. Bush (2000) e Trump (2016).

[137] Nelle elezioni del 2000 sono risultati decisivi i 25 "voti presidenziali" dello Stato della Florida attribuiti al candidato repubblicano Bush, che risultava vincente con uno scarto di poche centinaia di voti, ma sulla base di un discutibile conteggio dei voti in alcuni distretti dello Stato, favorito anche da modalità di espressione del voto che facilitavano errori da parte dei votanti. In seguito ai ricorsi del candidato democratico Gore si avviava un contenzioso giudiziario che coinvolgeva prima la Corte Suprema della Florida ed alla fine la Corte Suprema federale, la quale decideva a maggioranza di accogliere il ricorso di Bush con la sentenza del 12 dicembre 2000 *Bush versus Gore* ad oltre due mesi dallo svolgimento effettivo delle elezioni. V. F.G. PIZZETTI, *Bush v. Gore. Un nuovo caso di federalismo giurisdizionale*, Torino, 2002.

[138] Sulla struttura del potere esecutivo v. S. FABBRINI, *Il presidenzialismo degli Stati Uniti*, Bari, 1993, p. 77 ss.

l'*Executive office*, il quale si articola in varie strutture che svolgono funzioni consultive, di preparazione delle decisioni e di controllo interno sull'esecuzione di queste. Il secondo cerchio è costituito dai Dipartimenti, presieduti dai Segretari, nominati e revocabili dal Presidente, tra i quali svolge un ruolo molto importante il Segretario di Stato, che presiede il Dipartimento degli affari esteri. La riunione periodica del Presidente con i Segretari dà vita al Gabinetto, un organo collegiale non previsto dalla Costituzione. Nel cerchio più lontano si collocano le *Independent Executive Agencies* e in particolare le *Independent Regulatory Commissions*, che sono autorità indipendenti chiamate a svolgere rispettivamente attività amministrative di settore e attività di carattere economico, in base a leggi del Congresso che affidano loro poteri non solo amministrativi, ma anche normativi e quasi-giurisdizionali nelle materie di rispettiva competenza.

Infine il *potere giudiziario* è attribuito alla Corte Suprema federale, composta da nove giudici nominati a vita dal Presidente, ed ai giudici di grado inferiore. È soprattutto la *Corte Suprema*, quale giudice di ultimo grado che si pronuncia con effetto vincolante sulla legittimità costituzionale delle leggi, ad incidere con le sue interpretazioni sull'attuazione della Costituzione e a contribuire al suo aggiornamento. In particolare in alcuni periodi storici la sua giurisprudenza ha dato una copertura costituzionale all'affermazione della preminenza del Presidente.

Tradizionalmente si sostiene che la forma di governo degli Stati Uniti è fondata su una *divisione rigida dei poteri*, derivante dall'inesistenza del rapporto di fiducia e del potere di scioglimento e dall'attribuzione a ciascuno di essi di una funzione esclusiva. Tuttavia il principio della separazione va combinato con quello del *bilanciamento dei poteri*, in base al quale attraverso un sistema di *checks and balances* (freni e contrappesi) ogni potere ha la possibilità di controllare e di condizionare gli altri nell'esercizio delle rispettive funzioni. Perciò la dinamica effettiva della forma di governo è stata individuata nell'esistenza di "istituzioni separate che condividono gli stessi poteri" [139]. In effetti vari sono i poteri di interferenza reciproca tra Congresso e Presidente.

Il Parlamento ha innanzitutto il *"potere della borsa"*, in quanto attraverso l'approvazione del bilancio e delle più importanti leggi

---

[139] Cfr. R.E. NEUSTADT, *Presidential Power*, New York, 1960, p. 33.

di spesa decide in quale misura stanziare i fondi che occorrono al Presidente per l'attuazione delle sue politiche. In secondo luogo il Congresso esercita un importante *potere di controllo*, che svolge tramite le Commissioni permanenti, le quali procedono frequentemente ad udienze conoscitive (*hearings*), anche al fine di prendere in considerazione tutti gli interessi coinvolti dalle politiche pubbliche, e le Commissioni di indagine, di fronte alle quali possono essere obbligati a deporre sia i funzionari pubblici sia i privati cittadini. Specifici poteri di controllo sono attribuiti al *Senato*, che deve dare il suo consenso alle nomine presidenziali dei funzionari federali (compresi i Segretari e i giudici della Corte Suprema), e a maggioranza dei due terzi dei presenti ai trattati conclusi dal Presidente, ma questi spesso si sottrae al controllo del Senato stipulando accordi internazionali in forma semplificata (*executives agreements*) anche su materie di notevole rilievo. Infine la Camera dei rappresentanti ha il potere di messa in stato d'accusa (*impeachment*) del Presidente e di ogni altro funzionario federale, imputati «di tradimento, di corruzione o di altri gravi reati» (art. II, sez. 4, Cost.). In tale ipotesi essi sono giudicati dal Senato e, in caso di condanna pronunciata a maggioranza dei due terzi dei presenti, sono rimossi dalla carica [140].

Da parte sua il Presidente può influenzare l'attività legislativa del Congresso. In teoria non ha neppure l'*iniziativa legislativa*, ma in base ad una legge del 1921 (*Budget and Accounting Act*) è autorizzato a presentare ogni anno una proposta di bilancio federale. Più in generale può ricorrere al potere di messaggio e tramite l'annuale "messaggio sullo stato dell'Unione", letto di fronte al Congresso, espone un vero e proprio programma legislativo, che si traduce poi nella presentazione dei progetti di legge, elaborati dall'amministrazione, da parte di parlamentari sostenitori della politica presidenziale.

Inoltre il Presidente ha il *potere di veto* sulle leggi approvate dal

---

[140] Anche se il Congresso ha fatto un uso moderato di tale potere, vanno ricordate le vicende dei Presidenti Andrew Johnson (1868) e Bill Clinton (1999), messi in stato d'accusa ma non condannati non essendosi in Senato raggiunta la prescritta maggioranza, e di Richard Nixon, dimissionario nel 1974 in seguito alla formulazione di tre capi di accusa da parte della Commissione giustizia della Camera relativi al cosiddetto "scandalo Watergate". V. M. OLIVIERO, *L'impeachment. Dalle origini inglesi all'esperienza degli Stati Uniti d'America*, Torino, 2001, p. 39 ss.

Congresso, che può rinviare alle Camere per ragioni sia di legittimità sia di merito politico. Le Camere possono superare il veto solo riapprovando la legge rinviata con la maggioranza dei due terzi dei membri. Il progetto approvato diventa legge anche quando il Presidente non lo rinvia entro dieci giorni dalla presentazione, a meno che il Congresso non si aggiorni prima, rendendo impossibile il rinvio: in tale caso il Presidente con la sua inerzia impedisce che il *bill* si trasformi in legge (è questo il cosiddetto *pocket veto*) [141].

Infine l'esecutivo ha acquisito il potere, non previsto dalla Costituzione, di adottare *atti con forza di legge*, in virtù di una delegazione del Congresso o nelle situazioni di crisi (soprattutto durante lo stato di guerra). Da parte sua il Congresso ha fatto ricorso dagli anni '30 al *legislative veto*, con il quale subordinava l'esercizio della delega legislativa alla condizione che le Camere, o anche una sola di esse, potessero annullare gli atti delegati entro un certo termine, ma la Corte Suprema lo ha ritenuto incostituzionale con una sentenza del 1983 per contrasto con il principio della separazione dei poteri.

L'essenzialità della Costituzione, in special modo sul ruolo e sui poteri del Presidente, e la natura dualistica della forma di governo spiegano come mai questa abbia attraversato *varie fasi*, atteggiandosi diversamente a seconda del contesto. Fino all'inizio del secolo scorso si è affermato il ruolo centrale del Congresso tanto che si è parlato di *"Congressional Government"* [142]. Successivamente ha preso avvio una fase di *Presidential Government*, o di "dualismo a prevalenza del Capo dello Stato" [143], sotto l'impulso decisivo del Presi-

---

[141] Una legge del 1996 (*Line Item Veto Act*) ha introdotto anche la possibilità del "veto parziale", relativo cioè solo ad alcuni articoli del *Bill*, subordinandone però l'esercizio alla promulgazione, ma la legge è stata dichiarata incostituzionale dalla Corte Suprema con una sentenza del 1998 per violazione del principio della separazione dei poteri e del loro reciproco bilanciamento.

[142] Cfr. W. WILSON, *Congressional Government. A study in American Politics*, Baltimora, 1885. Sulle istituzioni in questa fase storica e sulle due diverse teorie relative alla Presidenza (quella *whig*, che immagina il Presidente come fedele esecutore della volontà del Parlamento, e quella della *stewardship*, secondo cui il Presidente può fare tutto quello che è richiesto dai bisogni della Nazione e non è proibito dalla Costituzione e dalle leggi) v. G. BOGNETTI, *Lo spirito del costituzionalismo americano*, I, cit., p. 225 ss.

[143] V. su tale passaggio A. LUCARELLI, *Teorie del presidenzialismo. Fondamento e*

dente Franklin Delanoo Roosevelt (1933-1945), che è culminata nella «Presidenza imperiale» [144] di Richard Nixon (1969-1974). Le ragioni di questa trasformazione sono sia istituzionali sia di altra natura.

Circa le prime, è decisivo il fatto che il dualismo nordamericano non abbia un'origine sociale come quello europeo, con un Presidente che, a differenza del monarca, gode di una legittimazione democratica che diventa sempre più forte con la trasformazione della sua elezione in elezione di fatto diretta. Inoltre l'*impeachment* non si trasforma in responsabilità politica del Presidente anche per l'elevata maggioranza richiesta per la condanna da parte del Senato. Ma la preminenza presidenziale deriva, soprattutto, dall'affermarsi dello "Stato interventista" in materia economico-sociale a partire dagli anni '30 con la politica del "*New Deal*", che determina il progressivo rafforzamento dello Stato federale rispetto agli Stati membri, la perdita del monopolio legislativo da parte del Congresso e la grande espansione dell'Amministrazione pubblica federale [145], nonché dal ruolo determinante assunto dagli Stati Uniti sulla scena politica mondiale e quindi dalla importanza crescente della politica estera, che è divenuta progressivamente appannaggio del Presidente e dell'esecutivo [146]. Infine, il Presidente si svincola dal controllo del proprio partito, instaurando un rapporto diretto con i cittadini tramite i mezzi di comunicazione e avvalendosi di un personale politico a lui fedele [147].

Negli ultimi decenni del secolo scorso si verifica un altro importante fenomeno, che incide sul funzionamento della forma di governo: si tratta del "*governo diviso*", per cui il Presidente si trova

---

*modelli*, Padova, 2000, p. 219 ss., il quale sottolinea come il rafforzamento della Presidenza sia stato avviato da W. Wilson (1913-1921) e trovi alcuni precedenti importanti nelle presidenze di A. Jackson (1829-1837), di A. Lincoln (1861-1865) e di T. Roosevelt (1901-1909).

[144] Cfr. A.M. SCHLESINGER, *La presidenza imperiale*, (1973), trad. it., Milano, 1980.

[145] V. ampiamente G. BOGNETTI, *Lo spirito del costituzionalismo americano*. II. *La Costituzione democratica*, Torino, 2000, p. 235 ss.

[146] V. R. TONIATTI, *Costituzione e direzione della politica estera negli Stati Uniti d'America*, Milano, 1983.

[147] V. il testo classico di T.J. LOWI, *The Personal President. Power Invested Promise Unfulfilled*, Ithaca, 1985.

frequentemente a fare i conti con una maggioranza dell'altro partito in uno o in entrambi i rami del Congresso. Quindi si passa da un governo di "istituzioni separate" che condividono il potere ad uno di «istituzioni separate che competono per un potere condiviso» [148]. Ciò indebolisce l'Esecutivo, costringendo il Presidente a negoziare le sue politiche con i singoli parlamentari e ad operare tutta una serie di concessioni localistiche e clientelari [149]. Ma soprattutto dà vita ad un inedito «governo di due partiti in cui ciascuno di essi è insediato in uno dei due rami» ed «opera come partito di maggioranza» [150], il che contribuisce a favorire politiche conservatrici di pura gestione dell'esistente e rende incerto il funzionamento della forma di governo, appannando le responsabilità dei diversi organi [151].

Da ultimo va sottolineato il ruolo giocato dal *sistema politico*, che è bipartitico ed è formato da partiti pragmatici, elettorali, non disciplinati e localistici. La debolezza dei partiti e il ruolo importante dei gruppi di pressione (*lobbies*), che è disciplinato dalla legge, producono conseguenze istituzionali significative. In primo luogo è basso il livello della *partecipazione elettorale* (circa il 50% dei potenziali elettori per le elezioni presidenziali e ancora meno per quelle parlamentari), anche grazie al meccanismo per cui l'iscrizione nelle liste elettorali non avviene *ope legis*, ma solo su richiesta dell'interessato. In secondo luogo vi è una crescente *personalizzazione* della politica, che riguarda sia il Presidente, alla ricerca di un rapporto sempre più diretto con l'opinione pubblica, sia i *Congressmen*, i quali possono vantare l'appoggio finanziario di importanti *lobbies* e non a caso sono spesso confermati nella carica nelle successive elezioni (la percentuale di riconferma dei parlamentari uscenti è stata anche superiore al 90%). Infine la natura

---

[148] Cfr. C.O. JONES, *The Separated Presidency: Making It Work In Contemporary Politics*, in A. KING (a cura di), *The New American Political System*, Washington, 1990, p. 3.

[149] Cfr. G. SARTORI, *Ingegneria costituzionale*, cit., p. 100 ss.

[150] Cfr. T.J. LOWI, *Governo di partito e Costituzione americana. Verso una nuova separazione disfunzionale dei poteri*, in R. DI LEO, G. PITRUZZELLA (a cura di), *Modelli istituzionali e riforma della Costituzione*, Bologna, 1999, pp. 24-25.

[151] Sulla natura "ibrida" della democrazia americana, né maggioritaria né consensuale v. R.A. DAHL, *Quanto è democratica la Costituzione americana?*, (2001), trad. it., Roma-Bari, 2003, p. 77 ss.

del sistema politico da un lato facilita il funzionamento del "governo diviso", in quanto non vi è una disciplina parlamentare e su ogni questione le maggioranze sono trasversali, dall'altro indebolisce la *leadership* presidenziale, che non può contare sull'azione di un partito disciplinato all'interno del Congresso per l'attuazione del suo programma.

In definitiva dal quadro tracciato emergono una preminenza del Presidente, che, tuttavia, incontra numerosi problemi ed ostacoli che incidono sul rendimento della forma di governo [152], e la crescente complessità di un sistema che ha moltiplicato il numero dei poteri collocati al vertice dello Stato [153].

## 18. *La forma di governo direttoriale: la Confederazione svizzera*

La forma di governo direttoriale costituisce un *unicum*, essendo tipica della sola Confederazione svizzera, anche se vi è stata talvolta ricompresa l'esperienza dell'*Uruguay* tra il 1951 e il 1966, caratterizzata dalla presenza di un Capo dello Stato collegiale che nominava i ministri, ma questi erano politicamente responsabili nei confronti del Parlamento ed il contesto era quello di un paese in via di sviluppo [154].

In passato quella svizzera è stata considerata come l'esempio più importante, anzi l'unico ormai vigente, di una forma di governo definita come *assembleare* o *convenzionale*, con riferimento alla Costituzione giacobina del 1793 e all'esperienza della Convenzione francese tra il 1792 e il 1795. In tale forma di governo il Parlamento, di regola monocamerale e non soggetto allo scioglimento, sarebbe titolare di tutti i poteri e ridurrebbe il Governo ad organo

---

[152] V. B. ACKERMAN, *La nuova separazione dei poteri*, (2000), trad. it., Roma, 2003, p. 20 ss., che critica soprattutto i rischi di *impasse* derivanti dal governo diviso e l'eccessiva personalizzazione del potere.

[153] Per G. BOGNETTI, *Lo spirito del costituzionalismo americano*, II, cit., p. 236 ss., i poteri dello Stato sono divenuti cinque, comprendendo accanto ai tre tradizionali (Presidente, Congresso, Giudiziario) anche l'Amministrazione federale e la Corte Suprema, ed il Presidente americano esercita un potere inferiore a quello del Primo ministro inglese e del Presidente della Quinta Repubblica francese.

[154] V. P. BISCARETTI DI RUFFIA, *Introduzione*, cit., pp. 372-373, n. 71.

meramente esecutivo della sua volontà [155]. La stessa qualificazione viene talvolta applicata alla forma di governo dell'Austria (Cost. del 1920), della Terza e della Quarta Repubblica francesi e dell'Italia repubblicana. Tuttavia tale categoria pare discutibile per una ragione teorica ed una di fatto. Sotto il primo profilo la concentrazione dei poteri nelle mani di un solo organo intacca lo stesso concetto di forma di governo (e finisce per modificare anche la forma di Stato), mentre, se si tratta di semplice preminenza del Parlamento, è più corretto parlare di una forma di governo parlamentare "a tendenza assembleare". Dal punto di vista empirico si fa riferimento ad un modello mai attuato nella realtà (come quello giacobino del 1793) o ad esperienze caratterizzate dalla preminenza effettiva del ristretto organo di governo collegiale su quello assembleare (com'è avvenuto in Francia nel periodo della Convenzione e come si verifica in Svizzera) [156].

La forma di governo della Svizzera viene modellata su quella adottata dalla Costituzione francese dell'anno III della Rivoluzione (1795), la quale prevedeva, accanto ad un Parlamento bicamerale, un Direttorio di cinque membri, eletto ma non revocabile dal primo, che svolgeva contemporaneamente le funzioni di Governo, nominando i singoli ministri, e di Capo dello Stato. Questo modello è stato importato in Svizzera dalle armate francesi nel 1798 con la creazione della Repubblica elvetica e qui ha trovato condizioni oggettive più favorevoli alla sua sopravvivenza, tanto che è stato recepito nella Costituzione del 1848, che ha dato vita allo Stato federale, e mantenuto anche nelle Costituzioni del 1874 e del 1999 [157].

La forma di governo della Svizzera può essere compresa solo alla luce delle peculiari caratteristiche del paese: si tratta di una *nazione* non in senso etnico, in quanto lo Stato comprende una pluralità di comunità etniche, linguistiche e religiose caratterizzate da una tradizione plurisecolare di autonomia a livello cantonale e urbano, ma *in senso politico*, come frutto di una libera scelta rispet-

---

[155] V. P. BASTID, *Le gouvernement d'assemblée*, Paris, 1956, p. 13 e sulle istituzioni svizzere p. 225 ss.

[156] V. le esaurienti critiche di G.U. RESCIGNO, *Forme di Stato*, cit., p. 22 e di F. CUOCOLO, *Forme di Stato*, cit., pp. 514-515.

[157] Sulla continuità della forma di governo v. P. CIRIELLO, *Le "modifiche" alla forma di governo nella nuova Costituzione svizzera*, in *Dir. pubbl. comp. eur.*, 1999, p. 1059 ss.

tosa del pluralismo e delle autonomie e per questo favorevole alla creazione di un organo di governo-Capo dello Stato collegiale e rappresentativo. Occorre, poi, tener conto di altri due fattori peculiari: la particolare collocazione internazionale del paese, fondata su una politica di neutralità, che ha determinato l'ingresso nell'ONU solo nel 2002 e la mancata adesione all'Unione Europea, ed il ruolo importante degli istituti di democrazia diretta (iniziativa popolare e referendum).

Nella forma di governo direttoriale l'*organo esecutivo* (Consiglio federale) deriva dal Parlamento, in quanto i suoi membri sono eletti individualmente dall'Assemblea federale (formata dalla riunione delle due Camere, il Consiglio nazionale e il Consiglio degli Stati), ma la derivazione è solo iniziale, in quanto non è previsto un voto di sfiducia nei quattro anni della legislatura. A sua volta il Consiglio federale non ha il potere di scioglimento delle Camere. La forma di governo, quindi, si distingue da quella parlamentare, ma anche da quella presidenziale: infatti l'organo di vertice del potere esecutivo non è eletto dal popolo e non ha natura monocratica, ma collegiale, in quanto tra i sette membri che lo costituiscono uno assume a rotazione per un anno la carica di "Presidente della Confederazione", senza che ciò comporti alcuna preminenza sugli altri consiglieri.

In teoria, sulla base della lettera della Costituzione, secondo la quale l'Assemblea federale «esercita il potere supremo nella Confederazione» (art. 148, c. 1), mentre il Consiglio federale è «la suprema autorità direttiva ed esecutiva della Confederazione» (art. 174), il Parlamento è titolare dell'indirizzo politico, mentre il Consiglio svolge un ruolo esecutivo. Tale interpretazione è rafforzata dalle numerose attribuzioni, ulteriori rispetto a quelle legislative, riconosciute all'Assemblea, alla quale spettano, inoltre, tutte le questioni di competenza federale non attribuite ad altre autorità (art. 173, cc. 1 e 2).

Ma dall'*interpretazione sistematica* del testo costituzionale nascono vari dubbi sull'esattezza di questa ricostruzione. Intanto il potere dell'Assemblea federale è sottoposto al duplice limite rappresentato dai "diritti del popolo e dei Cantoni". In secondo luogo l'Assemblea esercita un controllo sul Consiglio federale e può conferirgli dei "mandati" relativi alle competenze governative (artt. 169, c. 1 e 171), ma non può revocare i consiglieri federali dalla carica. In terzo luogo si è sostenuto che l'attribuzione all'Assemblea dei "poteri residui" (non assegnati ad altre autorità) non abbia carattere generale, ma valga solo per gli atti di tipo legislativo [158]. Infine varie competenze, come la tutela della sicurezza interna ed esterna, sono attribuite sia all'Assemblea che al Consiglio. In conclusione entrambi gli organi sono titolari dell'indirizzo politico, interpretazione che è rafforzata dalla previsione per cui il Consiglio «definisce i fini e i mezzi della propria politica di governo» (art. 180, c. 1).

Se si guarda all'effettività dei rapporti tra i poteri, si deve constatare che il Consiglio federale riveste una posizione di sicura preminenza. L'organo direttoriale svolge importanti *funzioni di tipo normativo* nella forma di regolamenti o di atti con forza di legge, emanati con o senza delegazione legislativa (ordinanze sostitutive dipendenti o indipendenti) o su autorizzazione del Parlamento (ordinanze di necessità, con le quali il Consiglio esercita i pieni poteri, anche in deroga alle disposizioni costituzionali, com'è avvenuto nel corso delle due guerre mondiali). Occorre, poi, considerare che le Camere si riuniscono in sessioni ordinarie di breve durata e i parlamentari non esercitano il proprio mandato a tempo pieno e dispongono di una indennità limitata e di mezzi ridotti [159]. Al contrario il Consiglio è formato da un numero esiguo di membri, ciascuno dei quali, eletto personalmente dall'Assemblea federale, è posto a capo di un Dipartimento, e dirige l'amministrazione federale.

Inoltre la *composizione* del Consiglio si basa su regole convenzionali che ne assicurano la rappresentatività nei confronti dei Cantoni, dei gruppi etnici, delle confessioni religiose e dei partiti. L'organo esecutivo gode, quindi, di una forte continuità politico-amministrativa ed i suoi membri acquisiscono esperienza ed autorevolezza nella direzione degli affari pubblici, il che spiega come mai vengano frequentemente confermati nella carica alla fine del mandato e siano eccezionali i casi di mancata rielezione o di dimissioni per contrasto politico con il Parlamento.

Per questi motivi la qualificazione della forma di governo come "direttoriale" è la più adeguata, in quanto riesce a dare conto del-

---

[158] V. J.F. AUBERT, *Traité de droit constitutionnel suisse*, II, Neuchâtel, 1967, pp. 455-456.

[159] Sui limiti istituzionali del potere del Parlamento v. H KRIESI, *Le système politique suisse*, Paris, 1995, p. 170 ss.

l'effettivo svolgimento dei rapporti tra gli organi in senso favorevole al Consiglio federale. La forma di governo riesce a combinare fattori potenzialmente contraddittori: la centralità del principio di collegialità dell'azione di governo con il ruolo importante svolto dai singoli consiglieri; la stabilità-efficienza del Governo con la sua composizione pluralistica ed eterogenea.

A questo esito contribuisce il *sistema politico*, che è a multipartitismo estremo, ma, a causa della natura flessibile e poco ideologica dei partiti, consente di dare vita a stabili governi di coalizione, come dimostra la "formula magica" di governo che raggruppa i quattro maggiori partiti (radicale, socialista, popolare e conservatore) dal 1959 [160]. In combinazione con il sistema elettorale proporzionale per l'elezione del Consiglio nazionale, che è sancito nella Costituzione, il sistema politico fa della Svizzera un classico esempio di "democrazia consensuale", basata sull'assenza di una dialettica tra maggioranza e opposizione e su una forma costante di collaborazione-negoziazione a livello politico-sociale e istituzionale.

## 19. *La forma di governo semipresidenziale*

La forma di governo semipresidenziale si fonda sulla compresenza di *due elementi*: uno parlamentare (la responsabilità politica del Governo nei confronti del Parlamento), l'altro presidenziale (l'elezione popolare di un Presidente della Repubblica titolare di importanti poteri propri) [161]. Ne consegue un esecutivo dualistico,

---

[160] Grazie al successo ottenuto nelle elezioni del 2003 l'Unione democratica di centro, partito di destra e antieuropeista, ottiene due consiglieri a scapito del Partito popolare che ne perde uno. Nel 2007 lo stesso partito rimane fuori dal Governo a causa dell'esclusione dal Consiglio federale del suo leader Blocher e dell'espulsione dal partito dell'altra sua rappresentante, per rientrarvi nel 2008 con un proprio esponente; v. M.P. VIVIANI SCHLEIN, *La Svizzera*, in AA.VV., *Costituzioni comparate*, 4ª ed., Torino, 2017, p. 154 ss.

[161] Tale categoria è stata proposta da M. DUVERGER, *Institutions politiques et droit constitutionnel*, 11ª ed., Paris, 1970, p. 277 ss. e poi ampiamente sviluppata in *Echec au roi*, Paris, 1978. Lo stesso autore ha successivamente chiarito che si potrebbe utilizzare anche il termine "semi-parlamentare", ma che è preferibile l'altro, trattandosi di un regime più vicino a quello presidenziale «in virtù del dualismo

caratterizzato dalla compresenza del Presidente e del Primo ministro, posto a capo di un Governo sostenuto dalla maggioranza parlamentare. Questo modello, pur prendendo come "prototipo" la Quinta Repubblica francese[162], è stato applicato ad altri sei ordinamenti costituzionali democratici, di cui uno appartenente al passato (Repubblica di Weimar) e cinque tuttora vigenti (Finlandia Costituzioni del 1919 e del 2000, Austria Cost. del 1929, Irlanda Cost. del 1937, Islanda Cost. del 1944, Portogallo Cost. del 1976)[163].

Le *ragioni* che hanno spinto questi paesi a darsi un Presidente eletto dal popolo sono varie:

– la conquista dell'indipendenza e la necessità di sostituire al monarca dell'ex "madrepatria" un "monarca repubblicano" (come si è verificato tra le due guerre mondiali in Finlandia, Irlanda e Islanda, quando si sono distaccate rispettivamente da Russia, Regno Unito e Danimarca);

– la volontà di contrapporre al pluralismo politico, che si esprimeva nel Parlamento, l'unità e l'autorità dello Stato, impersonata da un Presidente con una forte e autonoma legittimazione (nella Repubblica di Weimar, in Austria e in Francia);

---

dell'espressione della sovranità popolare attraverso il suffragio universale»; cfr. M. DUVERGER, *Le système politique français*, 21ª ed., Paris, 1996, p. 188. Non si ritiene di accogliere la definizione semplificata, che tiene conto della derivazione popolare del Presidente, ma non dell'importanza dei poteri che gli sono attribuiti, proposta da R. ELGIE, *Semi-presidentialism in Europe*, Oxford, 1999, p. 13. Si tratta, infatti, di un elemento giuridico-costituzionale, dal quale la qualificazione di una forma di governo non può prescindere.

[162] V. in tal senso esplicitamente M. DUVERGER, *Le concept de régime semi-présidentiel*, in AA.VV., *Les régimes semi-présidentiels*, Paris, 1986, p. 8. Per "prototipo" si deve intendere «la manifestazione più interessante e ... *esemplare*» del modello, che, tuttavia, non si identifica con questo; cfr. A. RINELLA, *La forma di governo semi-presidenziale. Profili metodologici e "circolazione" del modello francese in Europa centro-orientale*, Torino, 1997, p. 83 ss.

[163] Sulla forma di governo semipresidenziale in generale e a livello comparativo v. i numerosi saggi contenuti in S. CECCANTI, O. MASSARI, G. PASQUINO, *Semipresidenzialismo. Analisi delle esperienze europee*, Bologna, 1996; L. PEGORARO, A. RINELLA (a cura di), *Semipresidenzialismi*, cit.; S. GAMBINO (a cura di), *Democrazia*, cit.; L. MEZZETTI, V. PIERGIGLI (a cura di), *Presidenzialismi*, cit.; A. GIOVANNELLI (a cura di), *Il semipresidenzialismo*, cit.; M. VOLPI, *Il semipresidenzialismo tra teoria e realtà*, Bologna, 2014.

– la fuoriuscita da una dittatura e la ricerca di una garanzia di democraticità nell'elezione popolare del Presidente (in Portogallo, dove dal 1976 fino alla revisione costituzionale del 1982 essa serviva anche a controbilanciare il ruolo centrale dei militari che si esprimeva nel Consiglio della Rivoluzione).

Al di fuori delle democrazie dell'Europa occidentale, il modello semipresidenziale ha avuto ampia diffusione in *Africa* (soprattutto francofona) e in *Asia*. In particolare Elgie, ritenendo sufficiente per qualificare un sistema come semipresidenziale l'elezione popolare del Presidente, vi ha fatto rientrare al 1° gennaio 2006 cinquantacinque Paesi, la grande maggioranza dei quali facenti parte delle cosiddette "giovani democrazie" [164]. Tuttavia è stato sottolineato che «i regimi parlamentari hanno avuto statisticamente un impatto positivo sul livello della democrazia più significativo di quelli semipresidenziali» [165]. Inoltre non vi è stato un rapporto automatico tra semipresidenzialismo e consolidamento della democrazia; anzi il semipresidenzialismo, oltre a produrre un conflitto fra le due teste del potere esecutivo, può sommare i difetti dei sistemi presidenziali (rigidità dei rapporti tra i poteri e governo diviso) con quelli dei sistemi parlamentari (instabilità delle coalizioni di governo) [166]. Nei fatti, analogamente a quanto è avvenuto per l'imitazione del modello presidenziale degli Stati Uniti, anche l'adozione di quello semipresidenziale in paesi caratterizzati da un funzionamento, nel migliore dei casi, solo semi-democratico delle istituzioni, ha dato vita a situazioni fondate per lo più su un netto squilibrio tra i poteri a vantaggio di quello esecutivo e del Presidente eletto dal popolo.

Il modello semipresidenziale è stato adottato anche *dalla maggioranza degli Stati ex socialisti dell'Europa centro-orientale* [167]. Tuttavia la scelta di un Presidente eletto dal popolo nella maggioranza

---

[164] V. R. ELGIE, *What is semi-presidentialism and where is it found?*, in R. ELGIE e S. MOESTRUP (editors), *Semi-presidentialism outside Europe. A comparative study*, London-New York, 2007, p. 8.

[165] *Ibidem*, S. MOESTRUP, *Semi-presidentialism in young democracies*, p. 38.

[166] *Ibidem*, R. ELGIE e S. MOESTRUP, *The choice of semi-presidentialism and its consequences*, p. 247.

[167] Bulgaria, Croazia, Lituania, Macedonia, Montenegro, Polonia, Repubblica Ceca, Romania, Serbia, Slovacchia e Slovenia.

dei casi è derivata non dall'obiettivo di avere un potere esecutivo predominante, ma da esigenze diverse, come quella di dare visibilità istituzionale al cambiamento della forma di Stato o alla conquista dell'indipendenza o ancora di garantire l'unità dello Stato di fronte ad un sistema politico frammentato e conflittuale [168]. Ne deriva che «non vi è correlazione diretta» fra elezione popolare e estensione dei poteri del Presidente [169]. La tendenza prevalente nelle Costituzioni che hanno adottato una forma di governo semipresidenziale è quella di circoscrivere i poteri del Capo dello Stato eletto dal popolo, il quale non è collocato automaticamente alla testa del potere esecutivo. In tutti gli ordinamenti il Presidente viene eletto per cinque anni, ma può svolgere solo due mandati consecutivi o non più di due mandati. Il Parlamento a maggioranza qualificata può far valere la sua responsabilità e deciderne la destituzione, che in alcuni casi è di competenza della Corte costituzionale, mentre in altri è demandata a un referendum popolare. I rapporti tra Presidente e Governo sono ispirati ad una certa separatezza. Così il Capo dello Stato non presiede il Consiglio dei ministri, ma può solo partecipare ad alcune riunioni; si limita a designare un candidato alla carica di Primo ministro o, più raramente, a nominarlo, ma poi spetta al Parlamento eleggere il Governo o votare la fiducia nei suoi confronti; infine dà vita ad atti che di regola non sono controfirmati e quindi non comportano una responsabilità ministeriale. Nei confronti del Parlamento, poi, il Presidente può esercitare il potere di scioglimento solo in presenza di specifici presupposti stabiliti nel testo della Costituzione [170].

Nonostante la sua diffusione, la nozione di semipresidenzialismo non è accettata da tutti. Infatti vari autori parlano di forma di governo *parlamentare* «a tendenza presidenziale» o «a correttivo presidenziale» [171] o di "variante della forma di governo parlamenta-

---

[168] V. M.A. ORLANDI, *Quando il semipresidenzialismo passa all'Est*, Torino, 2002, p. 142.

[169] Cfr. M. LESAGE, *Constitutions d'Europe centrale, orientale et balte*, Paris, 1995, p. 28.

[170] Sulla evoluzione degli ordinamenti semipresidenziali nell'Europa centro-orientale v. M. VOLPI, *Il semipresidenzialismo*, cit., p. 41 ss.

[171] V. nel primo senso P. BISCARETTI DI RUFFIA, *Introduzione*, cit., p. 120, nel secondo senso J.C. COLLIARD, *Les régimes parlementaires*, cit., pp. 19, 280 ss.

re" [172], altri, con particolare riferimento alla Quinta Repubblica francese, di forma di governo «presidenziale» [173]. Ora, da un lato l'esistenza di un Presidente eletto dal popolo e parte integrante del potere esecutivo mal si concilia con lo schema parlamentare monistico e si differenzia anche da quello parlamentare dualistico perché il Capo dello Stato e il Parlamento sono entrambi di derivazione popolare e non rappresentano diverse classi sociali [174]; d'altro lato l'esistenza del rapporto di fiducia tra Parlamento e Governo e la previsione dello scioglimento dell'assemblea non sono coerenti con la forma di governo presidenziale [175].

Non risulta neppure convincente la distinzione delle esperienze semipresidenziali in *due categorie*: il "presidenzialismo con *premier*" e il "parlamentarismo con presidente", a seconda rispettivamente della prevalenza del Primo ministro o del Capo dello Stato [176]. Infatti la seconda categoria finisce per essere evanescente, in quanto comprende solo l'esperienza di Weimar e quelle verificatesi in paesi in via di sviluppo (come Corea del Sud, Ecuador, Perù, Sri Lanka) [177]. D'altro lato non si vede come si possa inserire la Quinta Repubblica francese in una categoria caratterizzata dalla prevalenza del Primo ministro sul Presidente in contraddizione con la prassi fino ad oggi largamente prevalente.

La verità è che la natura mista della forma di governo semipresidenziale può dare vita ad *esiti pratici molto differenziati*, a seconda che prevalga l'elemento presidenziale o quello parlamentare [178].

---

[172] Cfr. F. LANCHESTER, *Gli strumenti della democrazia*, cit., p.106.

[173] In particolare per la Quinta Repubblica francese v. C. EMERI, C. BIDÉGARAY, *La Constitution en France de 1789 à nos jours*, Paris, 1997, p. 273 ss.

[174] L'unico dubbio può riguardare la qualificazione della Repubblica di Weimar, nella quale il dualismo si esprime attraverso due poteri eletti entrambi dal popolo, ma rappresentativi di principi diversi in un contesto di forte divisione sociale, politica e ideologica e pertanto più vicino a quello proprio del parlamentarismo dualistico.

[175] Per la legittimità scientifica della categoria del semipresidenzialismo v. M. VOLPI, *Esiste una forma di governo semipresidenziale?*, in L. PEGORARO, A. RINELLA (a cura di), *Semipresidenzialismi*, cit., p. 25 ss.

[176] Cfr. M.S. SHUGART, J.M. CAREY, *Presidenti e assemblee*, cit., pp. 42 ss. e 435 ss.

[177] In senso analogo v. G. SARTORI, *Ingegneria costituzionale*, cit., p. 140 ss.

[178] Di Costituzioni "a molteplici virtualità" parla L. ELIA, *Governo*, cit., p. 644. Duverger sottolinea l'esistenza di diverse variabili che incidono sul concreto fun-

Sulla base dell'esperienza pratica e dell'influenza del sistema politico è possibile distinguere *tre sottotipi*[179].

Il primo, definito come "parlamentarizzato", è caratterizzato dalla *prevalenza della componente parlamentare e del Primo ministro* e comprende gli ordinamenti (Austria, Irlanda e Islanda) nei quali i poteri riconosciuti al Presidente eletto dal popolo possono essere più o meno importanti, ma sono in gran parte neutralizzati dal buon funzionamento del raccordo Parlamento-Governo e da regole convenzionali, imposte dal sistema dei partiti e dalla cultura politica, che indeboliscono il ruolo del Capo dello Stato (come quella che comporta la candidatura alle elezioni presidenziali non dei *leader* dei principali partiti, ma di personalità politiche di secondo piano o estranee alla politica). In questi casi la componente parlamentare della forma di governo prevale su quella presidenziale e fa del Primo ministro di un governo che deriva dal Parlamento l'organo di vertice del potere esecutivo e l'autentico *leader* della maggioranza. Si è parlato, quindi, di sistemi semipresidenziali «apparenti»[180] o più drasticamente, ma immotivatamente, non qualificabili come semipresidenziali[181].

Il secondo sottotipo, definito come "bilanciato" o "a diarchia variabile", riguarda gli ordinamenti nei quali il rapporto tra componente presidenziale e componente parlamentare varia nel tempo e assume rilevanza concreta *il dualismo esistente all'interno del potere esecutivo*. Si tratta comunque di una diarchia non gerarchica, ma basata su una separazione delle competenze costituzionali tra Primo ministro-Governo, che sono espressione della maggioranza parlamentare, e Presidente, al quale sono attribuiti importanti po-

---

zionamento della forma di governo, ravvisandole nella diversa consistenza dei poteri presidenziali, nel ricorso o meno a questi del Presidente, nell'esistenza o meno di una maggioranza parlamentare e nel tipo di rapporti che intercorrono tra questa ed il Capo dello Stato; cfr. M. DUVERGER, *Le système politique*, cit., p. 501 ss.

[179] V. R. ELGIE, *Semi-presidentialism and Comparative Institutional Engineering*, in R. ELGIE (editor), *Semi-presidentialism in Europe*, Oxford, 1999, p. 286; M. VOLPI, *Il semipresidenzialismo*, cit., p. 21 ss.

[180] Cfr. M. DUVERGER, *Le système politique français*, cit., p. 504.

[181] Cfr. G. SARTORI, *Ingegneria costituzionale*, cit., pp. 140-141, la cui posizione non si giustifica alla luce dei criteri giuridici qui proposti per la classificazione delle forme di governo. Inoltre lo stesso autore ritiene che dopo il 1982 anche il Portogallo abbia abbandonato il semipresidenzialismo (*op. cit.*, pp. 143-144), con ciò riducendo i sistemi semipresidenziali vigenti a Francia, Finlandia e Sri Lanka.

teri propri (di politica estera in Finlandia, di scioglimento del Parlamento, di veto sulle leggi, di revoca del Governo in casi eccezionali in Portogallo). Nei periodi di normale funzionamento del sistema politico-istituzionale la preminenza è del raccordo Governo-Parlamento e all'interno dell'esecutivo del Primo ministro, mentre, quando non vi è una maggioranza parlamentare, il Presidente svolge un ruolo politico importante e può dare vita a governi presidenziali presieduti da personalità di sua fiducia. Tuttavia questa ipotesi è divenuta recessiva specie dopo la revisione della Costituzione portoghese del 1982 e in Finlandia dopo l'adozione della nuova Costituzione nel marzo 2000, che ha ridimensionato i poteri del Presidente [182].

Infine il terzo sottotipo è "presidenzializzato", in quanto è caratterizzato dalla *prevalenza del Presidente* ed è rappresentato soprattutto dalla Quinta Repubblica francese. Anche qui assume rilievo la diarchia all'interno del potere esecutivo, ma questa è di tipo ineguale o gerarchico, in quanto di regola il Presidente ha il predominio grazie all'esistenza di una maggioranza parlamentare del suo stesso orientamento politico. Quindi la componente presidenziale prevale su quella parlamentare. Tuttavia anche in Francia possono verificarsi periodi di "coabitazione" tra il Presidente ed una maggioranza parlamentare a lui politicamente contrapposta, nei quali è il Primo ministro, che gode della fiducia della maggioranza parlamentare, a determinare la politica governativa, anche se il Presidente dispone di significativi poteri di indirizzo e di freno (*infra*, § 20).

Nel primo sottotipo rientra anche la maggioranza delle esperienze semipresidenziali adottate negli Stati dell'Europa centro-orientale fuoriusciti dal regime comunista, nei quali la componente parlamentare e il Primo ministro sono andati gradualmente prevalendo su un Presidente pur titolare di poteri significativi. Fanno

---

[182] Sull'evoluzione del sistema portoghese v. G. PASSARELLI, *Monarchi elettivi? Dinamiche presidenziali in Francia e Portogallo*, Bologna, 2008, pp. 55 ss. e 194-195. Sull'indebolimento del Presidente finlandese, derivante dall'attribuzione al solo Governo della determinazione della politica comunitaria, v. F. DURANTI, *Gli ordinamenti costituzionali nordici*, cit., p. 101. In Finlandia il ridimensionamento dei poteri presidenziali è stato accentuato dalla revisione costituzionale del 2012, che ha attribuito al Primo ministro la rappresentanza del paese nel Consiglio europeo e assegnato al Parlamento il compito di risolvere i conflitti tra Presidente e Primo ministro sulla base della proposta avanzata dal Governo e il potere di decidere con legge l'impiego delle forze armate in zone di conflitto.

eccezione tre Paesi (Croazia, Polonia e Romania), nei quali la componente presidenziale è stata importante. Di questi ultimi il primo si è ispirato al modello austriaco del 1929, ma il suo funzionamento è stato nettamente squilibrato a vantaggio del Presidente, tanto da far parlare di «Presidenza imperiale» [183] fino alle elezioni del 2000 ed alla revisione costituzionale dello stesso anno che ha notevolmente ridimensionato i poteri del Presidente [184]; gli altri due hanno imitato il modello francese, anche se in modo parziale e disorganico [185]. Tuttavia anche in Polonia ha preso progressivamente il sopravvento l'elemento parlamentare su quello presidenziale e si è avuto un ridimensionamento dei poteri del Presidente [186]. In Romania a partire dal 2007 si è avuta la dimostrazione di come la coabitazione tra Presidente e Primo ministro di opposti orientamenti politici possa portare ad un grave conflitto istituzionale, che ha posto al centro dell'attenzione la necessità di una riforma della Costituzione volta a ridimensionare i poteri del Capo dello Stato [187]. La Romania è, quindi, transitata dal terzo al secondo sottotipo fondato sul dualismo tra Capo dello Stato e Primo ministro.

In definitiva la linea di tendenza della forma di governo semipresidenziale nei paesi di democrazia consolidata è quella della *prevalenza della componente parlamentare* su quella presidenziale, con l'unica rilevante eccezione rappresentata dalla Quinta Repubblica francese.

---

[183] Cfr. J. MARKO, J. KREGAR, *Il sistema politico croato*, in S. BARTOLE, P. GRILLI DI CORTONA (a cura di), *Transizione e consolidamento democratico nell'Europa Centro-Orientale. Élites, istituzioni e partiti*, Torino, 1998, p. 180. Il riferimento è alla presidenza di Tudjman (1990-2000) che si è conclusa con la morte del Presidente e con l'elezione alla presidenza del candidato dell'opposizione.

[184] V. T. CERRUTI, *La forma di governo della Croazia: da "presidenzialismo" a regime parlamentare*, in *Dir. pubbl. comp. eur.*, 2001, p. 1818 ss.

[185] V. diffusamente A. RINELLA, *La forma di governo semi-presidenziale*, cit., p. 266 ss.

[186] V. in tal senso C. FILIPPINI, *Polonia*, Bologna, 2010, p. 87.

[187] Il Presidente Basescu di centro-destra si è trovato in aperto conflitto con il Primo ministro Ponta, leader di una coalizione tra socialdemocratici, liberali e partito conservatore. La maggioranza del Parlamento ha votato per due volte (nel 2007 e nel 2012) la sospensione dalla carica del Presidente accusato di gravi reati in violazione della Costituzione. Ma nel successivo referendum sulla revoca del Presidente, previsto dalla Costituzione, nel primo caso il corpo elettorale si è pronunciato a favore del mantenimento in carica del Presidente, mentre nel secondo non è stato raggiunto il quorum della metà più uno degli elettori.

## 20. *La Quinta Repubblica francese*

La Quinta Repubblica nasce dalla crisi della Quarta Repubblica, determinata da ragioni sia istituzionali sia politiche. Il fattore scatenante è rappresentato dalla guerra di Algeria. Nel maggio 1958 le autorità militari di stanza in Algeria fanno un colpo di Stato che minacciano di estendere al territorio "metropolitano" della Francia. L'Assemblea nazionale dà vita ad un governo presieduto dal generale De Gaulle, al quale il 3 giugno con legge ordinaria attribuisce per sei mesi i "pieni poteri", esercitabili mediante decreti, e con legge costituzionale conferisce, in deroga al procedimento di revisione *ex* art. 90 Cost. del 1946, il potere di predisporre una nuova Costituzione, stabilendone i principi ispiratori: la derivazione popolare sia del potere legislativo sia di quello esecutivo, l'effettiva separazione tra i due poteri, la responsabilità politica del Governo di fronte al Parlamento. Il 29 settembre il Governo sottopone il progetto, elaborato da un Comitato consultivo composto da parlamentari e da esperti, all'approvazione popolare mediante referendum, che avviene con il 79,2% dei voti a favore. Il 4 ottobre 1958 la nuova Costituzione entra in vigore[188].

In origine i costituenti pensano di dare vita ad un *sistema parlamentare fortemente razionalizzato*, nel quale ad un Parlamento frazionato a causa del tradizionale multipartitismo estremo faccia da contrappeso un potere esecutivo composto da un Governo, al quale vengono attribuiti importanti poteri per garantire l'attuazione in Parlamento del suo programma, e da un Presidente della Repubblica, che in funzione di "arbitro" è chiamato ad assicurare «il regolare funzionamento dei poteri pubblici e la continuità dello Stato» (art. 5 Cost.) e viene eletto da un collegio di circa 80.000 elettori, composto dai membri del Parlamento, dei Consigli dipartimentali, delle assemblee dei Territori d'oltremare e soprattutto dai rappresentanti eletti dai Consigli comunali, tra i quali sono nettamente prevalenti quelli provenienti dai piccoli e più conservatori municipi rurali.

L'evoluzione della forma di governo verso il *predominio del po-*

---

[188] Sulle origini e sulla evoluzione della Quinta Repubblica v. P. AVRIL, *La V$^{e}$ République. Histoire politique et constitutionnelle*, Paris, 1987 e U. COLDAGELLI, *La Quinta Repubblica da De Gaulle a Sarkozy*, Roma, 2009.

*tere esecutivo*, ed al suo interno del Capo dello Stato [189], viene sancita nel 1962 con l'introduzione dell'*elezione a suffragio universale del Presidente della Repubblica*, mediante una revisione degli artt. 6 e 7 Cost., adottata, per volontà di De Gaulle, in base non al procedimento disciplinato dall'art. 90, ma all'art. 11, che consente al Capo dello Stato, su proposta del Governo o delle due Camere, di far approvare direttamente dal corpo elettorale «ogni progetto di legge concernente l'organizzazione dei pubblici poteri». In questo modo viene evitato il voto delle due Camere, che sono in maggioranza contrarie alla proposta. L'Assemblea nazionale reagisce approvando, per l'unica volta nella storia della Quinta Repubblica, una mozione di censura nei confronti del governo Pompidou, ma ciò determina il suo scioglimento da parte del Capo dello Stato. Quindi il corpo elettorale è chiamato prima ad approvare il progetto di revisione, poi ad eleggere la nuova Assemblea, nella quale il partito gollista ed i suoi alleati ottengono la maggioranza assoluta dei seggi.

L'evoluzione in senso presidenzialistico della forma di governo riceve un ulteriore impulso dal *"fatto maggioritario"*, vale a dire dall'affermarsi nell'Assemblea nazionale di una maggioranza stabile, grazie al sistema elettorale maggioritario a doppio turno. Questo, nel prevedere che al primo turno di ogni collegio uninominale sia eletto il candidato che abbia ottenuto la maggioranza assoluta dei voti e, quando ciò non si verifichi, si tenga un secondo turno al quale accedono i candidati che hanno ottenuto i suffragi di più del 12,5% degli aventi diritto al voto (pari a circa il 20% dei votanti effettivi), tende progressivamente a bipolarizzare il sistema multipartitico, dando vita a due coalizioni, una di destra, l'altra di sinistra e, nelle tornate elettorali tra il 2002 e il 2012, a prefigurare un bipartitismo caratterizzato dalla egemonia del Partito socialista a sinistra e dei "Repubblicani" [190] a destra. Le elezioni del 2017 sconvolgono il quadro politico: alle elezioni presidenziali vince al

[189] Sulla forma di governo e sulla sua evoluzione nella prassi v. J. GICQUEL, *Essai sur la pratique de la Ve République*, 2a ed., Paris, 1977 e P. AVRIL, *Le régime politique de la Ve République*, 4a ed., Paris, 1979. Tra gli autori italiani v. A. GIOVANNELLI, *Aspetti della Va Repubblica da De Gaulle a Mitterrand*, Milano, 1984 e i saggi di vari autori contenuti in C. FUSARO, *Le radici del semi-presidenzialismo*, Soveria Mannelli, 1998.

[190] I Repubblicani è la nuova denominazione adottata nel 2015 dal partito di derivazione gollista.

ballottaggio, contro la leader di estrema destra Marine Le Pen, Emmanuel Macron alla testa di un nuovo partito da lui fondato, *La République en Marche*, che si definisce "né di destra né di sinistra" e ottiene la maggioranza assoluta dei seggi alle successive elezioni dell'Assemblea nazionale. Il bipolarismo che aveva caratterizzato la Quinta Repubblica viene spazzato via: il partito socialista è ridotto ai minimi termini, i gollisti sono ridimensionati e ottengono un notevole consenso formazioni estreme (a destra il *Front national*, a sinistra *La France insoumise*). Ciò pone problemi sul futuro funzionamento di un sistema politico-istituzionale incentrato su un partito maggioritario e su una opposizione frantumata.

A partire dalle elezioni presidenziali del 1965 il Capo dello Stato viene eletto dal popolo mediante un sistema maggioritario a doppio turno, con un secondo turno di ballottaggio, che si tiene se al primo nessun candidato ha ottenuto la maggioranza assoluta dei voti, al quale sono ammessi solo i due candidati più votati. Originariamente dura in carica per sette anni, ma nel settembre 2000 la *durata del mandato* viene ridotta a cinque anni con una legge di revisione prima approvata dalle Camere, poi sottoposta a referendum popolare, nell'intento di evitare il più possibile l'eventualità della "coabitazione" con una maggioranza parlamentare di opposto orientamento politico. Nella stessa direzione va l'*inversione del calendario elettorale*, introdotta nel 2001 con una legge organica, che comporta lo svolgimento delle elezioni presidenziali prima di quelle legislative, determinando un effetto di traino delle prime sulle seconde [191].

L'elezione popolare esalta l'uso dei poteri del Presidente e in particolare di quelli che, non essendo soggetti a controfirma ministeriale, si configurano come *poteri propri* del Capo dello Stato, tra i quali sono particolarmente significativi la nomina del Primo ministro (art. 8 Cost.), il ricorso al referendum legislativo (art.

---

[191] Le tornate elettorali del 2002, 2007, 2012 e 2017 hanno attribuito la maggioranza assoluta dei seggi all'Assemblea nazionale al partito di cui era leader il Presidente eletto: l'*Union pour un mouvement populaire* nei primi due casi, il Partito socialista nel terzo *La République en marche* nel quarto. Nelle quattro tornate, a riprova della netta prevalenza assunta dalle elezioni presidenziali rispetto a quelle parlamentari, il tasso di astensione tra le prime e le seconde è cresciuto di più del 20% degli elettori; in particolare nelle elezioni del 2017 gli astenuti sono passati dal 21,77% degli elettori al primo turno delle elezioni presidenziali al 57,4% al secondo turno di quelle parlamentari.

11)[192], lo scioglimento dell'Assemblea nazionale (art. 12), l'assunzione dei "poteri di crisi" nell'ipotesi di grave e immediata minaccia contro la Repubblica e di interruzione del regolare funzionamento dei poteri costituzionali (art. 16).

Nella *prassi* il Presidente non solo nomina, ma costringe alle dimissioni il Primo ministro quando ritenga di doverlo sostituire, ricorre al referendum legislativo anche per modificare la Costituzione, scioglie l'Assemblea nazionale quando la maggioranza è di opposto orientamento politico (nel 1962 in seguito all'approvazione di una mozione di censura al Governo, nel 1981 e nel 1988 subito dopo le elezioni presidenziali) o quando ritiene conveniente andare a nuove elezioni (nel 1968 e nel 1997).

Il potere esecutivo è *dualistico*, in quanto accanto al Presidente vi è il Governo che "determina e dirige la politica nazionale" (art. 20, c. 1) ed il Primo ministro che "dirige l'azione del Governo" (art. 21, c. 1)[193]. Quando il Capo dello Stato può contare su una maggioranza all'interno dell'Assemblea nazionale, come si è fino ad oggi verificato per 51 dei 60 anni di vita della Quinta Repubblica, egli dirige il Governo, compiendo le grandi scelte politiche. Il Primo ministro è in questo caso una specie di "comandante in seconda", che compie le scelte politiche quotidiane, dirigendo e coordinando l'attività dei ministeri e dell'amministrazione. Inoltre egli copre politicamente *l'irresponsabilità* del Presidente per gli atti compiuti nell'esercizio delle funzioni, sancita fino al 2007 dall'art. 68 Cost., che ne prevedeva la messa in stato d'accusa da parte delle due Camere ed il successivo giudizio di un'Alta Corte di giustizia, composta pariteticamente da deputati e senatori, solo nell'ipotesi di alto tradimento. Lo stato di sostanziale irresponsabilità del Presidente è stato rafforzato nel 2007 dalla revisione del titolo IX della Costituzione, che prevede l'improcedibilità nei confronti del Capo dello Stato per gli atti extrafunzionali fino alla fine del mandato e la so-

---

[192] Con la revisione costituzionale del 4 agosto 1995 l'ambito di applicazione del referendum è stato esteso, riguardando ormai non solo i progetti di legge attinenti all'organizzazione dei pubblici poteri e all'autorizzazione dei trattati non contrastanti con la Costituzione che abbiano un'incidenza sul funzionamento delle istituzioni, ma anche le «riforme relative alla politica economica, sociale o ambientale della nazione ed ai servizi pubblici che vi concorrono».

[193] Sui rapporti tra le due teste dell'esecutivo v. J. MASSOT, *Chef de l'Etat et chef du Gouvernement. Diarchie et hiérarchie*, Paris, 1993.

stituzione del reato di alto tradimento con una ipotesi di responsabilità politica, consistente nella destituzione del Presidente da parte del Parlamento a Camere riunite in caso di «mancanza ai suoi doveri manifestamente incompatibile con l'esercizio del suo mandato» (nuovo art. 68). La vaghezza del presupposto e la maggioranza qualificata dei due terzi dei componenti richiesta sia per l'esercizio della iniziativa da parte di ciascuna Camera sia per la destituzione rendono tale ipotesi di responsabilità di assai improbabile attuazione.

La situazione cambia nelle fasi in cui il Presidente deve "coabitare" con la maggioranza di un'Assemblea neoeletta di opposto orientamento politico, come si è verificato per nove anni nel corso della Quinta repubblica [194]. In tale ipotesi, divenuta improbabile ma non impossibile dopo le riforme del 2000-2001, egli nomina un Primo ministro espressione della maggioranza parlamentare, il quale dirige effettivamente la politica del Governo. Il Presidente ne esce ridimensionato, senza ridursi peraltro ad un Capo di Stato parlamentare, in quanto continua a giocare un ruolo politicamente attivo nei settori della politica estera e della difesa, può rifiutarsi di firmare gli atti regolamentari deliberati nel Consiglio dei ministri e può deferire al Consiglio costituzionale le leggi approvate dalla maggioranza prima della promulgazione [195]. Ciò determina un offuscamento della responsabilità politica nel governo del paese che all'indomani della "lunga coabitazione" verificatasi tra il 1997 e il 2002 il corpo elettorale ha inteso sanzionare, dando al primo turno delle elezioni presidenziali del 2002 meno del 36% dei voti ai due principali candidati (il Presidente in carica Chirac e il Primo ministro uscente Jospin) e determinando il passaggio al turno di ballottaggio insieme a Chirac del candidato dell'estrema destra Le Pen.

Il *Parlamento* è composto da due Camere: l'Assemblea nazionale, eletta dal corpo elettorale per cinque anni, ed il Senato, nel quale siedono i rappresentanti delle collettività territoriali. Entrambe sono titolari della funzione legislativa e di quella di revisione costituzionale, ma il rapporto di fiducia intercorre solo tra Assemblea-

---

[194] Vi sono stati tre periodi di coabitazione: dal 1986 al 1988 e dal 1993 al 1995 sotto la presidenza del socialista Mitterrand e dal 1997 al 2002 sotto la presidenza del gollista Chirac.

[195] V. A. CANEPA, *Elementi per una analisi della* cohabitation *nelle istituzioni della V Repubblica francese*, Genova, 1994.

nazionale e Governo. Vari sono i *fattori di supremazia del Governo sul Parlamento*. Per gli aspetti funzionali, la Costituzione elenca le materie di competenza della legge, stabilendo che tutte le altre hanno natura regolamentare e, qualora una proposta di legge o un emendamento riguardi queste ultime, il Governo può dichiararli irricevibili (art. 41, c. 1), anche se tale delimitazione è stata interpretata con notevole elasticità. In materia legislativa il Governo può intervenire mediante ordinanze con forza di legge su legge di autorizzazione del Parlamento (art. 38). Si aggiunga che il diritto di emendamento è limitato, in quanto è dichiarato inammissibile quando comporti minori entrate o un aggravio di spesa (art. 40), che, facendo ricorso al *vote bloqué*, il Governo può imporre ad una Camera di votare «sull'insieme o su una parte del testo in discussione con gli emendamenti» da esso proposti o accettati (art. 44, c. 3), che, in caso di disaccordo tra le Camere su un disegno di legge, il Primo ministro può convocare una Commissione bicamerale paritetica di conciliazione e successivamente il Governo può far votare la sola Assemblea nazionale, orientando a proprio favore il sistema bicamerale (art. 45).

Per quanto riguarda la forma di governo in senso stretto, vige la regola della *incompatibilità* tra carica ministeriale e mandato parlamentare (art. 23) e il *rapporto di fiducia* è così fortemente razionalizzato da garantire al Governo una posizione di preminenza. Tale razionalizzazione, originariamente concepita in previsione di un Parlamento frammentato e con maggioranze deboli, ha determinato un forte squilibrio tra potere esecutivo e potere legislativo dal 1962 in poi, allorché si è sempre avuta una maggioranza stabile a sostegno del Governo. L'art. 49, c. 1, il quale stabilisce che il Primo ministro impegna di «fronte all'Assemblea nazionale la responsabilità del Governo sul suo programma» o su una «dichiarazione di politica generale», è stato interpretato e utilizzato come istitutivo non di un obbligo, ma della semplice facoltà di chiedere un voto di fiducia iniziale. L'Assemblea nazionale può comunque approvare una *mozione di censura* a maggioranza assoluta, ma vengono conteggiati solo i voti favorevoli (art. 49, c. 2), per cui chi si astiene o non partecipa al voto si pronuncia di fatto a favore del Governo. Infine l'art. 49, c. 3 prevede che il Primo ministro può porre la *questione di fiducia* sulla votazione di un testo e che questo è considerato adottato dall'Assemblea, a meno che non venga presentata entro ventiquattro ore e successivamente approvata una mozione di censura. Quindi non solo spetta all'opposizione dimostrare che il Governo non ha più la fiducia dell'Assemblea, ma il testo proposto dall'Esecutivo può essere tacitamente "approvato" senza alcun voto dell'Assemblea, allorquando, come più spesso accade, non venga presentata una mozione di censura.

Da quanto si è detto emerge che nella Quinta Repubblica vi è un forte squilibrio tra potere esecutivo e potere legislativo e che, nelle fasi in cui il Presidente ha potuto contare su una maggioranza parlamentare, la forma di governo ha funzionato in senso "ultra-presidenziale" o "presidenzialista" [196]. Tale squilibrio è stato parzialmente compensato dalla duttilità della forma di governo, che ha superato le due prove dell'*alternanza al Governo* tra maggioranza ed opposizione (realizzatasi dal 1981 in poi) e della *coabitazione* tra Presidente e Primo ministro. Tuttavia l'ultima prolungata coabitazione (1997-2002), sottolineando l'unicità di una forma di governo nella quale, a differenza di quel che accade nelle altre democrazie consolidate, vi sono due elezioni decisive per la formazione del Governo, ha dato vita in Francia ad un vivace dibattito sulla necessità di riforme istituzionali volte, a seconda delle opinioni, ad accentuare la componente presidenziale o quella parlamentare della forma di governo [197].

Le due citate riforme di riduzione della durata del mandato presidenziale e di anticipazione delle elezioni presidenziali rispetto a quelle parlamentari hanno avuto l'effetto di esaltare la componente presidenziale della forma di governo, nella quale il Capo dello Stato svolge ormai apertamente la funzione di direzione del Governo, e di mettere ancora più chiaramente in risalto gli squilibri tra i poteri e la debolezza degli istituti di garanzia [198]. Da qui ha

---

[196] Cfr. per la prima espressione G. VEDEL, *Cinquième République*, in O. DUHAMEL, Y. MENY (a cura di), *Dictionnaire constitutionnel*, Paris, 1992, pp. 138-139, per la seconda espressione J. GICQUEL, J.E. GICQUEL, *Droit constitutionnel et institutions politiques*, 29ª ed., Paris, 2015, p. 505 ss.

[197] V. O. DUHAMEL, *Vive la VIe République*, Paris, 2002, B. FRANÇOIS, A. MONTEBOURG, *La Constitution de la VIe République: réconcilier les Français avec la démocratie*, Paris, 2005 e M. CALAMO SPECCHIA, *La revisione della Costituzione in Francia. Tra rovesciamenti di regime e manutenzione costituzionale*, in F. PALERMO (a cura di), *La «manutenzione» costituzionale*, Padova, 2007, p. 130 ss.

[198] Spiace che della portata delle due riforme non dia minimamente conto G. Pasquino, in G. PASQUINO, R. PELIZZO, *Parlamenti democratici*, Bologna, 2006, p. 129 ss., il quale preferisce polemizzare con me (a p. 133, nota 30) per l'opinione,

preso avvio il procedimento di revisione costituzionale, avviato su iniziativa del Presidente Sarkozy, che è sfociato nella riforma approvata nel luglio 2008, la quale ha modificato circa la metà degli articoli della Costituzione. Sono state così introdotte novità interessanti: la rivalutazione di alcuni poteri del Parlamento in materia legislativa e di determinazione dell'ordine del giorno, la limitazione della questione di fiducia al disegno di legge finanziaria, a quello di finanziamento della sicurezza sociale e ad un altro disegno o proposta di legge nel corso della sessione, la previsione di un ricorso incidentale di costituzionalità da parte dei cittadini, anche se con un filtro esercitato dalla Corte di Cassazione e dal Consiglio di Stato. Tuttavia non è stata intaccata la natura della forma di governo, come dimostra la mancata risoluzione delle ambiguità circa il riparto di poteri tra Presidente e Primo ministro (nonostante le proposte formulate dal Comitato di studio Balladur). Inoltre alcune delle novità relative al Capo dello Stato (come il limite dei due mandati consecutivi e il diritto del Presidente di prendere la parola di fronte al Parlamento in seduta comune, ma senza presenziare all'eventuale dibattito, che comunque non può essere seguito da alcun voto) sembrano andare in direzione di un'ulteriore presidenzializzazione della forma di governo, senza sfociare in un presidenzialismo fornito di adeguati contrappesi (a cominciare da un'effettiva responsabilità politica del Presidente)[199].

---

secondo la quale la Quinta Repubblica ha oscillato tra "ultrapresidenzialismo" e l'eccezione, rappresentata da una coabitazione che confonde le responsabilità delle due teste del potere esecutivo, opinione largamente presente tra i costituzionalisti francesi ed italiani. Evidentemente solo la scelta ideologica del modello francese, peraltro criticato dallo stesso autore fino al 1995 (cfr. *Mandato popolare e Governo*, Bologna, 1995, spec. pp. 19 e 60-61) può spiegare la "disattenzione" per l'evoluzione reale della Quinta Repubblica e la riproposizione di un giudizio positivo sulla coabitazione, tesi che in Francia non trova più alcun sostenitore. Quanto agli squilibri della forma di governo, basti ricordare che il Presidente Sarkozy, subito dopo la sua elezione ha previsto l'istituzione con un decreto del 18 luglio 2007 di un "Comitato di riflessione e di proposta sulla modernizzazione e sul riequilibrio delle istituzioni della V Repubblica", affidandogli in particolare il compito di porre limiti ai poteri presidenziali e di «riequilibrare i poteri del Parlamento in rapporto a quelli del potere esecutivo». Le proposte del Comitato Balladur sono state parzialmente riprese nella legge di revisione costituzionale approvata nel luglio 2008.

[199] Sulla riforma costituzionale del 2008 v. P. COSTANZO, *La "nuova" Costituzione della Francia*, Torino, 2009. Sugli aspetti attinenti alla forma di governo v. M.

Resta, quindi, centrale la ricerca dell'equilibrio fra i poteri che, nonostante i miglioramenti introdotti nella Costituzione, è lungi dall'essere stata realizzata. Inoltre negli ultimi quattro mandati presidenziali si verifica il paradosso per cui alla forza istituzionale del Presidente si accompagna un indebolimento politico della sua autorevolezza. Infatti il Presidente può usufruire di un'ampia maggioranza parlamentare e rafforza la sua posizione di capo effettivo del potere esecutivo. Ma in questo modo egli pregiudica l'altra faccia del ruolo attribuitogli dalla Costituzione, quella di rappresentante dell'unità e della continuità dello Stato al di sopra della contesa politica, apparendo sempre di più come una personalità politica di parte. Inoltre la centralità acquisita dall'elezione presidenziale riversa un sovraccarico di aspettative sul Presidente eletto e nel giro di poco tempo subentra una disillusione che produce un consistente calo dei consensi nell'opinione pubblica.

## 21. *La forma di governo semiparlamentare: lo Stato di Israele dal 1992 al 2001*

Costituisce una forma di governo a sé stante, anche se per alcuni è solo una variante del parlamentarismo, l'ipotesi in cui il Primo ministro non derivi dal Parlamento, ma dall'elezione a suffragio universale da parte del corpo elettorale, che si verifica contestualmente a quella del Parlamento. Il principio posto alla base del suo funzionamento è *"aut simul stabunt aut simul cadent"*: il Parlamento può sfiduciare il Primo ministro, ma in tal caso è sciolto automaticamente; a sua volta il Primo ministro può sciogliere il Parlamento, ma ciò comporta le sue dimissioni, per cui i due organi sono sempre rieletti contemporaneamente.

Questo schema teorico viene proposto negli ultimi anni della Quarta Repubblica francese, soprattutto da Duverger[200], come via

---

VOLPI, *La forma di governo in Francia alla luce della riforma costituzionale del luglio 2008*, in *Dir. pubbl. comp. eur.*, 2008, n. 4, p. 1961 ss.

[200] La proposta viene avanzata in quattro articoli pubblicati sul quotidiano *Le Monde* dal 12 aprile al 12 giugno 1956 ed è poi ripresa in M. DUVERGER, *La Repubblica tradita*, cit., p. 180 ss. e, anche se con differenze importanti, tra le quali spicca l'elezione popolare del Presidente della Repubblica, che cumula il ruolo di Capo

di uscita alla crisi della forma di governo: il punto di riferimento è costituito dal modello inglese, ma, poiché non è possibile importare il sistema bipartitico e le regole non scritte esistenti nel Regno Unito, si pensa di ottenere l'effetto di un "Governo di legislatura" tramite norme giuridiche razionalizzatrici del parlamentarismo. Tale modello viene ripreso in tempi recenti da una parte della dottrina in Italia[201], dove trova una sua peculiare attuazione nel sistema ad elezione diretta dei Sindaci e del Presidenti delle Province, introdotto nel 1993, e dei Presidenti delle Regioni a Statuto ordinario ai sensi della legge cost. n. 1 del 1999[202], sistema sostanzialmente confermato in quasi tutti i nuovi Statuti regionali approvati successivamente.

Il termine proposto da Duverger, fatto proprio da alcuni autori è quello di *"regime neoparlamentare"*, ma tale definizione è criticabile, in quanto qualifica il modello in questione come una variante della forma di governo parlamentare, considerando come decisivo il mantenimento di un rapporto di fiducia tra il Parlamento e il Governo. In realtà l'elezione diretta del vertice dell'Esecutivo introduce un elemento di tipo presidenziale e prefigura un assetto dualistico della forma di governo, che mal si conciliano con il parlamentarismo monistico.

La critica è ancora più fondata quando la qualificazione di forma di governo neoparlamentare viene estesa a tutte le situazioni «in cui il rapporto fiduciario origina ormai dalle scelte espresse in sede elettorale» e quindi al modello *Westminster* proprio del Regno

---

dello Stato e di Primo ministro, dal CLUB JEAN MOULIN, *Lo Stato e il cittadino*, (1961), trad. it., Milano, 1963, p. 287 ss.

[201] V. S. GALEOTTI, *La debolezza del governo nel meccanismo costituzionale*, in AA.VV., *Verso una nuova Costituzione*, I, Milano, 1983, p. 392 ss. e A. BARBERA, *Una riforma per la Repubblica*, Roma, 1991, p. 181 ss. V. anche T.E. FROSINI (a cura di), *Il premierato nei governi parlamentari*, cit. e F. CLEMENTI, *Profili ricostruttivi della forma di governo primo-ministeriale tra elezione diretta ed indiretta*, Roma, 2005.

[202] V. l'ampio studio di M. OLIVETTI, *Nuovi Statuti e forma di governo delle Regioni. Verso le Costituzioni regionali?*, Bologna, 2002. Ritiene che il sistema adottato nelle Regioni italiane fuoriesca dal modello semiparlamentare, in quanto comporta un'unica elezione che assicura al Presidente eletto la maggioranza consiliare, sottolineando che «in nessun sistema di governo autenticamente *dualistico* ... la formazione della rappresentanza è *consequenziale* a quella dell'esecutivo», L. PRIMICERIO, *La forma di governo*, cit., pp. 170-171.

Unito e a tutti gli ordinamenti a parlamentarismo maggioritario [203]. A tale tesi si può obiettare nella forma che è discutibile l'uso del termine "neoparlamentare" per qualificare il parlamentarismo classico del Regno Unito, nella sostanza che non è possibile equiparare l'elezione *di diritto* del Primo ministro a quella *di fatto*, nella quale il corpo elettorale elegge una maggioranza parlamentare e può dare una indicazione di governo solo in virtù di un sistema politico bipartitico o bipolare e di una formula elettorale selettiva. Ne deriva che, mentre il Primo ministro eletto dal popolo non può essere sostituito nel corso della legislatura e la sfiducia votata dal Parlamento ne determina lo scioglimento automatico, negli ordinamenti a parlamentarismo maggioritario il Primo ministro non è inamovibile e la sfiducia parlamentare non sfocia necessariamente nello scioglimento. La realtà è che il modello "neoparlamentare", soprattutto nella versione proposta dai suoi sostenitori in Italia, è qualitativamente diverso dalla forma di governo parlamentare, anche del sottotipo maggioritario, perché si fonda su un elemento, l'elezione diretta di un Primo ministro, insostituibile nel corso della legislatura e titolare di un potere libero di scioglimento, esercitabile all'occorrenza anche contro la maggioranza parlamentare, che non trova cittadinanza negli ordinamenti parlamentari realmente esistenti.

D'altra parte tale modello non è assimilabile neppure alle altre forme di governo: non a quella presidenziale, la quale non prevede né sfiducia né scioglimento; non a quella semipresidenziale, nella quale ad essere eletto dal popolo è il Presidente e il Primo ministro è soggetto alla sfiducia del Parlamento; non a quella direttoriale, nella quale il Governo collegiale è designato dal Parlamento e non vi è sfiducia né scioglimento. Per questo si è parlato di «forma di governo ad elezione diretta del Primo ministro», ma si tratta di una definizione puramente descrittiva, alla quale è da preferire quella di «forma di governo semiparlamentare» [204]. A ciò si può aggiungere che la giustapposizione di elementi parlamentari e presidenziali, così come si verifica per la forma di governo semipresidenziale, può produrre esiti molto diversi. In concreto, se la dina-

[203] Cfr. S. CECCANTI, *La forma di governo parlamentare*, cit., pp. 13-14 e 254-255.

[204] Cfr. per la prima definizione M. OLIVETTI, *L'elezione diretta del Primo ministro e la teoria delle forme di governo*, in *St. parl. pol. cost.*, 1997, p. 82 ss. e per la seconda L. PRIMICERIO, *La forma di governo*, cit., p. 100 ss.

mica parlamentare prevale su quella presidenziale, si ha una forma di parlamentarismo, che costringe il Primo ministro eletto a negoziare con il Parlamento la formazione del Governo e comporta il rischio di paralisi nell'ipotesi che le due elezioni (premierale e parlamentare) producano maggioranze dissociate; nell'ipotesi opposta, si produce un funzionamento di tipo presidenzialistico, nel quale la minaccia di scioglimento del *Premier* diviene decisiva di fronte all'arma spuntata di un voto di sfiducia destinato a ritorcersi contro il Parlamento, provocandone lo scioglimento automatico.

Fino ad oggi l'unico Stato che ha adottato un modello del genere è *Israele*, che l'ha introdotto il 14 aprile 1992 con una riforma della Legge fondamentale sul Governo [205], mantenendolo in vita fino al 2001. Il *Primo ministro*, *leader* di un partito politico già rappresentato in Parlamento, veniva eletto dal popolo con un sistema maggioritario a doppio turno, in base al quale, se nessun candidato otteneva la maggioranza assoluta dei voti al primo turno, si teneva un secondo turno di ballottaggio riservato ai due candidati più votati. Qualora il Parlamento (*Knesset*) approvasse una mozione di sfiducia a maggioranza assoluta o non adottasse la legge di bilancio entro tre mesi dall'inizio dell'anno finanziario, esso veniva sciolto automaticamente e si procedeva a nuove elezioni sia dell'assemblea che del Primo ministro. A sua volta questi, in accordo con il Presidente della Repubblica, poteva sciogliere la *Knesset* quando la maggioranza parlamentare si opponeva al Governo, rendendone impossibile il regolare funzionamento, ed anche in tale ipotesi si procedeva a nuove elezioni contestuali dei due organi. Il Presidente della Repubblica eletto dal Parlamento era titolare di poteri ridotti e non partecipava alla determinazione dell'indirizzo politico.

Tuttavia nello schema semiparlamentare erano stati introdotti una serie di *correttivi*, che contribuivano a suscitare dubbi sulla qualificazione della forma di governo israeliana [206]. In primo luogo

---

[205] Lo Stato di Israele, divenuto indipendente nel maggio 1948, non ha una Costituzione formalizzata in un unico documento, ma una serie di "leggi fondamentali" riguardanti singoli istituti costituzionali; v. F. RESCIGNO, *Scritti sul sistema istituzionale israeliano*, Rimini, 1996, p. 15 ss.

[206] Così si è parlato di «regime semi-parlamentare» (cfr. M. DUVERGER, *Les monarchies républicaines*, in *Pouvoirs*, 1996, p. 107 ss.), di «regime intermedio» tra parlamentarismo e presidenzialismo (cfr. E. OTTOLENGHI, R.Y. HAZAN, *Aspettando*

era previsto che entro 45 giorni dalla pubblicazione del risultato elettorale il Primo ministro dovesse presentare la lista dei ministri ed il programma di governo alla *Knesset*, la quale poteva rifiutare la fiducia, determinando anche in tale caso nuove elezioni dei due organi. Ciò obbligava il Primo ministro a dare vita a negoziazioni con le forze politiche e a concludere un accordo di coalizione, che poteva notevolmente condizionarlo, soprattutto nell'ipotesi in cui non avesse una maggioranza politica all'interno dell'assemblea. In secondo luogo era stabilito che si procedesse ad *elezioni speciali* del solo Primo ministro nei seguenti casi: se questi non riusciva a costituire il Governo entro 45 giorni dall'elezione; nelle ipotesi di dimissioni volontarie, di morte o di impedimento permanente (non essendo prevista una figura di Vice-Primo ministro che potesse subentrare nella carica); se il *Premier* veniva rimosso dalla carica in seguito a condanna penale per un reato che implicasse indegnità morale; se due terzi della *Knesset* approvavano una mozione di sfiducia nei suoi confronti; se veniva meno il numero minimo dei ministri. Evidentemente queste previsioni creavano una asimmetria tra la legittimazione forte del Primo ministro e la sua posizione nel sistema costituzionale, esposta ai condizionamenti partitico-parlamentari.

Tale asimmetria era accentuata dal sistema politico a multipartitismo estremo, nel quale proliferano i piccoli partiti, che sono in grado di condizionare la formazione di qualsiasi governo, e dal sistema fortemente proporzionale per l'elezione della *Knesset*, che contribuisce ad accentuarne la frammentazione. Ciò ha fatto sì che il Primo ministro eletto dal popolo formasse governi di coalizione eterogenei e instabili e destinati ad entrare in crisi prima della fine della legislatura, come si è verificato per i due Primi ministri eletti a suffragio universale nel 1996 e nel 1999. Inoltre la forte personalizzazione della competizione elettorale prodotta dall'elezione diretta del Primo ministro ha determinato, in contrasto

---

*la costituzione: la rivoluzione costituzionale israeliana del 1992 e i mutati rapporti tra i poteri dello Stato*, in *Quad. cost.*, 1997, p. 298), di «sistema parlamentare di tipo assembleare» (cfr. S. BALDIN, *La forma di governo dello Stato di Israele*, in L. PEGORARO, A. RINELLA (a cura di), *Semipresidenzialismi*, cit., p. 296). Ha sottolineato il funzionamento «monistico» della forma di governo R. TONIATTI, *Una forma di governo parlamentare iperrazionalizzata: la soluzione dell'elezione diretta del Primo ministro in Israele*, in L. MEZZETTI, V. PIERGIGLI (a cura di), *Presidenzialismi*, cit., p. 142.

con le aspettative dei promotori della riforma del 1992, un forte indebolimento dei due maggiori partiti (il conservatore *Likud* e il Partito laburista) e la nascita di nuovi partiti che hanno reso ancora più difficile la formazione e la stabilità dei governi[207].

In conseguenza degli esiti negativi prodotti, l'elezione popolare del Primo ministro è stata abbandonata con una riforma della Legge fondamentale sul Governo del marzo 2001, che ha reintrodotto la derivazione parlamentare del Governo, mantenendo il potere del Primo ministro di ricorrere alle elezioni anticipate, e ha previsto l'istituto della sfiducia costruttiva.

In conclusione occorre constatare che ad oggi nessuno Stato democratico adotta la forma di governo neoparlamentare fondata sulla elezione popolare del Primo ministro.

---

[207] I due maggiori partiti sono passati dai 76 seggi (su 120) conquistati nelle elezioni del 1992 a 66 e 45 seggi ottenuti rispettivamente nelle elezioni del 1996 e del 1999; v. J. BAUER, *Le système politique israelien*, Paris, 2000, p. 73 ss. Più in generale sugli effetti negativi della riforma semiparlamentare v. E. OTTOLENGHI, *Israele: un premierato fallito*, in G. PASQUINO, *Capi di Governo*, cit., p. 155 ss.

# CONCLUSIONI

Le conclusioni di questo volume non possono che essere "aperte" in un duplice senso.

Innanzitutto la rassegna delle forme di Stato e delle forme di governo è stata condotta cercando di fornire gli elementi essenziali distintivi dei vari *tipi* e di individuare dal punto di vista dinamico le differenze di funzionamento che consentono l'individuazione di *sottotipi*, ma anche con un approccio critico, che ha sottolineato l'esistenza di diverse opinioni sia sull'esatta qualificazione sia sul rendimento di ogni tipo. Per le forme di Stato emerge dal testo l'opzione ideale per uno Stato democratico-pluralistico, che tenga conto dei fattori di involuzione presenti al suo interno, dei problemi che la democrazia è chiamata ad affrontare su scala planetaria e dei necessari adattamenti che la sua recezione richiede negli Stati ex socialisti e in quelli in via di sviluppo, nel quadro della ricerca di una collaborazione tra civiltà. Invece si è sottolineato che non esiste una forma di governo ideale, ma la scelta relativa va compiuta alla luce sia del modello di democrazia che si vuole realizzare sia del contesto sociale e politico di ogni paese, evitando di cadere nell'illusione per cui la recezione di un certo *tipo* debba necessariamente produrre gli effetti che si sono avuti in contesti diversi.

In secondo luogo la classificazione proposta delle forme di Stato e delle forme di governo contemporanee, al pari di ogni diversa che può essere elaborata a seconda del criterio prescelto, è il prodotto di una riflessione teorica *storicamente determinata*, anche se non congiunturale. Quindi essa dovrà in futuro essere aggiornata alla luce dell'evoluzione concreta dei vari ordinamenti, nel senso sia di sottolineare il valore "storico" assunto da alcuni tipi, quando non trovino più corrispondenza in esperienze vigenti, sia di introdurne di nuovi, quando esperienze non inquadrabili in quelli fino ad oggi individuati acquistino consistenza e durata significative.

# BIBLIOGRAFIA

AA.VV., *Costituzioni comparate*, 4ª ed., Torino, 2017.
AA.VV., *Costituzioni del Novecento. Ideali e prassi*, Pordenone, 1998.
AA.VV., *Il governo "semi-presidenziale" in Europa*, in *Quad. cost.*, 1983.
AA.VV., *La forma di governo nell'Italia odierna*, in *Quad. cost.*, 1991.
AA.VV., *Les 40 ans de la V République*, in *Rev. dr. publ.*, 1998, num. spec.
AA.VV., *Les régimes semi-présidentiels*, Paris, 1986.
ACKERMANN V.B., *La nuova separazione dei poteri*, (2000), trad. it., Roma, 2003.
AINIS M., *Le libertà negate. Come gli italiani stanno perdendo i loro diritti*, Milano, 2004.
ALLEGRETTI U., *Profilo di storia costituzionale italiana. Individualismo e assolutismo nello Stato liberale*, Bologna, 1989.
ALMOND G.A., POWELL B.G., *Politica comparata*, (1966), trad. it., Bologna, 1970.
AMATO G., *Forme di Stato e forme di governo*, in G. AMATO, A. BARBERA (a cura di), *Manuale di diritto pubblico*. I. *Diritto pubblico generale*, 5ª ed., Bologna, 1997.
AMATO G., CLEMENTI F., *Forme di Stato e forme di governo*, 2ª ed., Bologna, 2012.
AMIRANTE D., DECARO C., PFÖSTL E. (a cura di), *La Costituzione dell'Unione Indiana. Profili introduttivi*, Torino, 2013.
AMPHOUX J., *Le Chancelier fédéral dans le régime constitutionnel de la République Fédérale d'Allemagne*, Paris, 1962.
ANDERSON P., *Dall'antichità al feudalesimo*, (1974), trad. it., Milano, 1978.
– *Lo stato assoluto. Origini ed evoluzione dell'assolutismo occidentale e orientale*, (1974), trad. it., Milano, 1980.
APARICIO M., *Lineamenti di diritto costituzionale spagnolo*, (1989), trad. it., Torino, 1992.
AQUARONE A., *L'organizzazione dello Stato totalitario*, 2ª ed., Torino, 1995.
ARENDT H., *Le origini del totalitarismo*, (1951), trad. it., Milano,1967.
AUBERT J.F., *Traité de droit constitutionnel suisse*, 2 voll., Neuchâtel, 1967 e *Supplément 1967-1982*, Neuchâtel, 1982.

AVRIL P., *Le régime politique de la Ve République*, 4a ed., Paris, 1979.
– *La Ve République. Histoire politique et constitutionnelle*, Paris, 1987.
AZZARITI G., *Forme e soggetti della democrazia pluralista. Considerazioni su continuità e trasformazioni dello stato costituzionale*, Torino, 2000.
– *Critica della democrazia identitaria*, Roma-Bari, 2005.
– *Il costituzionalismo moderno può sopravvivere?*, Roma-Bari, 2013.

BAGEHOT W., *La Costituzione inglese*, (1867), trad. it., Bologna, 1995.
BALDASSARRE A., *Diritti della persona e valori costituzionali*, Torino, 1997.
– *Il capo dello Stato*, in G. AMATO, A. BARBERA (a cura di), *Manuale di diritto pubblico. II. L'organizzazione costituzionale*, 5a ed., Bologna, 1997.
– *Globalizzazione contro democrazia*, Roma-Bari, 2002.
BALDASSARRE A. (a cura di), *I limiti della democrazia*, Bari, 1985.
BALDASSARRE A. e MEZZANOTTE C., *Gli uomini del Quirinale. Da De Nicola a Pertini*, Roma-Bari, 1985.
BARBER B.R., *Guerra Santa contro Mc Mondo*, (1995), trad. it., Milano, 2002.
BARBERA A., *Una riforma per la Repubblica*, Roma 1991.
– (a cura di), *Le basi filosofiche del costituzionalismo*, Bari, 1997.
– *I parlamenti*, Bari, 1999.
BARBERA A., FUSARO C., *Il governo delle democrazie*, Bologna, 1997.
BARTOLE S., *Riforme costituzionali nell'Europa centro-orientale*, Bologna, 1993.
– *Democrazia maggioritaria*, in *Enc dir.*, V, aggiornamento, Milano, 2001.
– *Interpretazioni e trasformazioni della Costituzione repubblicana*, Bologna, 2004.
– *Stato (forme di)*, in *Enc. dir.*, Annali, II, II, Milano, 2008, p. 1121.
BARTOLE S., GRILLI DI CORTONA P. (a cura di), *Transizione e consolidamento democratico nell'Europa Centro Orientale. Élites, istituzioni e partiti*, Torino, 1998.
BASTID P., *Le gouvernement d'assemblée*, Paris, 1956.
BASSANINI F. (a cura di), ASTRID, *Costituzione una riforma sbagliata. Il parere di sessantatre costituzionalisti*, Firenze, 2004.
BAUER J., *Le système politique israelien*, Paris, 2000.
BAUMAN Z., *Modernità liquida*, (2000), trad. it., Roma-Bari, 2011.
BEAUD O., *La puissance de l'Etat*, Paris, 1994.
BECK U., *Potere e contropotere nell'età globale*, (2005), trad. it., Roma-Bari, 2010.
BENEMY F.W.G., *The Elected Monarch. The Development of the Power of the Prime Minister*, London, 1965.
BENNETT R.W., *Chi elegge il Presidente degli Stati Uniti? Il problema del collegio elettorale*, (2006), trad it., Milano, 2009.

VON BEYME K., *Die Parlamentarischen Regierungssysteme in Europa*, München, 1970.
– *Das politische System des Bundesrepublik Deutschland*, 11ª ed., Wiesbaden, 2010.
BIAGI R., *La Costituzione francese tra continuità e innovazione*, Torino, 2010.
BIANCHINI S. (a cura di), *L'autogestione jugoslava*, Milano, 1982.
BIDÉGARAY C., EMERI C., *La responsabilité politique*, Paris, 1998.
BISCARETTI DI RUFFIA P., *La Repubblica popolare cinese: un modello nuovo di ordinamento statale socialista*, Milano, 1977.
– *Introduzione al diritto costituzionale comparato*, 6ª ed., Milano, 1988.
– *1988-1990. Un triennio di profonde trasformazioni costituzionali*, Milano, 1991.
– (a cura di), *Costituzioni straniere contemporanee*, 6ª ed., I. *Le Costituzioni di dieci Stati di "democrazia stabilizzata"*, Milano, 1994; II. *Le Costituzioni di sette Stati di recente ristrutturazione*, Milano, 1996.
BISCARETTI DI RUFFIA P., CRESPI REGHIZZI G., *La Costituzione sovietica del 1977*, Milano, 1979.
BLANCO VALDÉS R.L., *Introduzione alla Costituzione spagnola del 1978*, (1998), trad. it., Torino, 1999.
BLONDEL J., *Gouvernements et exécutifs, parlements et législatifs*, in GRAWITZ M., LECA J. (a cura di), *Traité de science politique*, II, Paris, 1985.
BOBBIO N., *La teoria delle forme di governo nella storia del pensiero politico*, Torino, 1976.
– *Il futuro della democrazia*, Torino, 1984.
– *Stato, governo, società*, Torino, 1985.
BÖCKENFÖRDE E.W., *Staat, Verfassung, Demokratie. Studien zur Verfassungtheorie und zum Verfassungrecht*, Frankfurt a.M., 1991.
BOGDANOR V. (a cura di), *Constitutions in democratic policy*, London, 1988.
– *The British constitution in the twentieth century*, Oxford, 2003.
BOGDANOR V., BUTLER D. (a cura di), *Democracy and Elections*, Cambridge, 1983.
BOGNETTI G., *Introduzione al diritto costituzionale comparato (Il metodo)*, Torino, 1994.
– *La divisione dei poteri*, Milano, 1994.
– *Semipresidenzialismo. La via italiana alla stabilità di governo*, Milano, 1998.
– *Lo spirito del costituzionalismo americano*. I. *La Costituzione liberale*, Torino, 1998; II. *La Costituzione democratica*, Torino, 2000.
BONANNI M. (a cura di), *Governo, Ministri, Presidente. Tre esecutivi europei*, Milano, 1978.

BORDIGNON F., *Il partito del capo. Da Berlusconi a Renzi*, Santarcangelo di Romagna, 2013.
BOSETTI G., MAFFETTONE S. (a cura di), *Democrazia deliberativa: cosa è*, Roma, 2004.
BOVERO M. (a cura di), *Quale libertà. Dizionario minimo contro i falsi liberali*, Roma-Bari, 2004.
BRAZIER R., *Constitutional Practice*, Oxford, 1988.
BROSZAT M., *Der Staat Hitlers*, München, 1970.
BRUNELLI G., PUGIOTTO A., VERONESI P. (a cura di), *Scritti in onore di Lorenza Carlassare, Il diritto costituzionale come regola e limite al potere*, II. *Dell'organizzazione costituzionale*, V. Sez. I. *Della democrazia e delle sue dinamiche*, Sez. II. *Della storia e della memoria (costituzionale)*, Napoli, 2009.
BRUNIALTI A., *Lo Stato moderno*, in *Biblioteca di scienze politiche*, Torino, 1891.
BURDEAU G., *Il regime parlamentare nelle costituzioni europee del dopoguerra*, (1932), trad. it., Milano, 1950.
– *La democrazia*, (1956), trad it., Milano, 1964.
– *Traité de science politique*, 3ª ed., II, *L'Etat*, Paris, 1980.
– *Traité de science politique*, 3ª ed., V, *Les régimes politiques*, Paris, 1985.

CADART J., *Institutions politiques et droit constitutionnel*, 3ª ed., Paris, 1990.
CALAMO SPECCHIA M., Les trois âges *del settennato*, Torino, 2002.
– (a cura di), *La Costituzione Francese. La Constitution Française*, 2 voll., Torino, 2009.
CALISE M., *Dopo la partitocrazia. L'Italia tra modelli e realtà*, Torino, 1994.
– *La Terza Repubblica. Partiti contro presidenti*, Roma-Bari, 2006.
– *Il partito personale. I due corpi del leader*, Roma-Bari, 2010.
– *La democrazia del leader*, Roma-Bari, 2016.
CANEPA A., *Elementi per una analisi della* cohabitation *nelle istituzioni della V Repubblica francese*, Genova, 1994.
CANFORA L., *La democrazia. Storia di un'ideologia*, Roma-Bari, 2006.
CAPITANT R., *Ecrits constitutionnels*, Paris, 1982.
CARAVALE G., *Il governo del Premier nell'esperienza costituzionale del Regno Unito*, Milano, 1997.
CARAVITA B., *Tra crisi e riforme. Riflessioni sul sistema costituzionale*, Torino, 1993.
CARCASSONNE G., *La Constitution*, 9ª ed., Paris, 2009.
CARETTI P., *I diritti fondamentali. Libertà e Diritti sociali*, 3ª ed., Torino, 2002.
CARLASSARE L., *Regolamenti dell'Esecutivo e principio di legalità*, Padova, 1966.
– *Nel segno della Costituzione. La nostra carta per il futuro*, Milano, 2012.

CARLASSARE L. (a cura di), *Democrazia, rappresentanza, responsabilità*, Padova, 2001.
CARRÉ DE MALBERG R., *Contribution a la théorie générale de l'Etat*, I e II, Paris, 1920-1922.
– *La loi expréssion de la volonté générale. Etude sur le concept de la loi dans la Constitution de 1875*, Paris, 1931.
CARROZZA P., *Nazione*, in *Dig. pubbl.*, X, Torino, 1995.
CARROZZA P. DI GIOVINE A., FERRARI G.E., (a cura di), *Diritto costituzionale comparato*, 3ª ed., Roma-Bari, 2017.
CASAMASSIMA V., *L'opposizione in Parlamento. Le esperienze britannica e italiana a confronto*, Torino, 2013.
CASELLA R., *Il monarca repubblicano. La figura del capo dello Stato nell'evoluzione costituzionale francese dalla grande* révolution *alla Quinta Repubblica*, Napoli, 2009.
CASSELLA F., *Profili costituzionali della rappresentanza. Percorsi storici e comparatistici*, Napoli, 1997.
CASSESE S., *Lo Stato fascista*, Bologna, 2010.
CECCANTI S., *La forma di governo parlamentare in trasformazione*, Bologna, 1997.
– *Le democrazie protette e semi-protette da eccezione a regola: prima e dopo le Twin Towers*, Torino, 2004.
CECCANTI S., MASSARI O., PASQUINO G., *Semipresidenzialismo. Analisi delle esperienze europee*, Bologna, 1996.
CHAGNOLLAUD G., QUERMONNE J.L., *Le gouvernement de la France sous la Vᵉ République*, Paris, 1996.
CHANTEBOUT B., *Le tiers-monde*, 2ª ed., Paris, 1989.
CHIMENTI C., *Un parlamentarismo agli sgoccioli. Lineamenti della forma di governo italiana nell'esperienza di dieci legislature*, Torino, 1992.
– *Noi e gli altri: Compendio di diritto Costituzionale italiano e di elementi comparativi*, I e II, Torino, 2000.
CLEMENTI F., *Profili ricostruttivi della forma di governo primo-ministeriale tra elezione diretta ed indiretta*, Roma, 2005.
CLUB JEAN MOULIN, *Lo Stato e il cittadino*, (1961), trad. it., Milano, 1963.
COLDAGELLI U., *La Quinta Repubblica da De Gaulle a Sarkozy*, Roma, 2009.
COLLIARD J. C., *Les régimes parlementaires*, Paris, 1978.
COLLOTTI E., *Fascismo, fascismi*, Firenze, 1989.
CONSTANT B., *Discorso sulla libertà degli antichi paragonata a quella dei moderni*, (1819), trad. it., in *Antologia degli scritti politici*, Bologna, 1962.
COSTANZO P., *Lo scioglimento delle assemblee parlamentari. Teoria e pratica dello scioglimento dalle origini al parlamentarismo razionalizzato*, I, Milano, 1984.
– *La "nuova" Costituzione della Francia*, Torino, 2009.

COTTERET J.M., EMERI C., *Les systèmes électoraux*, 7ª ed., Paris, 1999.
CRISAFULLI V., *Aspetti problematici del sistema parlamentare vigente in Italia*, in *Studi in onore di Emilio Crosa*, I, Milano, 1960.
– *Lezioni di diritto costituzionale*, I, Padova, 1970.
CROSA E., *Sulla teoria delle forme di Stato*, in *Riv. int. fil. dir.*, 1931.
– *Sulla classificazione delle forme di governo*, in *Studi in onore di Santi Romano*, I, Milano, 1941.
CROUCH C., *Postdemocrazia*, Roma-Bari, 2003.
– *Il potere dei giganti. Perché la crisi non ha sconfitto il neoliberismo*, (2011), trad. it., Roma-Bari, 2011.
CROZIER M., HUNTINGTON S.P., WATANUKI J., *La crisi della democrazia*, (1975), trad. it., Milano, 1977.
CUOCOLO F., *Forme di Stato e di governo*, in *Dig. pubbl.*, 4ª ed., VI, Torino, 1991.

D'ADDIO M., NEGRI G. (a cura di), *Il Federalista*, Bologna, 1998.
DAHL R.A., *A Preface to Democratic Theory*, Chicago, 1956.
– *Poliarchia, partecipazione e opposizione*, (1971), trad. it., Milano, 1980.
– *La democrazia e i suoi critici*, (1989), trad. it., Roma, 1990.
– *Sulla democrazia*, (1998), trad. it., Bari, 2000.
– *Quanto è democratica la Costituzione americana?*, (2001), trad. it., Roma-Bari, 2003.
DAHRENDORF R., *Dopo la democrazia*, Intervista a cura di A. Polito, Roma-Bari, 2001.
DE GRAND A.J., *L'Italia fascista e la Germania nazista*, (1995), trad. it., Bologna, 1999.
DE RUGGIERO G., *Storia del liberalismo europeo*, Bari, 1925.
DE VERGOTTINI G, *Lo "Shadow Cabinet". Saggio comparativo sul rilievo costituzionale dell'opposizione nel regime parlamentare britannico*, Milano, 1973.
– *Le origini della Seconda Repubblica Portoghese (1974-1976)*, Milano, 1977.
– *Opposizione parlamentare*, in *Enc. dir.*, XXX, Milano, 1980.
– *Le transizioni costituzionali*, Bologna, 1998.
– *Diritto costituzionale comparato*, 9ª ed., I, Padova, 2013.
DIAMANTI I., LAZAR M., *Popolocrazia. La metamorfosi delle nostre democrazie*, Bari-Roma, 2018.
DICEY A.V., *Introduction to the study of the Law of the Constitution*, London, 1885.
DI GIOVINE A. e MASTROMARINO A. (a cura di), *La presidenzializzazione degli esecutivi nelle democrazie contemporanee*, Torino, 2007.
DI GIOVINE A. e SICARDI S. (a cura di), *Democrazie imperfette*, Torino, 2005.

DI LEO R., PITRUZZELLA G. (a cura di), *Modelli istituzionali e riforma della Costituzione*, Bologna, 1999.

DI PALMA G., *Sopravvivere senza governare*, Bologna, 1978.

– *To Craft Democracies. An Essay on Democratic Transitions*, Berkeley, 1990.

DOGLIANI M., *Spunti metodologici per un'indagine sulle forme di governo*, in *Giur. cost.*, 1973.

– *Interpretazioni della Costituzione*, Milano, 1982.

– *Indirizzo politico*, Napoli, 1985.

– *Introduzione al diritto costituzionale*, Bologna, 1994.

DORE F., *Les régimes politiques en Asie*, Paris, 1973.

DOWNS A., *Teoria economica della democrazia*, (1957), trad. it., Bologna, 1988.

DUHAMEL O., *Le pouvoir politique en France*, Paris, 1993.

– *Les démocraties. Règimes, histoire, exigences*, Paris, 1993.

– *Vive la VI^e République*, Paris, 2002.

DURANTI F., *Gli ordinamenti costituzionali nordici. Profili di diritto pubblico comparato*, Torino, 2009.

DUVERGER M., *Les partis politiques*, Paris, 1951.

– *La Repubblica tradita*, (1958), trad. it., Milano, 1960.

– *Institutions politiques et droit constitutionnel*, 11^a ed., Paris, 1970.

– *La monarchie républicaine*, Paris, 1974.

– *I sistemi politici*, (1970), trad. it., Bari, 1978.

– *Echec au Roi*, Paris, 1978.

– *La République des citoyens*, Paris, 1982.

– *Constitutions et documents politiques*, 12^a ed., Paris, 1989.

– *Le système politique francais. Droit constitutionnel et Science politique*, 21^a ed., Paris, 1996.

EISENSTADT S.N., *Paradossi della democrazia. Verso democrazie illiberali?*, (1999), trad. it., Bologna, 2002.

ELGIE R., *Semi-presidentialism in Europe*, Oxford, 1999.

ELGIE R. e MOESTRUP S. (a cura di), *Semi-presidemtialism outside Europe: a comparative study*, London-New York, 2007.

– *Semi-presidentialism in Central and Eastern Europe*, Manchester-New York, 2008.

ELIA L., *Forma di governo e procedimento legislativo negli Stati Uniti d'America*, Milano, 1961.

– *Governo (forme di)*, in *Enc. dir.*, XIX, Milano, 1970.

– *La Costituzione aggredita. Forma di governo e devolution al tempo della destra*, Bologna, 2005.

– *Costituzione, partiti, istituzioni*, Bologna, 2009.

ELSTER J. SLAGSTAD R. (a cura di), *Constitutionalism and Democracy*, Cambridge, 1988.

EMERI C., BIDEGARAY C., *La Constitution en France de 1789 à nos jours*, Paris, 1997.

FABBRINI S., *Il presidenzialismo degli Stati Uniti*, Bari, 1993.

– *Il Principe democratico. La leadership nelle democrazie contemporanee*, Bari, 1999.

FABBRINI S., VASSALLO S., *Il governo. Gli esecutivi nelle democrazie contemporanee*, Bari, 1999.

FEJTO V.F., *La fine delle democrazie popolari. L'Europa orientale dopo la rivoluzione del 1989*, (1992), trad. it., Milano, 1994.

FERNANDEZ SEGADO F., *El sistema constitucional español*, Madrid, 1992.

FERRAJOLI L., *Principia iuris. Teoria del diritto e della democrazia*, 2. *Teoria della democrazia*, Roma-Bari, 2007.

FERRANDO BADÍA J. (a cura di), *Regimenes políticos actuales*, 2ª ed., Madrid, 1987.

FERRARA G., *Il governo di coalizione*, Milano, 1973.

– *La Costituzione. Dal pensiero politico alla norma giuridica*, Milano, 2006.

FERRARI G.F., *Le libertà. Profili comparatistici*, Torino, 2011.

– (a cura di), *La nuova Legge fondamentale ungherese*, Torino, 2012.

FILIPPINI C., *Polonia*, Bologna, 2010.

FILIPPONE THAULERO S., *Il ruolo del Cancelliere federale secondo la Legge Fondamentale*, Torino, 1994

FINER S.E., *Comparative Government*, London, 1974.

– *Militari e politica nel Terzo mondo (1958-1980)*, in *Riv. it. sc. pol.*, 1980.

FIORAVANTI M., *Appunti di storia delle Costituzioni moderne. Le libertà fondamentali*, Torino, 1995.

– *Costituzione e popolo sovrano*, Bologna, 1998.

– *Costituzione*, Bologna, 1999.

FISICHELLA D., *Totalitarismo. Un regime del nostro tempo*, Roma, 1987.

– *Elezioni e democrazia. Un'analisi comparata*, Bologna, 2003.

FLORA P., HEIDENHEIMER A.J. (a cura di), *Lo sviluppo del Welfare State in Europa e in America*, (1981), trad. it., Bologna, 1983.

FORSTHOFF E., *Stato di diritto in trasformazione*, (1964), trad it., Milano, 1973.

FRANÇOIS B., *La Constitution Sarkozy*, Paris, 2009.

FRANÇOIS B., MONTEBOURG A., *La Constitution de la VI République: réconcilier les Français avec la démocratie*, Paris, 2005.

FRAENKEL E., *La componente rappresentativa e plebiscitaria nello Stato costituzionale democratico*, (1958), trad. it., Torino, 1994.

– *Il doppio Stato*, (1974), trad. it., Torino, 1983.

FREI N., *Lo Stato nazista*, (1987), trad. it., Bari, 1992.

FRIEDRICH C., *Governo costituzionale e democrazia*, (1950), trad. it., Vicenza, 1967.
– (a cura di), *Totalitarianism*, Cambridge, 1954.
FROSINI T.E., *Sovranità popolare e costituzionalismo*, Milano, 1997.
– (a cura di), *Il premierato nei governi parlamentari*, Torino, 2004.
– *Forme di governo e partecipazione popolare*, 2ª ed., Torino, 2006.
FUKUYAMA V.F., *La fine della storia e l'ultimo uomo*, (1992), trad. it., Milano, 1996.
FUSARO C., *La rivoluzione costituzionale*, Soveria Mannelli, 1993.
– *Le radici del semi-presidenzialismo*, Soveria Mannelli, 1998.
FUSILIER R., *Les monarchies parlementaires*, Paris, 1960.

GALIZIA M., *Fiducia parlamentare*, in *Enc. dir.*, XVII, Milano, 1968.
– *Studi sui rapporti fra Parlamento e governo*, I, Milano,1972.
GALLI C., *Il disagio della democrazia*, Torino, 2011.
GALLI G., CALIGIURI M., *Come si comanda il mondo. Teorie, volti, intrecci*, Soveria Mannelli, 2017.
GAMBINO S. (a cura di), *Elezioni primarie e rappresentanza politica*, Soveria Mannelli, 1995.
– *Forme di governo e sistemi elettorali*, Padova, 1995.
– *Democrazia e forme di governo*, Rimini, 1997.
– *Diritto costituzionale comparato. Le forme di governo*, Cosenza, 2002.
– *Costituzionalismo europeo e transizioni democratiche*, Milano, 2003.
– *Diritto costituzionale comparato ed europeo*, Milano, 2004.
– *Forme di governo. Esperienze europee e nord-americana*, Milano, 2007.
GAMBINO S., RUIZ-RICO RUIZ G. (a cura di), *Forme di governo. Sistemi elettorali. Partiti politici: Italia e Spagna*, Rimini, 1996.
GANINO M., *La riforma costituzionale in Unione Sovietica*, Torino, 1989.
– *Il Presidente dell'Urss*, Torino, 1991.
– *Dallo Zar al Presidente. Ricostruzione del modello di governo della Russia fra trasformazioni costituzionali e continuità*, Milano, 1999.
GANINO M., DI GREGORIO A., FILIPPINI C. (a cura di), *La Costituzione della Russia a dieci anni dalla sua adozione*, Milano, 2005.
GARCIA DE ENTERRIA E., PREDIERI A., *Studio sistematico della Costituzione spagnola*, Milano, 1982.
GARCIA PELAYO M., *Derecho constitucional comparado*, 4ª ed., Madrid, 1993.
GAUDEMET P.M., *Le pouvoir exécutif dans les Pays occidentaux*, Paris, 1966.
GENTILE E., *La via italiana al totalitarismo, il partito e lo Stato nel regime fascista*, Roma, 1995.
– *E fu subito regime. Il fascismo e la marcia su Roma*, Roma-Bari, 2012.
GIANNINI M.S., *Prefazione* a G. BURDEAU, *Il regime parlamentare nelle Costituzioni europee del dopoguerra*, Milano, 1950.

– *Il pubblico potere. Stati e amministrazioni pubbliche*, Bologna, Il Mulino, 1986.

GICQUEL J., *Essai sur la pratique de la Ve République*, 2a ed., Paris, 1977.

GICQUEL J., GICQUEL J.E., *Droit constitutionnel et institutions politiques*, 29a ed., Paris, 2015.

GIOVANNELLI A., *Aspetti della Va Repubblica da De Gaulle a Mitterrand*, Milano, 1984.

– (a cura di), *Il semipresidenzialismo. Dall'arcipelago europeo al dibattito italiano*, Torino, 1998.

GIRAUDO G. (a cura di), *Crisi della politica e riforme istituzionali*, Soveria Mannelli, 2005.

GLUM F., *Das parlamentarische Regierungssystem in Deutschland, Großbritannien und Frankreich*, München-Berlin, 1965.

GONIDEC P.F., *Les systèmes politiques africains*, Paris, 1974.

GREBLO E., *Democrazia*, Bologna, 2000.

GRIFFIN S.M., *Il costituzionalismo americano. Dalla teoria alla politica*, (1996), trad. it., Bologna, 2003.

GROFMAN B., LIJPHART A. (a cura di), *Electoral Laws and Their Political Consequences*, New York, 1986.

GROPPI T., *Canada*, Bologna, 2006.

GROSSO E., *Francia*, Bologna, 2006.

GUARINO G., *Lo scioglimento delle assemblee parlamentari*, Napoli, 1948.

– *Verso l'Europa ovvero la fine della politica*, Milano, 1997.

GUIDI G., *I sistemi a preponderanza presidenziale. Argentina, Messico, Venezuela*, Rimini, 2000.

GUIGLIA G., KNAPP B., *L'organizzazione dei poteri e il federalismo in Svizzera secondo la nuova Costituzione*, Torino, 2000.

VON HAYEK F.A., *La società libera*, (1960), trad. it., Firenze, 1969.

HELD D., *Modelli di democrazia*, (1996), trad. it., Bologna, 1997.

HERMENS F., *La democrazia rappresentativa*, (1958), trad. it., Firenze, 1968.

HINTZE O., *Stato e società*, Bologna, 1980.

HUNTINGTON S.P., *La terza ondata. I processi di democratizzazione alla fine del XX secolo*, (1993), trad. it., Bologna, 1995.

– *Lo scontro delle civiltà e il nuovo ordine mondiale*, (1996), trad. it., Milano, 2000.

IERACI G., *Teoria dei governi e democrazia. Ruoli, risorse e arene istituzionali*, Bologna, 2003.

IGNAZI P., *Presidenzialismo e semipresidenzialismo: separatezza o condivisione dei poteri*, in *Il Mulino*, 1997.

– *Forza senza legittimità. Il vicolo cieco dei partiti*, Roma-Bari, 2012.

JENNINGS W.I., *Cabinet Government*, 3ª ed., Cambridge, 1959.
JIMENEZ DE PARGA M., *Los regímenes políticos contemporáneos: las grandes democracias con tradición democrática*, 6ª ed., Madrid, 1987.
JUDT T., *Guasto è il mondo*, (2010), trad. it., Roma-Bari, 2011.

KABOGLU Ö., E SALES, *Le droit constitutionnel turc. Entre coup d'État et démocratie*, Paris, 2015.
KELSEN H., *Teoria generale del diritto e dello Stato*, (1945), trad. it., Milano, 1963.
– *Essenza e valore della democrazia*, (1929), trad. it., in *La democrazia*, Bologna, 1984.
KEY V.O., *American State Politics*, New York, 1956.
KLEIN C., *La démocratie d'Israël*, Paris, 1997.
KING A. (a cura di), *The New American Political System*, Washington, DC, 1990.
KIRCHHEIMER O., *Costituzione senza sovrano. Saggi di teoria politica e costituzionale*, (1928-1933), trad. it., Bari, 1982.
KRASNER M.A., CHABERSKI S.G., *Il sistema di governo degli Stati Uniti d'America*, (1982), trad. it., Torino, 1994.
KRIESI H., *Le système politique suisse*, Paris, 1995.

LALUMIERE P., DEMICHEL A., *Les régimes parlementaires européens*, 2ª ed., Paris, 1978.
LAMBERT J., GANDOLFI A., *Les systèmes politiques de l'Amerique latine*, Paris, 1987.
LANCHESTER F., *Sistemi elettorali e forme di governo*, Bologna, 1981.
– *Alle origini di Weimar. Il dibattito costituzionalistico tedesco tra il 1900 e il 1918*, Milano, 1985.
– *Stato (forme di)*, in *Enc. dir.*, XLIII, Milano, 1990.
– *L'innovazione istituzionale nella crisi di regime*, Roma, 1996.
– *Gli strumenti della democrazia. Lezioni di Diritto costituzionale comparato*, Milano, 2004.
– (a cura di), *La Costituzione degli altri. Cronache costituzionali di sette ordinamenti stranieri tra il 2000 e il 2004*, Milano, 2005.
LANCHESTER F., RAGIONIERI M.P. (a cura di), *I successori dell'Impero. Le Costituzioni degli ordinamenti ex-URSS*, Milano, 1998.
LASKI H., *Parliamentary Government in England*, London, 1938.
LAUVAUX P., *La dissolution des assemblées parlementaires*, Paris, 1983.
– *Le parlementarisme*, 2ª ed., Paris, 1997.
– *Les grandes démocraties contemporaines*, Paris, 1998.
LEIBHOLZ G., *Strukturprobleme der modern Demokratie*, Karlsruhe, 1958.
– *La rappresentazione nella democrazia*, (1973), trad. it., Milano, 1989.

– *La dissoluzione della democrazia liberale in Germania e la forma di Stato autoritaria*, (1933), trad. it., Milano, 1996.

LEISNER W., *Staat. Schriften zu Staatslehre und Staatrecht*, Berlin, 1994.

LENER S., *Lo Stato sociale contemporaneo*, Roma, 1966.

LESAGE M., *Les régimes politiques de l'U.R.S.S. et de l'Europe de l'Est*, Paris, 1971.

– (a cura di), *Constitutions d'Europe centrale, orientale et balte*, Paris, 1995.

LEYLAND P., *Introduzione al diritto costituzionale del Regno Unito*, Torino, 2005.

LIEBERT U., COTTA M. (a cura di), *Parliement and Democratic Consolidation in Southern Europe*, London, 1990.

LIJPHART A., *Patterns of Democracy. Government Forms and Performance in Thierty-Six Countries*, New Haven, 1999.

– *Le democrazie contemporanee*, (2012), trad. it., 2ª ed., Bologna, 2014.

LINIGER-GOUMAZ M., *La démocrature. Dictature camouflée, démocratie truquée*, Paris, 1992.

LINZ J.J. (a cura di), *La caduta dei regimi democratici*, Bologna, 1981.

LINZ J.J., VALENZUELA A. (a cura di), *Il fallimento del presidenzialismo*, (1994), trad. it., Bologna, 1995.

LIPPOLIS V., PITRUZZELLA G., *Il bipolarismo conflittuale. Il regime politico della Seconda Repubblica*, Soveria Mannelli, 2007.

LOEWENSTEIN K., *La Monarchia nell'epoca moderna*, (1952), trad. it., Roma,1969.

LOIODICE A., SHEU N., *La Costituzione Albanese*, Bari, 1999.

LOMBARDI G., *La nuova Costituzione di Spagna*, Torino, 1979.

– *Premesse al corso di diritto pubblico comparato. Problemi di metodo*, Milano, 1986.

LOSURDO D., *Democrazia o bonapartismo. Trionfo e decadenza del suffragio universale*, Torino, 1993.

LOWI T.J., *The Personal President. Power Invested Promise Unfulfilled*, Ithaca, 1985.

LUCARELLI A., *Teorie del presidenzialismo. Fondamento e modelli*, Padova, 2000.

LUCAS VERDU P., *Estado liberal de Derecho y Estado social de Derecho*, Madrid, 1955.

LUCIANI M., *Il voto e la democrazia*, Roma, 1991.

– *Governo (forme di)*, in *Enc dir.*, Annali, III, Milano, 2009.

LUCIANI M., VOLPI M. (a cura di), *Riforme elettorali*, Bari, 1995.

– *Il Presidente della Repubblica*, Bologna, 1997.

LUCIFREDI P.G., *Novissimo atlante costituzionale (Panoramica sulle democrazie)*, Milano, 1990.

– *Appunti di diritto costituzionale comparato: 1. Il sistema francese*, 7ª ed., Milano, 1994, *2. Il sistema britannico*, 6ª ed., Milano, 1992, *3. Il sistema statunitense*, 6ª ed., Milano, 1993, *4. Il sistema tedesco (La Repubblica Federale)*, 5ª ed., Milano, 1992.

MACKINTOSCH J.P., *The British Cabinet*, London, 1962.
MAINWARING S., *Presidentialism in Latin America*, in *Latin America Research Review*, 1990.
MANCINI P., *Il post partito. La fine delle grandi narrazioni*, Bologna, 2015.
MANGIAMELI S., *La forma di governo parlamentare. L'evoluzione nelle esperienze di Regno Unito, Germania e Italia*, Torino, 1998.
MANIN B., *Principi del governo rappresentativo*, (1997), trad. it., Bologna, 2010.
MANZELLA A., *Il Parlamento*, Bologna, 1991.
MÁRCIO CRUZ P., *Parlamentarismo em Estados Contemporâneos. Os modelos da Inglaterra, de Portugal, da França e da Alemanna*, Itajaí-Blumenau SC, 1998.
MARTINELLI C., *Le radici del costituzionalismo. Idee, istituzioni e trasformazioni dal Medioevo alle rivoluzioni del XVIII secolo*, Torino, 2011.
MARTINES T., *Governo parlamentare e ordinamento democratico*, Milano, 1967.
– *Indirizzo politico*, in *Enc. dir.*, XXI, Milano, 1971.
MASSARI O., *Italia, democrazia maggioritaria? Sfide e pericoli della transizione*, Genova, 1995.
MASSARI O., PASQUINO G. (a cura di), *Rappresentare e governare*, Bologna, 1994.
MASSOT J., *Chef de l'Etat et chef du Gouvernement. Diarchie et hiérarchie*, Paris, 1993.
– *Alternance et cohabitation sous la Vᵉ République*, Paris, 1997.
MATTEUCCI N., *Organizzazione del potere e libertà. Storia del costituzionalismo moderno*, Torino, 1976.
– *Lo Stato moderno. Lessico e percorsi*, Bologna, 1997.
MELIS G., *Fascismo (ordinamento costituzionale)*, in *Dig. pubbl.*, IV, Torino, 1991.
– *La macchina imperfetta. Immagine e realtà dello Stato fascista*, Bologna, 2018.
MÉNY Y., *Istituzioni e politica. Le democrazie: Germania, Stati uniti, Francia, Gran Bretagna, Italia*, (1993), 2ª ed., Rimini, 1995.
MÉNY Y., SUREL Y., *Populismo e democrazia*, 2ª ed., Bologna, 2004.
– *Politique comparé. Les démocraties*, Paris, 8ª ed., 2009.
MERLINI S., *Autorità e democrazia nello sviluppo della forma di governo italiana*, 2 voll., Torino, 1997.
MEZZETTI L., *Opposizione politica*, in *Dig. pubbl.*, X, Torino, 1995.

– *Teoria e prassi delle transizioni costituzionali e del consolidamento democratico*, Padova, 2003.

MEZZETTI L., PIERGIGLI V. (a cura di), *Presidenzialismi, semipresidenzialismi, parlamentarismi: modelli comparati e riforme istituzionali in Italia*, Torino, 1997.

MIRKINE GUETZÉVITCH B., *Les nouvelles tendances du droit constitutionnel*, Paris, 1931.

– *Le Costituzioni europee*, (1951), trad. it., Milano, 1954.

MODUGNO F., *Poteri (divisione dei)*, in *Nss. Dig. it.*, XIII, Torino, 1966.

MONTESQUIEU C.L., *Lo spirito delle leggi*, (1748), trad. it., Torino, 1973.

MOORE B. JR., *Le origini sociali della dittatura e della democrazia*, Milano, 1998.

MORABITO M., *Histoire constitutionnelle de la France (1789-1958)*, 6ª ed., Paris, 2000.

MORGAN D.G., *Lineamenti di diritto costituzionale irlandese*, (1990), trad. it., Torino, 1998.

MORLINO L., *Come cambiano i regimi politici*, Milano, 1980.

– *Democrazie e democratizzazioni*, Bologna, 2003.

MORTATI C., *La Costituzione in senso materiale*, Milano, 1940.

– La *Costituzione di Weimar*, Firenze, 1946.

– *Le forme di governo*, Padova, 1973.

– *Istituzioni di diritto pubblico*, 9ª ed., I e II, Padova, 1975 e 1976.

MOULIN R., *Le présidentialisme et la classification del régimes politiques*, Paris, 1978.

MOUNK Y., *Popolo vs Democrazia. Dalla cittadinanza alla dittatura elettorale*, (2018), trad. it., Milano, 2018.

NEGRI G., *Il sistema politico degli Stati Uniti d'America. Le istituzioni costituzionali*, 3ª ed., Pisa, 1969.

NEUMANN F., *Lo Stato democratico e lo Stato autoritario*, (1957), trad. it., Bologna, 1973.

– *Behemot. Struttura e pratica del nazionalsocialismo*, (1942), trad. it., Milano, 1977.

NEUSTADT R.E., *Presidential Power*, New York, 1960.

NOCILLA D., CIAURRO G.F., *Rappresentanza politica*, in *Enc. dir.*, XXXVIII, Milano, 1987.

O' CONNOR J., *La crisi fiscale dello Stato*, (1973), trad. it., Torino, 1977.

O'DONNEL V.G., *Delegative democracy*, in *Journal of Democracy*, 1994, n. 5.

OLIVER P.C., *The Constitution of Independence: The Development of Constitutional Theory in Australia, Canada and New Zealand*, Oxford, 2005.

OLIVETTI M., *La questione di fiducia nel sistema parlamentare italiano*, Milano, 1996.
– *Nuovi Statuti e forma di governo delle Regioni. Verso le Costituzioni regionali?*, Bologna, 2002.
OLIVIERO M., *L'*impeachment*. Dalle origini inglesi all'esperienza degli Stati Uniti d'America*, Torino, 2001.
– *Il costituzionalismo dei paesi arabi*. I. *Le Costituzioni del Maghreb*, Milano, 2003.
OLIVIERO M., VOLPI M., (a cura di), *Sistemi elettorali e democrazie*, Torino, 2007.
OLSON M., *Ascesa e declino* delle *nazioni*, Bologna, 1984.
ONIDA V., *Il "mito" delle riforme costituzionali*, in *Il Mulino*, 2004.
– *La Costituzione*, 2ª ed., Bologna, 2007.
ORLANDI M.A., *Quando il semipresidenzialismo passa all'Est*, Torino, 2002.
ORRÙ R., *La Costituzione di tutti. Il Sudafrica dalla segregazione razziale alla democrazia della "rainbow nation"*, Torino, 1998.
ORTINO S., *Forme di governo in diritto comparato*, Firenze, 1975.
– *Diritto costituzionale comparato*, Bologna, 1994.

PACE A., *La causa della rigidità costituzionale*, 2ª ed., Padova, 1996.
– *Potere costituente, rigidità costituzionale, autovincoli legislativi*, Padova, 1997.
PALADIN L., *Fascismo (dir. cost.)*, in *Enc. dir.*, XVI, Milano, 1967.
– *Governo italiano* in *Enc. dir.*, XIX, Milano,1970.
– *Per una storia costituzionale dell'Italia repubblicana*, Bologna, 2004.
PALERMO F. (a cura di), *"Codice" di diritto costituzionale austriaco*, Padova, 1998.
– *La forma di Stato dell'Unione Europea*, Padova, 2005.
– *La «manutenzione» costituzionale*, Padova, 2007.
PALERMO F., WOELK J., *Germania*, Bologna, 2005.
PALICI DI SUNI E., CASSELLA F., COMBA M. (a cura di), *Le Costituzioni dei paesi dell'Unione Europea*, Padova, 1998.
PANIZZA S. (a cura di), *Il contributo della giurisprudenza costituzionale alla determinazione della forma di governo italiana*, Torino, 1997.
PANTELIS A., *Les grands problèmes de la nouvelle Constitution hellénique*, Paris, 1979.
PASQUINO G., *Forme di governo*, in N. BOBBIO, N. MATTEUCCI, G. PASQUINO (a cura di), *dizionario di politica*, Torino, 1983.
– *Mandato popolare e Governo*, Bologna, 1995.
– (a cura di), *Capi di governo*, Bologna, 2005.
PASQUINO G., PELIZZO R., *Parlamenti democratici*, Bologna, 2006.

PASSARELLI G., *Monarchi elettivi? Dinamiche presidenziali in Francia e Portogallo*, Bologna, 2008.
– (a cura di), *Presidenti della Repubblica. Forme di governo a confronto*, Torino, 2010.
PAZÉ V., *Cittadini senza politica. Politica senza cittadini*, Torino, 2016.
PEGORARO L., *Il Governo in Parlamento. L'esperienza della Quinta Repubblica francese*, Padova, 1985.
PEGORARO L., RINELLA A. (a cura di), *Semipresidenzialismi*, Padova, 1997.
PENSOVECCHIO LI BASSI A., *Gli organi di governo nelle Costituzioni europee degli anni 1975-1978*, Torino, 1988.
PERIFANAKI ROTOLO V., *L'evoluzione della forma di governo in Grecia (1975-1986)*, Padova, 1986.
PETRUCCIANI S., *Democrazia*, Torino, 2014.
PICIACCHIA P., *La forma di governo della IV e V Repubblica*, Milano, 1998.
PINELLI C., *Forme di Stato e forme di governo*, 2ª ed., Napoli, 2009.
PITRUZZELLA G., *Forme di governo e trasformazioni della politica*, Bari, 1996.
PIZZETTI F. G., *Bush v. Gore. Un nuovo caso di federalismo giurisdizionale*, Torino, 2002.
PIZZORUSSO A., *Minoranze e maggioranze*, Torino, 1993.
– *Sistemi giuridici comparati*, 2ª ed., Milano, 1998.
POGGI G., *La vicenda dello Stato moderno*, Bologna, 1978.
– *Lo Stato. Natura, sviluppi, prospettive*, Bologna, 1992.
POGUNTKE T. and WEBB P., *The Presidentialization of Politics*, Oxford, 2005.
POPPER K.R., *La società aperta e i suoi nemici*, (1966), trad. it., 2 voll., Roma, 1974.
PORTELLI H., *Istituzioni e vita politica dei Paesi europei*, (1994), trad. it., Torino, 1997.
PRELOT M., *Institutions politiques et droit constitutionnel*, 2ª ed., Paris, 1961.
PRIMICERIO L., *Forma di governo parlamentare e modelli di democrazia rappresentativa*, Torino, 2002.
– *La forma di governo semiparlamentare. Aspetti teorici e realizzazioni pratiche*, Torino, 2007.
PROSPERO M., *I sistemi politici europei*, Roma, 1997.
PRYCE S., *Presidentialiting the Premiership*, London, 1997.

QUERMONNE J.L., *L'alternance au pouvoir*, Paris, 1988.
– *Les régimes politiques occidentaux*, Paris, 2000.

RAE D., *The Political Conseguences of Electoral Laws*, New Haven, 1971.

RAMIREZ M., *El control parlamentario del gobierno en las democracias pluralistas*, Barcelona, 1978.

REDSLOB R., *Le régime parlementaire*, Paris, 1924.

REGASTO S.F., *La forma di governo parlamentare fra «tradizione» e «innovazione»*, Milano, 2008.

VAN REYBROUCK V.D., *Contro le elezioni. Perché votare non è più democratico*, (2013), trad. it., Milano, 2015.

REPOSO A., *Lezioni sulla forma di governo italiana. Dalla monarchia statutaria al modello semipresidenziale*, Torino, 1997.

– *Profili dello Stato autonomico. Federalismo e regionalismo*, Torino, 2000.

RESCIGNO F., *Scritti sul sistema istituzionale israeliano*, Rimini, 1996.

RESCIGNO G.U., *Responsabilità (diritto costituzionale)*, in *Enc. dir.*, XXXIX, Milano, 1988.

– *Forme di Stato e forme di governo*, in *Enc. giur. Treccani*, XIV, Roma, 1989.

REVELLI M., *Finale di partito*, Torino, 2013.

RIDOLA P., *Partiti politici*, in *Enc. dir.*, XXXII, Milano, 1982.

– *Diritti di libertà e costituzionalismo*, Torino, 1997.

– *Democrazia rappresentativa e parlamentarismo*, Torino, 2011.

– *Stato e Costituzione in Germania*, Torino, 2016.

RINELLA A., *La forma di governo semi-presidenziale: profili metodologici e "circolazione" del modello francese in Europa centro-orientale*, Torino, 1997.

– *Lo "Statuto costituzionale" dell'opposizione parlamentare*, Trieste, 1999.

– *Cina*, Bologna, 2006.

RINELLA A. e PICCININI I. (a cura di), *La costituzione economica cinese*, Bologna, 2010.

RIZZO G.B., *La repubblica presidenziale*, 3ª ed., Milano, 1973.

ROLLA G. (a cura di), *Le forme di governo nei moderni ordinamenti policentrici. Tendenze e prospettive nell'esperienza costituzionale italiana e spagnola*, Milano, 1991.

ROSA F., *Il controllo parlamentare sul Governo nel Regno Unito. Un contributo allo studio del parlamentarismo britannico*, Milano, 2012.

ROSE R., SULEIMAN E.M., *Presidents and Prime Ministers*, Washington, 1980.

ROTELLI E., *Forme di governo delle democrazie nascenti, 1689-1799*, Bologna, 2005.

ROTELLI E, SCHIERA P., *Lo Stato moderno*, 3 voll., Bologna, 1971-1974.

ROUQUIE A., *L'Etat militaire en Amerique Latine*, Paris, 1982.

ROUSSEAU J.J., *Il contratto sociale*, (1762), trad. it., Milano, 1993.

ROY M.P., *Les régimes politiques du tiers-monde*, Paris, 1977.

RUFFINI E., *La ragione dei più*, Bologna, 1977.

RUFFOLO G., SYLOS LABINI S., *Il film della crisi. La mutazione del capitalismo*, Torino, 2012.
RUSSO A., *Programma di governo e regime parlamentare. Analisi comparata*, Milano, 1984.

SACERDOTI MARIANI G., REPOSO A., PATRONO M., *Guida alla Costituzione degli Stati Uniti d'America. Duecento anni di storia, lingua e diritto*, Firenze, 1991.
SALVADORI M.L., *Democrazie senza democrazia*, Roma-Bari, 2009.
– *Democrazia. Storia di un'idea tra mito e realtà*, Roma, 2015.
SANCHEZ DE DIOS M., *La moción de censura (Un estudio comparado)*, Madrid, 1992.
SANDULLI N., *Il Capo dello Stato e le crisi di governo*, Napoli, 1981.
SARTORI G., *Democrazia e definizioni*, Bologna, 1957.
– *Parties and Party Systems. A Framework for Analysis*, New York, 1976.
– *Democrazia. Cosa è*, Milano, 1994.
– Homo videns. *Televisione e postpensiero*, Bari, 1999.
– *La democrazia in trenta lezioni*, Milano, 2008.
– *Ingegneria costituzionale comparata. Strutture, incentivi ed esiti*, (1994), trad. it., 6ª ed., Bologna, 2013.
SCARCIGLIA R., DEL BEN D., *Spagna*, Bologna, 2005.
SCHLESINGER A.M., *La presidenza imperiale*, (1973), trad. it., Milano, 1980.
SCHMITT C., *Staat, Bewegung, Volk*, Hamburg, 1933.
– *Il concetto di "politico"*, (1932), trad. it., in *Le categorie del politico*, Bologna, 1972.
– *La dittatura*, (1921), trad. it., Bari, 1975.
– *Dottrina della Costituzione*, (1928), trad. it., Milano, 1984.
SEN A., *La democrazia degli altri*, Milano, 2004.
SERNA DE LA GAZA J.M., *The Constitution of Mexico*, Oxford, 2013.
SHUGART M.S., CAREY J.M., *Presidenti ed assemblee*, (1992), trad. it., Bologna, 1995.
VON SEYDEL M., *Constitutionnelle und parlamentarische Regierung*, Freiburg, 1893.
SHUMPETER J.A., *Capitalismo, socialismo, democrazia*, (1942), trad. it., Milano, 1964.
SICARDI S.M., IMARISIO L. (a cura di), *Vent'anni di Costituzione (1993-2013). Dibattiti e riforme nell'Italia tra due secoli*, Bologna, 2015.
SIEDENTOP L., *La democrazia in Europa*, (2000), trad. it., Torino, 2001.
SILVESTRI G., *La separazione dei poteri*, I e II, Milano, 1979 e 1984.
SMITH G., *La politica nell'Europa occidentale*, (1976), trad. it., Bologna, 1983.
SOLARI G., *La formazione storica e filosofica dello Stato moderno*, Torino, 1962.

SPAGNA MUSSO E. (a cura di), *Costituzione e struttura del governo. L'organizzazione del Governo negli stati di democrazia parlamentare*, Padova, 1982.
STRAYER J.R., *Le origini dello stato moderno*, Milano, 1975.
STROM K., *Minority Government and Majority Rule*, Cambridge, 1990.
STROPPIANA L., *Stati Uniti*, Bologna, 2006.
SWIFT R., *La democrazia*, (2002), trad. it., Roma, 2004.

TALMON J.L., *Le origini della democrazia totalitaria*, (1952), trad. it., Bologna, 1977.
TARCHI R. (a cura di), *Corso di Diritto Comparato. Casi e materiali. I. Forme di Stato – Diritti di libertà – Forme di governo*, Milano, 1999.
TENENTI A., *Stato: un'idea, una logica. Dal comune italiano all'assolutismo francese*, Bologna, 1987.
TEODORI M., *Il sistema politico americano*, Roma, 1996.
TILLY C. (a cura di), *La formazione degli stati nazionali nell'Europa occidentale*, Bologna, 1984.
TONIATTI R., *Costituzione e direzione della politica estera negli Stati Uniti d'America*, Milano, 1983.
TORRE A., *Interpretare la Costituzione britannica. Itinerari culturali a confronto*, Torino, 1997.
– *Regno Unito*, Bologna, 2005.
TORRE A., VOLPE L. (a cura di), *La Costituzione britannica. The British Constitution*, 2 voll., Torino, 2005.
TRIEPEL H., *Die Staatsverfassung und die politischen Parteien*, Berlin, 1930.
TRUCCO L., *Democrazie elettorali e Stato costituzionale*, Torino, 2011
TURPIN D., *Le régime parlementaire*, Paris, 1997.

VASSALLO S. (a cura di), *Sistemi giuridici comparati*, Bologna, 2005.
VEDEL G., *Cinquième République*, in O. DUHAMEL, Y. MENY (a cura di), *Dictionnaire constitutionnel*, Paris, 1992.
VELU J., *La dissolution du Parlement*, Bruxelles, 1966.
VIVIANI SCHLEIN M.P., *La presidenza del consiglio dei ministri in alcuni stati dell'Europa occidentale e in Italia*, Milano, 1970.
VOLPI M., *La democrazia autoritaria. Forma di governo bonapartista e V Repubblica francese*, Bologna, 1979.
– *Lo scioglimento del Parlamento e la classificazione dei regimi contemporanei*, Rimini, 1983.
– *Forma di governo e revisione della Costituzione*, Torino, 1998.
– *Democrazia, Costituzione, equilibrio tra i poteri*, Torino, 2005.
– *Il semipresidenzialismo tra teoria e realtà*, Bologna, 2014.
– *Le forme di Stato. Le forme di governo*, in G. MORBIDELLI, L. PEGORARO,

A. RINELLA, M. VOLPI, *Diritto pubblico comparato*, 5ª ed., Torino, 2016, pp. 255 ss., 405 ss.
- (a cura di), *Istituzioni e sistema politico in Italia: bilancio di un ventennio*, Bologna, 2015.
- *Governi tecnici e tecnici al governo*, Torino, 2017.

WHEARE K.C., *Legislatures*, New York-Toronto, 1968.
WILSON W., *Congressional Government. A study in American Politics*, Baltimora, 1885.
WYDUCKEL D., *Princeps Legibus Solutus. Eine Untersuchung zur fruhmodernen Rechts und Staatslehre*, Berlin, 1979.

ZAGREBELSKY G., *Il diritto mite. Legge diritti giustizia*, Torino, 1992.
- *Il «Crucifige!» e la democrazia*, Torino, 1995.
- *Imparare la democrazia*, Roma, 2005.
- *La legge e la sua giustizia*, Bologna, 2008.

ZIEGLER J., *La privatizzazione del mondo*, (2002), trad. it., Milano, 2003.
ZILEMENOS C., *Naissance et évolution de la fonction de Premier ministre dans le régime parlementaire*, Paris, 1976.
ZOLO D., *Il principato democratico. Per una teoria realistica della democrazia*, Milano, 1992.

Finito di stampare nel mese di settembre 2018
nella Stampatre s.r.l. di Torino
Via Bologna, 220

**Volumi pubblicati:**

1. Lucio Pegoraro, *Lineamenti di giustizia costituzionale comparata*, 1998, pp. VIII-152.

2. Antonio Reposo, *Profili dello Stato autonomico. Federalismo e regionalismo*, Seconda edizione rielaborata e accresciuta, 2005, pp. VIII-152.

3. Lucio Pegoraro - Angelo Rinella, *Le fonti nel diritto comparato*, 2000, pp. VIII-112.

4. Mauro Volpi, *Libertà e autorità. La classificazione delle forme di Stato e delle forme di governo*, Settima edizione, 2018, pp. VIII-224.

5. Giuseppe Franco Ferrari, *Le libertà. Profili comparatistici*, 2011, pp. XIV-362.

**Nuova serie:**

1. Lucio Pegoraro, *Giustizia costituzionale comparata*, 2007, pp. X-262.